自閉症スペクトラム
こだわり行動への対処法

白石 雅一 著

東京書籍

目　次

はじめに ………………………………………………………… 11
 自閉症との出会いから ～30年を振り返って～　11
 本書が捉えるこだわり行動　11
 「アスペハート」　12
 様々な出会い　12
 改訂の概要　13
 自閉症スペクトラム障害（ASD）について　13
 姉妹図書について　14

第1章　自閉症スペクトラム障害（ASD）の こだわり行動と定型発達 …………………………… 19

 1. 最初の事例：拡大するこだわり行動　19
 2. ASDのこだわり行動とは　21
  (1) こだわり行動の3つの特徴　21
  (2) こだわり行動の二面性：ポジティブな面は唯一無二！　24
  (3) こだわり行動は、ASDに欠かせない　25
  (4) こだわりの対象とこだわり行動は「拡大する」　25
  (5) こだわりの対象は「変わる」　25
  (6) ASDの人もこだわり行動に「飽きる」　26
  (7) こだわり行動で苛つき、二次障害が発生する　26
  (8) こだわり行動が「見えにくくなる」　27
  (9) 慣れと見過ごしが生じる　27
  (10) こだわり行動に周囲が巻き込まれて、周囲に移行する　27
  表1.1　「こだわり」に関連する用語の本書での定義　28
  (11) こだわり行動の定義　29
  (12) こだわり行動の原因　29
  (13) こだわり行動を止めるか、伸ばすか　30
 3. 定型発達とこだわり　30
  (1) ASDのこだわり行動とライナス　30
  (2) 定型発達と指しゃぶり　32
  表1.2　こだわりに関する定型発達とASDの比較　34
 4. おびただしい数のこだわり行動　34
  表1.3　ASDにみられるこだわり行動一覧（場面別）　35～52
 5. こだわり行動のむずかしさ　52
  表1.4　こだわり行動の分類（対象別）　53

第2章 こだわり行動の発達段階別特徴と対処のポイント　55

1. 乳児期　出生～生後1年：萌芽期　55
　(1) 乳児期の特徴　55
　(2) 乳児期の配慮やアプローチの要点：自閉症児のための
　　　「超早期・コミュニケーション改善プログラム」　56
　(3) 「超早期・コミュニケーション改善プログラム」の解説　57
　(4) 食に関するこだわりの意味　58
　(5) 離乳食に対する「著しい好き嫌い」の対処のポイント　59
　(6) 定型発達の混乱への対処例　59
　(7) 強い混乱やこだわりへの対処のポイント　60
　(8) 豊かな情緒発達と愛着の形成のために　61

2. 幼児期　生後1年～6歳：顕在期　62
　(1) 幼児期の特徴と配慮　62
　(2) 幼児期のアプローチ　～オムツの例～　63
　(3) 幼児期の対処のポイント　65

3. 児童期　6歳～12歳：問題期　66
　(1) 児童期の特徴　66
　(2) 児童期の対処のポイント　66
　　　① チェックポイント
　　　② 特別支援学級や特別支援学校での留意点

4. 青年期　12歳ころ～24歳：折り合う・沈静 VS 混乱・悪化期　69
　(1) 青年期の特徴　69
　(2) 対処のポイントは、これまでの"人間関係"のあり方　69

5. 成人期　24歳ころ～64歳くらい：定着・代替期　70
　(1) 成人期の特徴　～空想と現実～　70
　(2) 成人期の対処のポイント　～社会資源の活用～　70

第3章 こだわり行動の本質と対処法　73

1. こだわり行動の本質　73
　(1) こだわり行動と情動　73
　(2) スタート・ストップの問題は情動の問題　74
　(3) 情動調律と情緒・認知課題　74

2. こだわり行動の対処のための基本分析：
　　こだわり行動のレーダーチャート　78
　(1) 生活とこだわり行動のレーダーチャートの解説　79
　(2) こだわり行動分析のためのレーダーチャートの解説　81

3. レーダーチャートの分析例：拓也君の場合　83
　(1) 拓也君の状態とレーダーチャート　83
　　　① 拓也君の障害とこだわり行動
　　　② 拓也君の「生活とこだわり行動のレーダーチャート」の特徴
　(2) 拓也君の「こだわり行動分析のためのレーダーチャート」
　　　の特徴　87

　　　　　《ボールペンでの床叩き》
　　　　　《偏食―牛乳を飲まない》
　　　　　《オムツへのこだわり》
　　(3) レーダーチャートから見た療育順位や方針　88
　　　　① こだわり行動介入のプロセス
　　　　② 拓也君のこだわり行動介入の順位づけ
　　　　③ 療育の方針
　　(4) 療育の方針に基づく療育経過　90
　　　　①「たいこでドン！」の提示　～叩くを活かす～
　　　　② ギターでやりとり
　　　　③ おもちゃ「欽ちゃんの仮装大賞」で大はしゃぎ
　　　　④ リングスティックの玉刺し課題　～意欲的に応じる～
　　　　⑤ 水ペンでお絵描き　～叩くから書くへ～
　　　　⑥ ボールペンを返しに行く。そして、バイバイをする
　　　　⑦ ボール遊びで「もう１回」。母親「気持ちが通じている」
　　(5) レーダーチャートに基づく療育のまとめ　97

4. 必見！こだわり行動の基本的な対処法　　　　　　　　　　98
　　(1)【変えない】こだわり行動には　98
　　　　① 物の位置を変えない
　　　　② 靴や服を変えない
　　　　③ 保育所や幼稚園で日課を変えたがらない
　　(2)【やめない】こだわり行動には　100
　　　　① 水遊びや砂遊びをやめない
　　　　② ブランコなどの遊具で遊びはじめると、人が待っていても
　　　　　 やめようとしない
　　　　③ 書き始めたら止まらない
　　(3)【始めない】こだわり行動には　102
　　　　① 初めての場所は、たとえそれがデパートや遊園地でも、
　　　　　 行かないし、入らない
　　　　② 慣れていないトイレは使わない
　　　　③ 目新しい食べ物は、決して食べない

5. あるある！「一番こだわり」の理解と対処法　　　　　　　109
　　(1) 一番にまつわる　こだわり　109
　　(2) いろいろな「一番こだわり」　110
　　　　① 定型の「一番こだわり」
　　　　② ピラミッド型の「一番こだわり」
　　　　③ 回避型の「一番こだわり」
　　(3)「一番こだわり」への対処法　113
　　　　① 定型の「一番こだわり」の場合
　　　　② ピラミッド型の「一番こだわり」の場合
　　　　③ 回避型の「一番こだわり」の場合
　　(4) まとめ　117

6. 注意！強迫症状（強迫性障害：OCD）について　　　　　118
　　(1) ASDと強迫症状　118
　　(2) 強迫症状を呈した事例　119
　　　　① 児童期の高機能自閉症：小学４年生の良昭君
　　　　② 青年期のアスペルガー症候群：大学２年生の浩二さん

第4章 こだわり行動の療育・実践事例 …… 123

1. 幼児期の定型発達：6歳児（幼稚園年長児）の彩ちゃん　123
 (1) やめられない！ 指しゃぶりと毛布への対応　123
 (2) 心理療法的（遊戯療法）アプローチ　124
 (3) 自閉症児とのアプローチの違い　126

2. 幼児期のASD：2歳6ヶ月のそら君　126
 (1) グレーゾーンなのに"ピカピカなこだわり"　126
 (2) 目先を変え、気持ちを変える　132
 (3) "こだわる"こころに丁寧に応じる　135
 (4) そら君と保育園　139
 (5) そら君のこだわり行動 〜その後　140
 (6) 新規な物や状況に対する抵抗への対処　141
  ① 拒否されたら、1回待って、次回使う
  ② "人"という状況を変える
  ③ 日常生活の中に"変化"を取り入れる

3. 情緒・認知課題の実際 〜そら君との関わりから〜　146
 (1) こだわり行動と情緒と認知　146
 (2) 情緒・認知課題の実施　147
 (3) 得意な課題に変化を加え続ける　150
 (4) 紙コップで仕上げ、そして、つなげる　154

4. 幼児期のASD：4歳児（保育所年中）の翔君　156
 (1) おとなしいこだわり行動 〜"状況こだわり"と適応〜　156
 (2) 穏やかな介入　159
 (3) 介入したからこそ見えてきたこと　160
 (4) 介入の戦術　161
 (5) こだわりのパズルを媒介に"宝探し"のゲームに引き込む　162
 (6) 意欲的になる翔君　164
 (7) 意欲が"人"に向けられる　165
 (8) "人に応じるルート"に乗せる　165
 (9) 〈やりとり〉の連鎖　166
 (10) "人"が設定課題に誘い、求める　167
 (11) ことばの発達 〜関係が築かれてこそ〜　167

5. 児童期の高機能自閉症：小学校1年生の敏君　169
 (1) 「やらない！」こだわり　169
 (2) 楽しい遊びに引き込む　169
 (3) 親へのレクチャー　175
 (4) 療育は、子と親双方に　175
 (5) 設定課題は次々に深まり、進展する　176
 (6) こだわりからの解放！ 〜お父さんも"ナベアツ"に変身〜　177

6. 児童期の高機能自閉症：小学校2年生の友和君　178
 (1) 時計のこだわりと家族のこだわり　178
 (2) 「時計嫌い」の真相　178
 (3) 「こだわり防衛隊」もほどほどに　180

7. 児童期のASD：
    特別支援学級3年生のまゆさんのマンツーマンこだわり　181
    (1) 不安はないのに不満はいっぱい　181
    (2) "マンツーマンこだわり"と嘆きの課題　184
    (3) 先生・学校のこだわり 〜理解できない交流学級〜　185
    (4) マイナスだけの交流学級　186
    (5) こだわりの2人　187
    (6) ちょっとの介入で効果は大　187
    (7) こだわりをゲームに引き込む　189
    (8) 個別の療育が効くワケ　190
    (9) こだわりの連鎖　191
    (10) 関係者の"交流学級こだわり"の弊害　192
    (11) 不満と噛みダコの本当の理由 〜〈やりとり〉不足〜　193
    (12) こだわり行動が"人気者のネタ"に　194
8. 児童期のASD：特別支援学校6年生の芳郎君　195
    (1) 芳郎君のこだわり〈新聞・ケーキ・指さしなど〉　195
    (2) 本人も辟易　198
    (3) 本人も嫌々　199
    (4) やっと担当に　200
    (5) 介入して、人間関係を築くために　200
    (6) ケーキに介入　200
    (7) 人で気持ちも身体も動く　202
    (8) 成果はその日のうちに顕れる　203
    (9) 蓑が剥がれて楽になる　203
    (10) 芳郎君の焦りと私の余裕　204
    (11) 「指さし」こだわりに介入　204
    (12) 情動の調律 〜怒りと「ブー」〜　205
    (13) こだわりからの解放　206
    (14) 「変化することへの恐怖」に立ち向かう　207
9. 青年期のASD：施設で暮らす暁子さん17歳　208
    (1) 驚き 〜こだわり行動の蓑虫状態〜　208
    (2) 慣れと中毒　211
    (3) 危険 〜こだわり行動の鎧甲〜　212
    (4) 暁子さんのその後　213
10. 成人期の自閉症フレーバー：
    居住地とネットカフェにこだわるある男性　215
    (1) 自閉症フレーバー（自閉症に極めて近い人：スペクトラム）　215
    (2) やはり、療育が大切　217

第5章　こだわり行動のマネージメント　219

1. こだわり行動のマネージメントとマネージャー　219
    (1) マネージメントとは　219
    (2) 発想の転換　219

(3) 徹之さんと洋子さん、豊治さんと幸子さん　220
　　　(4)「活かす」こと「活きる」こと　221
　　　(5) 洋子さんのマネージメント　221
　　　(6) 幸子さんのマネージメント　223
　　　(7) こだわり行動のマネージャー　224
　2. こだわり行動のマネージメントの実際　　　　　　　　　224
　　　(1)「行進」でこだわり行動を柔軟に　224
　　　(2)「カッチンコ」とカウントダウンで"おしまい"を教える　227
　　　(3) 水遊びのマネージメント　230
　　　　① お米とぎの準備物
　　　　② お米とぎの手順
　　　　③ お米とぎの配慮とポイント
　　　(4) 偏食のマネージメント　233
　　　　① 偏食の悲惨さ
　　　　② 幼児期のASD：5歳児、大希君の偏食
　　　　③ 偏食のマネージメント　～抜き型の利用～
　　　　④ 大希君のその後
　3. 福祉施設でのこだわり行動マネージメント　　　　　　　242
　　　(1) 青年期のASD：19歳 信男さん　242
　　　(2) 信男さんのレーダーチャート　242
　　　(3) 信男さんのレーダーチャート分析　244
　　　　①「生活とこだわり行動」のレーダーチャート
　　　　②「個々のこだわり行動」のレーダーチャート
　　　(4) 信男さんの指導方針　245
　　　(5) 具体的な取り組みと成果　246
　　　(6) 事例のおわりに　247
　4. 犯罪防止のマネージメント　　　　　　　　　　　　　248
　　　(1) 青年期のアスペルガー症候群：
　　　　　職場での覗き行為の晃君 18歳　248
　　　(2) 誤った対応　249
　　　(3) 対話　249
　　　(4) 聞き取りと痼り　249
　　　(5) カウンセリングと晃君の内面　250
　　　(6) 求めているのは、人との触れ合い　251

まとめ　……………………………………………………253
　　まとめ：こだわり行動にこだわる価値　253

●レーダーチャート（複写使用可）……………………256
　　解説●生活とこだわり行動のレーダーチャート　258
　　解説●こだわり行動分析のためのレーダーチャート　259

文献　………………………………………………………260
著者紹介　…………………………………………………264

図表等一覧

図表・写真・イラスト

図 0.1	『自閉症スペクトラム 親子いっしょの子どもの療育相談室』のカバーから	17
図 0.2	『子どもの療育相談室』親と子の遊び（交流）を促し、支えるセラピスト	17
図 1.1	こだわり行動　3つの特徴	22
表 1.1	「こだわり」に関連する用語の本書での定義	28
写真 1.1	指しゃぶりをするライナス君	31
表 1.2	こだわりに関する定型発達とASDの比較	34
表 1.3	ASDにみられるこだわり行動一覧（場面別）	35-52
表 1.4	こだわり行動の分類（対象別）	53
図 3.1	リングスティック　情緒・認知課題	76
図 3.2	写真カード　情緒・認知課題	77
図 3.3	生活とこだわり行動のレーダーチャート	79
図 3.4	こだわり行動分析のためのレーダーチャート	81
図 3.5	拓也君のレーダーチャート（生活とこだわり行動と床叩き）	84
図 3.6	拓也君のレーダーチャート（偏食とオムツこだわり）	86
写真 3.1	たいこでドン！	91
写真 3.2	ミュージックステーション	91
写真 3.3	欽ちゃんの仮装大賞 点数パネル	93
写真 3.4	リングスティック	94
写真 3.5	教材セット	94
写真 3.6	スイスイおえかき	95
写真 3.7	キラキラ棒	96
図 3.7	「変えない」への代表的な対処法	106
図 3.8	「やめない」への代表的な対処法	107
図 3.9	「始めない」への代表的な対処法	108
図 3.10	ASDの子の「人の捉え方」	112
図 3.11	「一番こだわり」の分類	118
写真 4.1	案内カード：大学バージョン	129
写真 4.2	玉落としのおもちゃ	133
写真 4.3	玉の投入口	133
写真 4.4	紙製のジュエリーケース	135
写真 4.5	参考写真	135
写真 4.6	キティちゃんのハンコ（インク付き）	149

図 4.1	紙に記された○の中にハンコを押す		151
写真 4.7	紙製のコースター		152
写真 4.8	コースターにハンコでキティちゃんのバッジに		153
写真 4.9	一口サイズの紙コップ		154
写真 4.10	コップのお尻		154
写真 4.11	透明な筒の容器		155
写真 4.12	交通標識パズル		159
写真 4.13	サウンドロップ		171
写真 4.14	オモロー電卓		173
写真 4.15	ジャンボ鉛筆		174
図 4.2	折り紙の情緒・認知課題		189
写真 4.16	ジャンボビーズのモール通し		194
図 4.2	新聞へのこだわり		198
図 4.3	こだわり行動の"みのムシ状態"		211
図 4.4	こだわり行動の鎧甲		213
写真 5.1	手製の布ブランコとカッチンコ		227
写真 5.2	米とぎ棒		230
写真 5.3	ローマ字と動物の抜き型		237
写真 5.4	アンパンマンとスティッチのふりかけステンシル		239
写真 5.5	「ピングーのおにぎり」入りのお弁当		241
表	こだわり行動にこだわる価値		253
上田豊治さん 切り絵作品「秋のザビエル」「とよの庵」			263

レーダーチャート

生活とこだわり行動	79
こだわり行動の分析	81
拓也君（生活とこだわり行動と床叩き）	84
拓也君（偏食とオムツこだわり）	86
事例：そら君 2歳6ヶ月	127-128
事例：翔君 保育所4歳児（年中）	157
事例：敏君 小学1年生	170
事例：友和君 小学2年生	179
事例：まゆさん 特別支援学級3年生	182-183
事例：芳郎君 特別支援学校6年生	196-197
事例：暁子さん 17歳	209-210
事例：信男さん 19歳	243
レーダーチャート（複写使用可）	256-257

はじめに

自閉症との出会いから 〜30年を振り返って〜

　私が自閉症の人と最初に出会ったのは、1983年のことです。その4年後に私は、自閉症者の専門施設で働くことになるのですが、勤務初日から、彼らの示すこだわり行動に振り回され、その理解と対処が真に難しいことを痛感させられるのでした。当時、自閉症に関係する人々を対象にした調査では、決まって、このこだわり行動が「問題行動」のトップに位置づけられていました。しかし、こだわり行動に対する指針もなければ、それに対処した事例もほとんどありません[※1]でした。

　折しも問題行動という呼び名が「行動障害」にかわり、「専門家や専門の機関でも手に負えない行動障害を"強度行動障害"と呼ぶ」ようになり、当時の厚生省の研究班による全国調査と実践研究が開始されました。

　私は「強度行動障害と呼ぶにふさわしい」強固なこだわり行動をもつ自閉症児を複数人担当していました。そのことから、石井哲夫先生（日本自閉症協会前会長）のご指導のもと、強度行動障害に対する実践研究に没頭することになりました。そこで私が得た結論は、「自閉症や強度行動障害の問題の核心がこだわり行動にある」です。この体験をまとめて、1993年に『自閉症とこだわり行動』（東京書籍）を出版することになりました。

　その後、私は『子どもの療育相談室[※2]』を立ち上げ、乳幼児期〜児童期にあるお子さんへの早期療育と親相談に明け暮れることになります。

　したがって、私の辿った道は、成人自閉症 → 強度行動障害 → 子どもの自閉症ということになり、多くの年齢層と様々な行動障害、そして、いろいろな障害の程度を網羅的に体験したことになります。

　以上のような30年にわたる体験をもとにして、私は自閉症の人がもつこだわり行動を次のように説明したいと思います。

本書が捉えるこだわり行動

　自閉症の人たちは、例外なく"こだわる"気持ちをもっています。そして、物や状況、人までも「変わらなければ安心」と思い込んでいます。そのために、自閉症の人たちは「変えない」ための行動を起こします。それが、こだわり行

動です。
　こだわり行動は、変化に富むところの対人交流の機会を回避する結果を招き、コミュニケーションや社会性の発達にも当然、悪影響を及ぼします。要するに「人に応じることができるルートが限られていく」、ひいて言えば「人に応じることができなくなる」ので、発達も滞ってしまうのです。そのようなこだわり行動に介入し対処した「事例」を整理してノウハウを皆様に提供するためにまとめたのが本書です。

「アスペハート」

　辻井正次先生（アスペ・エルデの会、中京大学）から「心の絆が生まれるとき〜自閉症児と関係を創る〜」という、すばらしいタイトルを頂き、アスペ・エルデの会が刊行する専門誌「アスペハート」に連載を始めてから10年。31回目の連載号では、「こだわり行動の上手な対処法」という特集まで組んで頂きました。本書は、アスペハートの創刊1号から33号までに書かせて頂いたものを骨子にして、大幅に加筆、修正し、かつ、幾つかの項目や事例を書き下ろして編集されたものです。この機会を与えてくださいました辻井先生に、改めて感謝致します。また、アスペ・エルデの会の皆様に厚く御礼申し上げます。

様々な出会い

　先述の『自閉症とこだわり行動』は、それより2年前に刊行された、"歴史に残る名著"と称されるウタ・フリス著『自閉症の謎を解き明かす』（東京書籍）に大きな刺激を受けて、数ヶ月間で書き上げた経緯があります。その『自閉症の謎を解き明かす』を担当された編集者の大山茂樹さんが、本書を世に送り出してくれました。そして、この度の大改訂にもご尽力頂きました。
　大山さん、辻井先生、アスペ・エルデの会の皆さんには、2011年3月11日のあの東日本大震災に際しても直後から大変にお世話になりました。
　大山さんは、被災地では手に入らなくなった生活必需品やマンガの週刊誌、絵本などを大量に送ってくださいました。特に、マンガや絵本は甚大な被害を受けた気仙沼市の子どもたちのもとに運び、喜ばれました。辻井先生とアスペ・エルデの会の皆さんは、一丸となって何度も食料を送ってくれました。その際、お子さんたちからも励ましの電話や手紙をもらい、真に勇気づけられました。また、辻井先生は全国から専門家を招集してくださり、日本発達障害ネットワーク（JDDネット）とともに被災地支援を強力に押し進めてくださいました。その結果、被災地宮城県におきましては、発達障害の子どもに関わる施設や専門機関のネットワークが作られ強固にもなって、ペアレント・トレーニングなどの新しい事業が興されています。
　この3.11の大震災では、たくさんの障害児・者も被害に遭われ、亡くなりました。その中には「こだわり行動のために家から出られず、避難所にも移動で

きずに、その子をかばった母親も一緒に津波で流されてしまった」ケースがありました。

私たちは、その方々のためにも「こだわり行動への対処法をもっと分かりやすくして」人々に伝えていく責任を負っています。その自覚のもと、『自閉症・アスペルガー症候群とこだわり行動への対処法』を大きく改訂させました。

被災地支援並びに気仙沼市の学校支援でもお世話になっている木谷秀勝先生（山口大学）のお計らいで、山口県の萩市で切り絵作家として活躍される上田豊治さんの庵（いおり）を訪ねることができました。彼のお母様が幸子さんで、本書でも紹介します、私の憧れの「こだわり行動の名マネージャー」さんです。休日の早朝にもかかわらず、豊治さんは切り絵の実演を見せてくださり、幸子さんは様々な企画やプロデュースについてのお話をしてくれました。お二人が「人との関係をとても大切にされている」ことを肌で感じることができ、それがマネージメントの基本であることも知りました。

思い返せば、私自身も恩師の横田信義先生（東北福祉大学）に人生の折に触れてはマネージメントを受けて、ここまで辿り着いた、と言うことができます。ここに改めまして、感謝申し上げます。

また、"こだわりの強い"私を一貫して信じ、育ててくれた父と母に、そして、ずっと伴走してくれている妻にお礼を述べたいと思います。

改訂の概要

今回の改訂では、新たに、

① 「一番こだわり」の理解と対処を加えた。
② 自閉症にみられるこだわり行動の一覧表に示したこだわり行動の数を280から340に増やした。
③ こだわり行動のレーダーチャート分析について事例も添えて分かりやすくした。
④ 福祉施設におけるマネージメントの事例を加えた。
⑤ イラストや図、写真を増やしていっそう分かりやすくした。

の5点が大きな柱です。

このような大改訂を経て、本書は、こだわり行動とその対処法における「決定版」になったと自信をもって上梓致します。

自閉症スペクトラム障害（ASD）について

ご存じの通り、自閉症は対象となる人々の状態像の幅が大変に広い障害のグループだと言うことができます。重度の知的障害をもつ人、ことばを発することができない人、自傷や他害が著しく強度行動障害の認定を受ける人。そのような重い障害をもつ人たちに対して、就職して穏やかに自立生活を送る高機能

自閉症の人もいますし、大学院で研究に打ち込むアスペルガー症候群の人もいます。
　それでもこの一群には、①社会性の障害、②コミュニケーションの質的な障害、③こだわり行動という、いわゆる障害の三つ組が共通してあるので、自閉症ファミリー（別名、広汎性発達障害）として位置づけられてきました。
　近年、高機能自閉症やアスペルガー症候群をもつ人のうち、社会に適応した生活を送る人が多くいることも知られるようになり、定型発達との境目がますます不鮮明になってきています。
　このように自閉症の状態像は千差万別だけれども、基本的な障害は共通していて、しかも、重い障害の自閉症から定型発達まで連続体（スペクトラム）としてのつながりがあることも分かってきました。
　折しも、アメリカ精神医学会（American Psychiatric Association）は、DSMとして知られる『精神疾患の分類と診断の手引き』（Diagnostic and Statistical Manual of Mental Disorders）の改訂を行いました。その新しいDSM-5では、自閉症ファミリーに、これまで特定不能の広汎性発達障害（PDD-NOS）と呼ばれてきたタイプも包含させて、自閉症スペクトラム障害（Autism Spectrum Disorder : ASD）という用語に統一しています。
　本書もこれにならって、自閉症スペクトラム障害の名称とその略記であるASDを用います。ただし、本書のタイトルでは、自閉症スペクトラム障害をもう少し広めに捉える意味で、「自閉症スペクトラム」を採用しています。

姉妹図書について

　本書の基盤となっている「親子いっしょの療育相談」は、『自閉症スペクトラム 親子いっしょの子どもの療育相談室』（東京書籍）にまとめられていますので、是非、本書と合わせてお読みください。
　また、ワークブックとして、親や家族向けに『こだわり行動攻略BOOK』を、本人向けに『こだわり行動攻略BOOK 子ども用ワークブック』をアスペ・エルデの会から発行しています。アスペ・エルデの会のホームページ（http://www.as-japan.jp）でご覧ください。
　なお、先述の『自閉症とこだわり行動』（東京書籍）では、こだわり行動に加え、常同行動や儀式行動に対する理解と取り組み方を詳述していますので、参考にしてください。

　　　私のことを心配しつつ可愛がってくれた祖母を偲んで

　　　　2013年6月7日　　　　　　　　　　　　　　　　　白石　雅一

1.「対処」と「対処法」について

　もともと「対処」は英語で Coping と表記し、「課題に取り組むこと」を意味します。このストレス理論から発展してきたコーピングは、次のような2つの側面があります。

　人は課題や問題に遭遇したとき、
　① 課題や問題の性質や内容を吟味して、それに前向きに取り組む
　② 情緒的にまず反応して、「いやだな」「面倒だな」「回避しよう」という消極的な態度に出る
　のいずれかの道を選ぶ、ということです。①を「課題（認知）中心の戦略」、②を「情緒中心の戦略」と呼びます。

　このような人間行動のパターンをASDの人に照らしてみると、上記①と②の両面にアプローチするのが有効だと思うのです。

　具体的には、「興味や関心が向けられる教材・教具を良く選んで提示」して「良く見せる」という、認知面へのアプローチ。そして、情緒面には、回避的にならないように、なだめ、なぐさめ、励まし、もり立てて、「なんだか、やる気がわいてきた！」という、ポジティブな情緒に転換させるアプローチです。

　「対処」（コーピング）とは、私が長年実践してきた「情緒・認知課題」の提示でASDの人に求めること、そのものです。ASDの人たちの「対処」する力を引き出す方法（関わり）こそが「対処法」の基本になると私は考えています。

2.『子どもの療育相談室』とは

　私が1997年に立ち上げた、発達障害のお子さんとその家族を対象にする「療育と相談」のための施設です。

　その特色と内容は、以下の通りです。

①親子一緒の療育相談（専門用語では、「親子合同面接」）
　1) 療育は、個別の教材・教具を用意し、マンツーマンで実施する。
　2) 親や家族には、その場面をその場で見てもらい、やりとりの実際を学んでもらう。
　3) 家庭において実施できる取り組みを具体的に提示して、宿題として持ち帰ってもらい実践に移してもらう。
　4) 個別の療育の前後に、お子さんと親との交わりを企画し、そこでの「関係」をチェックし、問題がなければ大いに評価し、問題が見出されれば、適宜アドバイスを行う。
　5) お子さんをサブのセラピスト（共同治療者と呼ぶ）やアシスタントに任せて、メインセラピストが親や家族に対する様々な相談に応じたり、発達的なガイダンスを行う。
　6) 家族、すなわち、きょうだいや祖父母にもキチンと対応する。特に、きょうだいには、学生スタッフをマンツーマンで配置し、きょうだいケアも心

がけている。祖父母については、正しい情報を伝え、ASDや発達障害の理解を促し、情報不足から来る不安な気持ちを軽減させる。

②**人的な構造**
上述のように●メインセラピスト、●サブのセラピスト、●アシスタント、●学生スタッフからなる構成。状況によって、メインセラピストとサブのセラピストが入れ替わり、お子さんと親にあたっている。

③**物理的な構造**
滑り台が置けて、ボール遊び（キャッチボールなど）や三輪車こぎ、布ブランコが実施でき、必要に応じて、きょうだいを別室でケアできるよう、また、親面談も別室でできるよう、大きなメインプレイルームと補助のプレイルームを用意している。
なお、メインプレイルームにおける教材、教具の用意と配置は、ケースごとに入れ替えている。そして、同一のケースであっても、毎回少しずつ入れ替えや配置換えを行って、自閉症児が自然に「変更」を受け容れていけるように配慮している。

④**時間的枠組み**
1回の療育相談のセッションに90分～120分を費やしている。上記のようなメニューを実施するためには、やはり、このくらいの時間的な枠組みが必要。さらには、ケースとケースの合間をキチンと取り（30分～60分）、余裕をもって療育相談にあたれるようにしている。

⑤**利用者の状況**
80％のお子さんが就学前の自閉症児。最年少は、1歳2ヶ月（きょうだいが自閉症だったため、超早期に"発見"できたケース）。最年長は、大学生のアスペルガー症候群。

⑥**多様なメニュー**
1) 年に1回の「療育キャンプ」の実施：利用者の経過観察ときょうだいのケア、親の集団カウンセリングを兼ねている。
2) 家庭訪問
3) 保育所、学校巡回相談
4) 保育士さんや学校の先生方に対するコンサルテーション：いわゆる、専門家に対する専門家のアドバイス
5) 障害者施設の職員研修

なお、2005年より、私が宮城県発達障害者支援センター「えくぼ」にて療育相談を行うことになったことに伴い、上記の内容は一部を除いて「えくぼ」に移転させて実施しています（私の主宰する『子どもの療育相談室』は現在休止）。
この「えくぼ」の利用者は、宮城県内にお住まいのある方（政令指定都市の仙台市は別に機関が用意されていますので対象外）に限られますのであらかじめご了承ください。
ちなみに、本書で紹介した事例は、すべて、『子どもの療育相談室』における対処例であることをお断りしておきます。

3.「介入」とは

本書で私の言う「介入」とは、ASDの人たちを「楽しませ」「喜ばせ」「人と一緒に共同作業を行うっていいな！」と実感させるために行う「関係づけ」のアプローチのことを指しています。

ASDの人たちにとって、こだわり行動は、当初は「楽しみ」であり「趣味」であり、「意思や気持ちを込められる」「大切なもの」でもあります。しかし、多くは、肥大化するそれに振り回されるようになり、疲弊し、辟易としているのも実情です。この「苦しみ」のサインがこだわり行動ににじみ出ていることがあります。だからこそ、「楽しい遊びの介入」が有効となるのです。

図 0.1 『自閉症スペクトラム 親子いっしょの子どもの療育相談室』のカバーから

図 0.2 『子どもの療育相談室』親と子の遊び（交流）を促し、支えるセラピスト

はじめに　17

第1章
自閉症スペクトラム障害（ASD）のこだわり行動と定型発達

1．最初の事例：拡大するこだわり行動

　私が自閉症スペクトラム障害（略してASD）の人のこだわり行動に"初めて出会った"のは、大学生の頃、自閉症児を連れて買い物に行った時でした。彼は明人(あきと)君といい、小学4年生で、彼の母親は、慣れない私に「この子は、こだわりがあって、いつも同じ物しか欲しがりませんし、買いませんから、"買い物"は直ぐに終わります。買い物が済んだら、真っ直ぐに帰ってきてください。決して、寄り道はしないでください。いいですか、寄り道はしない！　これ、キチンと守ってくださいね」と言いました。
　そして、「スーパーまでの道のりは、この子の後を付いて行けば分かります。道順を決して変えない子だから、安心です」とつけ加えました。
　彼は、「お目当てのお菓子が買える」喜びから、ニヤニヤしながら、しかし、後を付いて歩く私には一切お構いもなく、一言も発せず、ただ歩いて行きました。
　母親の言った通り、彼の順路は守られ、ちゃんとスーパーにたどり着きました。しかし、ここからが、彼と母親の予想にない状況だったのです。その日は「お菓子の在庫処分セール」に当たっていたからです。
　「いつものお菓子棚にお目当てのお菓子が陳列されていない！」
　彼は不安にさいなまれて、「ナイ、ナイ、ナイ」と繰り返していました。私も予想もしなかったこの事態に呆然としました。

この２人の"哀れな"態度に店員さんが助け船を出してくれました。「いつものお菓子は、特売の台に移されて、山積みにされているから、好きなだけ買っていってね」と。
　「なーんだ！ そっちにあったのね。しかも、今日は特売日で、ラッキーだったんだ！」と安堵し、かつ、嬉しい気持ちになったのは、私だけ。
　当事者たる彼は、私が「こっちにあるよ」と誘っても見向きもせず、いつもの棚の前に立ち尽くしています。そして、彼は、「ナイ、ナイ」と呟きながら、売り場をグルグルと回り、結局、また元の棚に戻ってきて、意を決したようにして、"今日は＜たまたま＞そこに置いてあった"、いつもとは"違う"お菓子を手にしたのです。
　私は、「自閉症のこだわりって、変更できない、と聞いていたけれど、状況によっては自分から変えることができるんだぁ…」と感心して彼を眺めていました。
　しかし、実際はそう簡単なものではありません。
　彼は、新しい菓子を買ってスーパーを出たところで、急に不機嫌になって、苛立って言いました。「たべる、たべる」と。そして、ササッと菓子のパッケージを乱暴に破り捨てて、一気に口の中に放り込んで、無理矢理、という感じで飲み込んでいきました。
　彼は、このまま「いつもとは違うお菓子」を「家に持って帰るわけにはいかない！」と思ったのでしょう。それでは、通常のパターンがさらに壊れてしまうからです。よって、上述のように、「不本意ながら買ってしまったお菓子」を目の前から消し去るために、慌てて口の中に放り込んだ。
　以上が"今だから解る"彼の行動の意味。当然ながら、当時は何が何だか分かりませんでした。
　さて、家に到着して、この一部始終を彼の母親に報告すると、母親は頭を抱え込んで言いました。「これで"買わなくちゃいけないお菓子がまた増えて"しまい、"買ったお菓子をそこで食べてこなければ気が済まない"というパターンもできてしまった。なんてこと！"こだわり"がダブルで増えてしまったのよ！」と。それは、悲痛な叫び声でした。

と言われても、私には事の重大さが理解できませんでしたし、母親の悲嘆に暮れた状態に圧倒されて、なおさら、返すことばが見つかりませんでした。黙っている私に母親は、苦渋に満ちた表情をして、絞り出すように言いました。

「でも…、あなたが悪いわけではありませんから、気にしないでください。ただ、また新しいこだわりが増えてしまうかと思うと、それにつき合わされる身になると、もう"うんざり"っていう感じで、気が滅入ってしまう」

私はその時の反省から、「自閉症の人たちのこだわり行動についてしっかりと勉強し、本質を把握し、キチンとした対応をしていかなければならない」と心に決めたのでした。

2. ASDのこだわり行動とは

(1) こだわり行動の3つの特徴

3歳になったばかりの自閉症児が3ヶ月ぶりにやって来た療育相談室で、前回使ったおもちゃを引っ張り出して、前回遊んだ時と同じ場所に正確に戻していきます。忘れてしまっても当然であるべき事柄でも、忘れずにこだわり、「変えない」自閉症児がいます。

彼は、おもちゃの使い方も「変えません」でした。彼は、前回大人が手渡したおもちゃは、「大人が前回同様に手渡してくれるまでずっと待っている」というこだわりをもっていたのです。

それに気がつかなかった私たちは、「彼は"おくて"な性格だから、彼が好きそうなおもちゃは、こちらでチョイスして手渡してあげよう」などと"誤解"をして、さらに彼のこだわり(「大人が手渡してくれるまでおもちゃは触らない」)を強めてしまったのでした。

時間が過ぎて帰宅の時間になりました。彼に「バイバイするから、お片付けしようかな」と言いますと、それまでは柔和だった彼の表情が一変して、彼は目をつり上げて、大人によって片付けられようとしたおもちゃを

抱え込んで離しません。そればかりか、床に座り込んで、「動かないぞ！」という態度を示して、「徹底抗戦」の構えです。母親が落胆した面持ちで「この子は、こうして場所に慣れてくると、遊びがやめられないんです。だから、帰れなくなるんです」と解説しました。

このように、活動を続けることに「こだわって」、「やめられない」という状態に陥る自閉症児が多くいます。

4歳の自閉症児が遠足でやって来た遊園地の入り口で腕組みして言います。「入らない！」。彼の気持ちを切り替えようと、保育士さんたちが「それでは、最初にトイレに行っておこう」と誘っても「絶対、行かない！」と反抗的。園長先生が間に入って「それじゃ、男同士でトイレに行こうか」と言ってみると、「聞かない！」と耳を塞いでの抵抗。傍らで母親が「この子は新しい場所に来ると、いつもこうなんです。トイレだって、家に帰

図1.1 こだわり行動 3つの特徴

るまで我慢しています」と嘆いています。新しいことは「やらないと決めている」自閉症児もいます。

このように、ASDの人たちが現す「こだわり」には、3つの大きな特徴があります。

　①変えない
　②やめない
　③始めない

変えないことは、変化や変更することを受け容れない、ということで、昔は、「同一性の保持」と呼ばれていました。「こだわり」の代名詞であり、「こだわり行動」の根幹でもあります。

具体的には、物の位置を変えない、靴や衣類を変えない、日課やスケジュールを変えない、道順や物を操作する順番を変えない、食べ物やメニューを変えない、教室や担任の先生の変更を受けつけない、などがあります。

やめないことは、延々と繰り返す、しつこい、諦（あきら）めない、ことで、気に入ったことがあると、その状況に区切りをつけることが自分では難しくなる、という特性を表しています。

具体的には、砂遊びや水遊びを何時間たってもやめない、ブランコこぎをたくさんの人が待っていてもやめない、絵を描き始めたら時間が過ぎても紙が尽きてもやめない、三輪車をひっくり返して車輪を延々と回し続ける、同じビデオや気に入ったシーンを繰り返し見続ける、おんぶや抱っこをして遊んであげると「もっと、もっと」としつこく要求してやめさせない、などがそれです。

始めないことは、新しいことや新しい場所、状況を受けつけない、ということで、強い拒否の態度として現れてきます。これは、それまでのパターンを変えたくないので、新しいことを拒む、という「変えない」ことから派生した「こだわり」の1つであるという捉え方もできます。

具体的には、初めての場所には行きたがらない、初めての建物に入らない、外出先のトイレは使えない、新しい食べ物やメニューを受けつけない、

目新しいおもちゃ・本には手を出さない、初対面の人に怯える、などがあります。

(2) こだわり行動の二面性：ポジティブな面は唯一無二！

「変えない」「やめない」「始めない」というASDの人たちのこだわり行動は、人間関係を阻害し、新しい学習の機会を奪い、社会性やコミュニケーションの発達にも大きな影響を与えます。「発達」そのものに対する阻害要因である、とも言うことができます。

具体的には、
「変えない」から、変えたい人と利害がぶつかる。いざこざが起きる。
「やめない」から、周囲や状況に合わせられないで非難や叱責を受ける。
「始めない」から、周囲の動きに参加できず、真似も新しいチャレンジもできずに、学習の機会も失ってしまう。
というマイナス面で、よく知られていることでもあります。

このようなマイナス面に対して、コインには表と裏があるように、「ASDの人たちは、こだわり行動によって伸びていく」というポジティブな面もあります。ASDの人たちがもつこだわる特性を逆に活用して、「几帳面に」「集中して」「手抜きのない」仕事を「持続させる」ことで高い評価を得られる場合もあるのです。

つまり、こだわり行動を「玄人」とか「職人」という観点から見た場合、
「変えない」から、安定する。習熟度が増す。質が高まる。信頼される。
「やめない」から、集中力が発揮される。達成感や満足感が大きくなる。
「始めない」から、ぶれない。気移りしない。失敗を抑えられる。
という、「職業人」にはもってこいのポジティブな「スキル」として捉えられるのです。

こだわり行動は、問題行動（あるいは行動障害）としてマイナスに捉えられる反面、このように、ポジティブな側面も有しています。これは、他の問題行動にはない側面です。

だからこそ、後述するように、「うまくつき合って、導く」という、マネー

ジメントの観点が必要になるのです。

　功罪を併せもつこだわり行動にどう関わっていくか。私たちに与えられた大きな課題です。それは、こだわり行動への対処法によって、ASDの人たちの人生が大きく左右されるからなのです。

(3) こだわり行動は、ASDに欠かせない

　ASDの人たちが現すこだわり行動は、ASDの診断基準に位置づけられている基本的な症状でもあります。これは、国際的な診断基準の1つであるアメリカ精神医学会の『精神疾患の分類と診断の手引き』が新しくDSM-5になっても変わりありません。

　したがって、こだわり行動は、問題行動（あるいは行動障害）と呼ばれて同等に扱われている、「他害行動」「自傷行為」「粗暴行動」「衒奇症（奇をてらう行動）」「気引き行動」「パニック」「暴言」「いじめ」「引きこもり」「反すう・おう吐」「抜毛」「性器いじり」などとは、根本的に異なるのです。

　つまり、他害や自傷などの問題行動を起こさないASDの人はたくさんいるのに対して、こだわり行動をもたないASDの人はいない、ということなのです。

(4) こだわりの対象とこだわり行動は「拡大する」

　19頁の「最初の事例」で紹介した、明人君がまさにそうでした。これは、こだわり行動によって、新しいことの学習が進まず、できることや楽しめることが制限され、発達も抑えられることから、有り余ったエネルギーが簡単な行為や行動の繰り返しに注がれてしまい、こだわり行動が「拡大」するという悪循環の結果です。

　この傾向は、人との〈やりとり〉が特に苦手で、こだわり行動の他にやりたいことがないASDの子どもによく見られます。

(5) こだわりの対象は「変わる」

　ASDの子どもによく見られる「偏食」は、こだわり行動の特徴の1つ

である「始めない」が「食わず嫌い」を引き起こしているもの、と言うことができます。この偏食に関して、次のような事例を間々体験します。

ASDの子どもがこだわって、「それしか食べない！」と決めていた食べ物が、ある日突然に「大嫌い！」な食品に変わってしまうことがあります。それとは反対に、毛嫌いされていた食べ物に突如として食指が動いて「大好き」になって、それしか食べなくなることもあります。

これまで、ASDの人の「偏食」は、「感覚の異常性や味覚の障害からくるもの」と解釈されてもいましたが、上記のように、食べる物や食べられない物が急に「変わってしまう」のですから、それは、感覚器官の問題と言うよりは、"別の問題"ということになりましょう。

食べ物以外でも、こだわりの対象は時々変わることがあります。朝と夕に必ず見なければならない！と決めていた教育テレビ（Eテレ）の番組がある日突然に「大嫌いな番組」に変化して、周囲を慌（あわ）てさせるなどです。

この「こだわりの対象は変わる」の原因は解りません。人それぞれに原因が違うのかも知れません。要は、ASDの人の「こだわりの対象は変わる」という理解をしておくことが大事です。

(6) ASDの人もこだわり行動に「飽きる」

ASDの人がこだわっている物を前にして、嬉々としているシーンや、こだわって描いている絵を仕上げて満足に浸っているシーンなどは、典型例として直ぐに関係者のまぶたに浮かびます。

しかし、ASDの人が自分でこだわって始めたにもかかわらず、もう飽き飽きしてしまって、しかし自分では「やめられない」ので、「うんざり！」しながらもこだわり行動を続けている例がある、という事実はあまり知られていません。

(7) こだわり行動で苛（いら）つき、二次障害が発生する

「この子、5年もこの店のケーキにこだわって、毎日2個ずつ食べないと、気が済まないんです」と母親がケーキをテーブルに置いた途端、自分の手

の甲を激しく噛み、地団駄踏んで怒り出すASDの子どもがいました。

先に(6)で「自分のこだわり行動にうんざりしている」ASDの人がいる、と述べましたが、この場合は、それを超えて、自傷行為という二次障害に陥ったものです。

この子は、その後、ケーキをひとくち口に含んだ後、1つのケーキをコップに投げ捨て、もう1つをなおざりに母親の皿に放り投げました。母親は、「それでも、この子が毎日買ってこい！と要求するものですから…」と致し方のない状況を説明しました。

(8) こだわり行動が「見えにくくなる」

「あれダメ、これダメ」という過干渉な状況下であったり、受け身で暮らしてきた年月が長い場合、こだわり行動を起こさず、思考やイメージの世界において解消しようとするASDの人が出てきます。

また、そうした欲求不満のはけ口として、同じフレーズを延々と繰り返し言い続けて、聴覚を自己刺激して満足する人もいます。

こだわり行動がこのような外部からは「見えにくい状態」に変化し、「分かりにくくなる」ことがあるのです。

(9) 慣れと見過ごしが生じる

ASDの人たちに関わる大人の側に「慣れ」が生じてしまい、「こだわり行動に鈍感になる」ことがしばしば見られます。これは、ASDの人たちがこだわり行動を多種多様に現すところの特別支援学校や入所施設の場合に顕著だと思います。

また、近年、1日の大半を保育所で過ごす子どもが増えていますが、その結果、子どもの日常を親が把握できず、わが子（ASD）のこだわり行動に気がつかなかった、という場合も多くなっています。

(10) こだわり行動に周囲が巻き込まれて、周囲に移行する

ASDの人のこだわり行動に巻き込まれて、いつしか「この子（利用者）は、それがなくては生きていけない！」と親や施設職員の方が率先して物

表1.1 「こだわり」に関連する用語の本書での定義

【こだわり行動】
ある特定の物や状況に著しい執着を示し、それを常に一定の状態に保っていようとする欲求に本人が駆られた結果、それが変わること、変えられることを極度に嫌うようになり、行動面において反復的な傾向があらわになること。

【こだわり傾向】
同一性の保持への強い欲求が行動化されず、認知過程や思考等に内在化される場合を言う。

【常同行動】
本人が作り出した感覚的な刺激を、自分に向けて繰り返し与え続ける行為や行動。人によってその形態は異なるが、その人が行うときには、常に同一の形態がとられる。この常同性が注目されることから、常同行動と呼ばれ、自己刺激面が注目されると自己刺激行動と呼ばれるが、両者は、同義語である。

【儀式行動】
何かの目的を遂行する過程において、必ず一定の行為や行動が生起されることを言う。これ自体には目的はなく、次の行為・行動への橋渡し的性格をもつ。よって、先行刺激や条件設定がなされなければ、これ単独で生起することはない。

【強迫症状について】
自閉症児者が示す「こだわり行動」と「強迫症状」とは、区別されなければならない。それは、こだわり行動が「事物が一定に保たれれば、気が済み、自己の安定が保たれること」であるのに対して、強迫症状は、「ばかばかしいと思いながらも行為に駆られてしまい、それを続けていても達成感が獲られないので、なかなか止められない」というものである。そのことから、両者には、行為に対しての「意識的な抵抗」と「達成感」とに根本的な違いがみられる。

石井哲夫・白石雅一著『自閉症とこだわり行動』(東京書籍) 1993年より修正加筆

事にこだわってしまう場合があります。そして、気がつくと、こだわり自体がASDの人から親や施設職員の方に移行してしまって、ASDの人がそれにつき合わされている、という逆転現象が起きたりします。

⑾ こだわり行動の定義 (28頁)

　ここで、こだわり行動の定義を示します。あわせて、類似する他の行動の定義も示しておきます。それは、こだわり行動と常同行動、儀式行動、そして強迫症状が時に混同されて用いられているからです。定義で示す通り、それらの行動は、異なった性質の行動ですから、当然、対応も異なってきます。

　これらの行動の差異と対応例については、『**自閉症とこだわり行動**』(石井哲夫・白石雅一著　東京書籍) で詳しく述べてありますので、ご覧ください。

⑿ こだわり行動の原因

　ASDは、育て方やこころの傷などが原因してなるものではなく、生まれながらにして生じている脳の機能障害によって、徐々に自閉症状が顕在化していくもの、と捉えられています。

　その脳の機能障害に関して最近では、脳内の神経伝達物質（例えばセロトニン）の分泌量の問題や特定の神経細胞の働き（例えば、物まね細胞と呼ばれるミラーニューロン）の問題、または、神経伝達のネットワークの問題等々に関心が集まっています。

　ちなみに、セロトニンは、ノルアドレナリンやドーパミンと並び三大神経伝達物質の１つに数えられていて、人の感情や睡眠、食欲、不安などの精神面に関与しています。ASDの脳内では、このセロトニンの量が少ないことと、セロトニンを神経細胞内に再吸収する働きのセロトニン・トランスポーターの密度が低下していることが確認されています。

　最近の研究、特にPET※と呼ばれる最先端の装置を用いた脳の画像研究では、セロトニン・トランスポーターの低下がASDの人の「相手の気持ちが分からない」ことや「強迫症状」に関与していることが明らかにされました。

　この「強迫症状」は、ASDのこだわり行動と関係が深いと見られてい

ますので、遠からず、その分野における研究でこだわり行動の原因も解明されるかも知れません。

現在のところ、ASDのこだわり行動の原因は、これまで述べてきたところの「脳の機能障害」の範疇(はんちゅう)でしか捉えきれません。ただし、こだわり行動が「強迫症状」に比べ多種多様であることから、複合的な機能障害によるものではないかと思われます。

※ PET（陽電子断層撮影法）：体内の物質を画像化する方法の１つで、脳疾患や心臓疾患、腫瘍・癌などの病気の早期診断に役立っている。脳に適用した場合、脳を働かせたままの状態での輪切り状の撮影ができる。つまり、「生きた脳の神経の働きが分かる」画期的な方法である。

⒀ こだわり行動を止めるか、伸ばすか

結論から先に述べます。私は、人との関係が形成されれば、こだわり行動を「止める」のも「伸ばす」のも容易になる、と考えています。そして、その人間関係は、「最も自閉症らしい行動」である、このこだわり行動にキチンと向き合って、「関わっていくこと」「マネージメントしていくこと」で形成される、と捉えています。

本書は、その実例を多くの事例を通して示していきます。

なお、本書で紹介する事例は、すべて仮名とし、個人情報に充分留意し、本人が特定できないように、かつ事実を損なわない程度にいろいろな加工が施されています。その点を予めご了解頂きたいと思います。

3．定型発達とこだわり

⑴ ASDのこだわり行動とライナス

ASDのこだわり行動は、ASDの３大診断基準の１つに数えられ、ASDの大きな特徴とされています。

こだわり行動は、赤ちゃんの時からすでに発現しているものと考えられますが、多種多様かつ、頻度もレベルもまちまちなので、つい見落として

しまう場合もあります。また、乳幼児期の自閉症児の場合、それを表現する手段をもたないので、判別しにくいこともあります。

　いずれにせよ、こだわり行動を放置していると、日々こだわりの対象が拡大され、問題が深刻になるとともに、生活のみならず、発達にも大きな影響を及ぼすので、ある種、恐ろしい症状だと言うことができます。

　それにもかかわらず、「指しゃぶりがやめられなくて心配したが、幼稚園に入ったら治まった。みんなその頃、卒業してしまうもの」とか「そもそも子どもは、毛布やぬいぐるみに"執着する"もの」で「心配することではない」といった一般論と混同されて、余計に"気にせず"時を送ってしまう場合が多いようです。

　これは、おなじみの『ピーナッツ』というマンガに登場するライナス君が「指しゃぶり」と「毛布」への執着を見せることで有名になったことが影響しているのかも知れません。

　確かに「指しゃぶり」や「特別な毛布やぬいぐるみへの執着」は、どの子どもにも現れる現象ですし、「一過性」といって、ある時期が来れば多くは消失していくものです。

　よって、ASDを疑われる子の親御さんが「うちの子のこだわり行動だって、指しゃぶりや毛布への執着と同じなんだ」と思い込み、「自閉症」を否定したい気持ちになることは理解できます。

　保育士さんだって、思い悩む母親を励ますために、「どの子も小さい時は"こだわる"ものよ」と言うことがよくあります。

　また、「こころの安定材料としては、指しゃぶりだっ

写真 1.1　指しゃぶりをするライナス君

て、毛布への執着だって、自閉症児のこだわり行動だって、同じだろう」という見方があるのは事実です。確かに、その最中の子どもたちの様子は安定していて、一見、自閉症児のこだわり行動と同じように見えます。

しかし、本質は全く異なりますので、この際、定型発達のお子さんたちの「指しゃぶり」や「毛布・ぬいぐるみへの執着」と自閉症児の「こだわり行動」の違いについて解説していきたいと思います。ちなみに定型発達とは、標準的な発達を示す状態のことを指して用いています。

(2) 定型発達と指しゃぶり

指しゃぶりに関しては、小児科の先生方が統一見解を公表しています（日本小児科学会雑誌 第110巻 第4号）。それを参考に、かいつまんで説明してみましょう。

指しゃぶりは、赤ちゃんがお母さんのお腹の中にいる胎児期から始まっている行為であり、おっぱいを吸うための「吸啜反射」という生理的かつ本能的な働き（口元に触った物をチュッチュッと自動的に吸う）によります。つまり、赤ちゃんにとってこれは生命を維持するための大切な行為に他なりません。

この小さな指を小さな口に運んでいく行為に注目してください。ここでは、目と手の協応した働きが求められます。そして、いろいろな物をしゃぶっては、形や味、性質を学習する場となっていきます。赤ちゃんにとって、この指しゃぶりは、生命維持と運動・精神発達に欠かせない特別な意味をもつものなのです。

3～4歳になっても指をしゃぶっている。それは、懸命におっぱいを吸って生きてきたことの名残りであって、安堵している時でもあるのです。それを強制的にやめさせる必要はありませんし、よほどのことがない限り、歯の成長を妨げる、と心配する必要もありません。と言うのも、指しゃぶりは、一過性のもので、成長に伴って自然に消えていきます。また、一般に言われているように、「もう赤ちゃんじゃないんだから」という自覚のもとに、やがて卒業を迎えるものなのですから。

それに対して、自閉症児のこだわり行動は、自然に消えたり、卒業を迎えるものではありません。また、目と手の協応を高めたり、物の性質に対する認識を高めるといった、発達に寄与する行動でもありません。むしろ逆に、発達を阻害する性格のものです。

定型発達の子どもにとって、「特別な毛布やぬいぐるみ」は、それを「抱く」、そして、それに「抱かれる」ことが象徴するように、母親への愛着と母親からの愛情を表しています。こうして、自分の内にあるこころと、自分の外にあるこころとが毛布やぬいぐるみを介して、行き来する。子どもは、毛布やぬいぐるみを扱うことで、母親から離れていても自分の中には愛着という安心があることを確認して、自立へと向かっていけるものなのです。つまり、「特別な毛布やぬいぐるみ」は「人と人」そして、「イメージの世界と現実」をつなぐ「架け橋」の役割を担っているものと考えられています。それゆえ専門的には「移行対象」※と呼ばれています。なお、専門的な心理療法については123〜125頁の事例を参照してください。

それに対して、自閉症児の場合はどうでしょう。移行対象に詳しいタスティン女史（F. Tustin）は、自閉症児のそれを「自閉対象」と名づけました。つまり、自閉症児のこだわり行動は、定型発達の子どもが示す「移行対象」とは基本的に異なり、「人を避ける」「人を遮る」ための「バリアー（防壁）」であると説明したのです。

> ※「移行対象」について、詳しく知りたい方は、井原成男編著『移行対象の臨床的展開 〜ぬいぐるみの発達心理学〜』（岩崎学術出版社）を、「自閉対象」は、斎藤久美子監修、平井正三監訳、辻井正次他訳のタスティン著『自閉症と小児精神病』（創元社）を是非ご覧ください。辻井先生は、訳者あとがきの中で「特に『自閉対象』は、関わる側が、発達早期の子どもたちのこころの世界を想像的に理解する場合に、非常に示唆に富んだ概念である」と述べています。

次に、執着の対象の種類について考えてみましょう。

指しゃぶりは、実は親指だけが対象ではありません。赤ちゃんは、ゲンコツや足の指もしゃぶります。それでも、「指しゃぶり」に含まれる対象は、せいぜいこの3つの身体部位だけになるでしょう。

表1.2 こだわりに関する定型発達とASDの比較

一般の子どもの執着 (指しゃぶりや毛布・ぬいぐるみなど)	自閉症児のこだわり行動
① 一過性	① 一過性ではなく、長く持続する
② 成長・発達に欠かせないもの	② 発達や人との関係を阻害する
③ 対象の部位や物は限られる	③ 対象は数限りない

　同様に、毛布やぬいぐるみに関しては、「ふわふわして、触り心地がよい」物に限られます。また、タオル地のよだれかけや衣類も執着の対象に挙げられますが、総じて多様であるとは言えません。

　それに対して、ASDのこだわり行動は、驚くほど多種多様です。

　表1.2に、こだわりに関する一般（定型発達）の子どもと自閉症児の比較をまとめてみました。基本的な違いがお分かりいただけると思います。

　さて、**表1.3**に、私が経験したASDのこだわり行動を一覧にしてみましたのでご覧ください。

4. おびただしい数のこだわり行動

　それでは、これまでに私が出会ったASDの人たちが示したこだわり行動を一挙、公開いたします。

　ASDの人が示すこだわり行動は、人によって大きく異なり、同じ人でも場所や状況によって違ってきます。成長とともにこだわり行動が変化することも知られています。

　こだわり行動の数が十指に満たない人もいれば、足の指を借りてもまだ足りないほどのこだわり行動を有する人もいて、実に様々です。まずは、次頁からのこだわり行動の一覧をご覧になり、ひとつずつ「こういう子どもが確かにいるなあ」と確認しながら眺めて頂ければと思います。

表1.3 ASDにみられるこだわり行動一覧（場面別）

もくじ	家庭（日常）生活で	35 〜 43
	外出先で	43 〜 45
	保育所や学校で	45 〜 48
	特別活動などで	49
	特に問題となるケース	49 〜 52

家庭（日常）生活で

乳児期（出生〜生後1年）

- ☐ 壁に貼られたカレンダーの数字などをじっと見つめ、おとなしく過ごしている
- ☐ 特定の音楽で機嫌を良くしているが、それが聞こえなくなると不機嫌になる
- ☐ イナイナイバーやくすぐり遊びに反応して喜ぶが、変化を加えると身を固くして、不機嫌になる
- ☐ 人工ミルクやトロトロ状態の離乳食にこだわって、固形物を口にしようとしない
- ☐ 食べさせてもらうことにこだわって、スプーンやフォークを持とうとしない
- ☐ 食べ物を手づかみで食べることにこだわって、止めたりするともの凄く怒る
- ☐ 物事や状況の変化に敏感に反応し、生活パターンが変わらないように、緊張し続けている

幼児期（生後1年〜6歳）

身体面

- ☐ 始歩の年齢を過ぎても、立って歩こうとせず、四つんば這い（ハイハイ）のままでいる（身体の障害はなく、立たせれば立てるのに）
- ☐ 母親には「抱っこしてもらうもの」と決めていて、母親といるとすぐに抱っこを求めて自らは歩こうとしない
- ☐ 外出時にはベビーカーに乗るものと決めてしまって、そこから降りない、歩かない
- ☐ 歩き方や立ち居振る舞いの姿勢にこだわって、ぎこちない行動パターンを示す（例えば、驚いたとき、不安なとき、興奮したときなどに現れる、つま先立ち歩き）
- ☐ 爪は食べるもの、と決めてしまい、決して爪を切らせない
- ☐ 足の指の爪も食べるもの、と決めてしまって、風呂上がりなどに食べている

第1章 自閉症スペクトラム障害（ASD）のこだわり行動と定型発達

- ☐ 耳掃除をさせない
- ☐ 絆創膏(ばんそうこう)や湿布薬を"異物"と見なして、剥(は)がさずにはいられない
- ☐ 包帯も解かずにはいられない
- ☐ 湿疹(しっしん)やケガが治っても、塗り薬をやめられずに、求めてくる
- ☐ 利き手に"こだわらず"、利き手が定まらないので、手の巧緻性や協調運動が促進されず、不器用が増長される

対人関係

- ☐ 母親や特定の保育士からのマンツーマン対応を強く望み、片時も側を離れない（別名：「マンツーマンこだわり」181頁参照）
- ☐ 応じる人を決めてしまって、親や特定の保育士以外からの働きかけには、一切応じようとしない（別名：ピラミッド型の「一番こだわり」111頁参照）
- ☐ 母親が散髪したりパーマをかけたりすると不機嫌になったり、近寄らなくなる
- ☐ きょうだいの出生やその後の存在も、なかなか受け容れられない
- ☐ 「きょうだいと一緒」という形態にこだわって、常に行動を共にしないと気が済まない
- ☐ いつもは仕事や学校でいない家族が平日家にいると、外に追い出そうとする（例：休暇の父親、行事休みの兄や姉）
- ☐ 特定の子や大人の耳たぶやほっぺに触ることにこだわって、追いかけ回す
- ☐ 指さした物の名称を大人に言ってもらわないと気が済まない
- ☐ 誉められ方にもこだわって、誉める大人の口をふさぎ、その手を取って自分の頭をなでるように求めたりする
- ☐ 同じ絵本を何度でも読み聞かせるように繰り返し求めてくる
- ☐ 絵本を読み聞かせるスピードや声の大きさも変えさせない
- ☐ 新聞紙に掲載されたマークの名称を全部言ってもらわないと気が済まない
- ☐ カウントダウンの提示にこだわって、それをしてもらえないと活動を止められない
- ☐ パニックになると原因や状況に関係のない紋切り型の言い方で窮状(きゅうじょう)を訴える（例：困っているのに「明日はお休みです。さようなら！」と言ったりする）
- ☐ 不意に叱られたことに驚き、それにこだわって、その後、わざと同じように叱られようとして、悪さを繰り返してしまう
- ☐ 人の腕まくりを直すことや、外されている衣服のボタンはめにこだわる
- ☐ 人の腕時計を気にして、触らずにはいられない

- □ メガネを見ると触らずにはいられない
- □ 人のメガネを無理矢理に外して、壊さないと気が済まない
- □ サングラスにこだわって、サングラス姿の人を見かけると異常に興奮する
- □ 一度でも恐怖心や不快感、痛みを経験すると、二度とその人やその場所には近づかなくなる
- □ 慣れてくると、相手の臭いを嗅いだり舐めたりしてしまう

生活（食・水・トイレ）

- □ ご飯は茶碗に大盛りにしないと食べない
- □ 自分の家で炊いたご飯しか食べない
- □ 白米だけを食べることにこだわって、他の食品はほとんど口にしない
- □ 白いままのご飯は食べることができない
- □ ご飯にはふりかけ、というパターンにこだわって、そうでないと食べない
- □ ふりかけのメーカーと味にこだわって、それ以外は受け付けない
- □ 特定の食品メーカーのマークや包装紙にこだわって、それ以外の品を買わせない
- □ 特定の食品メーカーの缶詰やラーメンにこだわって、それしか食べない
- □ ラーメンは好むが、うどんや蕎麦は食べない（その逆もある）
- □ ラーメンやうどん、蕎麦の具の一切を排除するか、残して食べる
- □ 筋子やイクラなどの食感を好み、それをご飯の上に乗せて食べることにこだわる
- □ ご飯 → おかず → 味噌汁と、食べる順番を決めている
- □ ご飯にツナ缶、バター、マヨネーズを混ぜ、そしてしょう油を垂らしてよくかき混ぜてからでないと食べないなど、食べ方にもこだわっている
- □ ご飯やおかず、飲み物のおかわりの回数を決めていて、体調にかかわりなく食べ続ける
- □ 食事の度ごとに、フライドポテトを食べなければ気が済まない
- □ カリカリに焼いて調理した物しか口にしない
- □ 調理の加減、特に焼き具合にこだわって、何度も「やり直し」を求める
- □ 食べ物の温度にこだわって、電子レンジでの再加熱を延々繰り返す
- □ 肉や魚、野菜など、特定の食品を「絶対に食べない」と決めてしまって、食べない
- □ 天ぷらやトンカツの衣は、全部剥ぎ取ってからでないと食べない、と決めている

- □ いなり寿司の油揚を剥がして、酢飯と別々にして食べる
- □ 特定のメーカーのスナック菓子しか食べない
- □ 特定のスナック菓子にこだわって、それを主食にしてしまい、ほとんどご飯を食べない
- □ 菓子の袋を一端開けたら、食べ尽くす、と決めてしまい、途中で止めることができない
- □ パンは、甘い菓子パンしか食べない
- □ 特定のお茶碗やお皿にこだわって、それ以外では決してご飯を食べない
- □ 特定のスプーンやフォーク、箸にこだわって、それがないと食事に臨めない
- □ ご飯茶碗におかずを全部ぶっかける、という食べ方しかしない
- □ プリンは、どんな容器に入っていても、お皿に移してからでないと食べない
- □ ポカリスエットなど、飲むことができる飲料水が限られている
- □ 水道水は絶対に飲まない、と決めている
- □ ストローでないと水分を補給しない
- □ コップに注ぐジュースの量にこだわって、め一杯につがないと気が済まない
- □ 残ったジュースを台所で排水したことに執着し、新しい物でも廃棄してしまうようになる
- □ 水道を見つけると、蛇口をひねって水を出さずにはいられない
- □ 水溜まりなどの水の感覚に浸って、何時間でもそこに留まっていられる
- □ 母親が洗濯機に洗剤を投入して洗濯を始めたのを見て、それにこだわって、洗濯機に洗剤全部を流し込んでしまう
- □ 冬でも水風呂にこだわって、震えながらも入浴している
- □ プールや風呂場で、その水を一定量飲んでからでないと、次の行動に移れない
- □ オムツへの排泄にこだわって、そこにしか排泄しない
- □ トイレ排泄が可能になっても、オムツ履きにこだわって、パンツに替えさせない
- □ 排尿時に、わざとパンツを汚す
- □ 排尿後わずかでもパンツが濡れると大騒ぎし、履き替えを求め、一日に何枚も履き替える
- □ 風呂場や部屋の隅といった特定の場所での排泄にこだわる
- □ 洋式便所でないと、頑として排泄をしない

衣服
- [ ] 特定の服にこだわって、毎日、同じ服で登園しようとする
- [ ] 服のプリント柄にこだわって、それがプリントされていない服は着ない
- [ ] 特定の色をした服しか着たがらない
- [ ] 服が少しでも濡れると、即座に着替えなければ気が済まない
- [ ] 履き慣れた下着にこだわって、それしか身につけないので、下着がボロボロ
- [ ] 肌着のメーカーにこだわって、それ以外は身につけない
- [ ] 夏でも上着が脱げない
- [ ] 冬でもセーターやジャンパーを着ることを拒み、薄着で過ごす
- [ ] 靴を履き潰しても、変えることを嫌がる
- [ ] 靴を脱いだら、靴下もいっしょに脱がなければ気が済まない

物
- [ ] 同じ種類の玩具ばかり集めたがる
- [ ] ミニカーや積み木、ブロックは一列に並べないと気が済まない
- [ ] 小物や雑貨を蒐集し、決まった順番で並べたり、独特な方法で使って満足する
- [ ] 車輪のみならず、回転する物は何でも回して、ずっと回し続けることにこだわる
- [ ] 並べたり、回しているおもちゃをいつも同じ姿勢で、同じ角度から眺めて満足している
- [ ] 買い物に出かけた先で、特定の玩具を買ってもらうと決めていて、そうしないと帰らない
- [ ] ミニカーを1日に1台、必ず買うものと決めている
- [ ] 気に入った小物をいったん握ってしまうと、ずっと離さない
- [ ] ミニカーやプラモデルの車輪は、すべて取り外さないと気が済まない
- [ ] 特定の数字や記号にこだわって、いつもそれを探している
- [ ] カレンダーやポスターに記された数字を数え、数唱しないと気が済まない
- [ ] 色そのものへのこだわりが強く、1つの色しか認めない、受けつけない
  （例：好きな色は「青」と決めたら、クレヨン、色鉛筆、マジックなど、すべて青しか使わない）
- [ ] 家中の紙という紙は、全部、ちぎって捨てなければ気が済まない
- [ ] 新聞雑誌のマークや車、電車の写真を大人に切り抜いてもらわないと気が済まない

- ☐ ハサミで切ることにこだわってしまい、何かを切っていないと気が済まない
- ☐ 辞書類の薄紙にこだわって、それをペラペラめくり続けることに耽溺(たんでき)する
- ☐ メモ帳やノートになぐり書くことにこだわって、一日何冊も消費して書き続ける
- ☐ 折り紙の束を全部、紙飛行機として折ることに執着する
- ☐ 紙切れを見つけると、紙縒(こより)にしなければ気が済まない
- ☐ マジックテープや値札シールは、徹底的に剥(は)がさないと気が済まない
- ☐ 糸くずや紙切れなどのゴミであっても、その置き場にこだわって、処分させない
- ☐ 特定の糸くずや紙切れを蒐集するのにこだわって、いつもゴミをあさっている
- ☐ 昆虫は踏み潰して処分しなければならないと決めている
- ☐ 家族の携帯電話の着信音にこだわって、別の音が鳴ったらパニックを起こす
- ☐ バイクにこだわって、郵便屋さんや新聞配達のおじさんを羨望(せんぼう)のまなざしで追っている
- ☐ 機関車や電車、飛行機にこだわって、ビデオやDVDを見続ける
- ☐ 嫌なことや新規な場面に遭遇しても、こだわっている本や玩具などが手元にあれば、その苦境をやり過ごすことができる

機械・操作

- ☐ 特定のテレビ番組やそのビデオ（DVD）を好み、内容が分からない年齢でもそれをじっと見て過ごし、上機嫌でいられる
- ☐ 特定のテレビの「番組」にこだわって、何が何でもチャンネルを変えない
- ☐ 自分で決めたテレビの「チャンネル（放送局）」にこだわり、そこしか見ないし、見させない
- ☐ 特定のCMやテレビシーンが始まると、途端に興奮してしまうことが繰り返される
- ☐ 特定のCMソングやテレビで聞いたフレーズにこだわって、繰り返し言い続ける
- ☐ 特定のテレビCMを怖がって、慌ててテレビを消してしまう
- ☐ 嫌いなCMやシーンがあるので、テレビの視聴を拒絶し、ビデオ（DVD）しか見させてくれない
- ☐ 特定のビデオ（DVD）のシーンにこだわって、そこだけを繰り返し見続けようとする

- ☐ 特定のCDの曲目や曲順にこだわって、それだけを繰り返し聞き続ける
- ☐ ラジカセやビデオデッキの操作の仕方にこだわり、人の手出しを拒み、機械を独占する
- ☐ ラジカセやテレビの音量にこだわり、調節を求めても聞き入れない
- ☐ スイッチやボタンを押すことに執着し、何でもかんでも押して回らないと気が済まない
- ☐ 決まった時刻になると、何が何でもテレビをつけ、あるいは消さないと気が済まない
- ☐ 家の中の照明は一度に点灯し、一斉に消して回らないと気が済まない
- ☐ 楽器と一体化して曲を奏(かな)で、時の過ぎるのを忘れて没頭できる
- ☐ 自転車やバイク、車のメカにあたかも一体化したような感情移入ができる
- ☐ ピクチャーパズルやジグソーパズルのピースはめにこだわって、絵柄が完成しても留め置かずに絵柄を崩して、最初からやり直すことを延々と続けている

状況・環境
- ☐ 車の通る道順を決めていて、その通りに進行することを運転者に執拗(しつよう)に要求する
- ☐ 車の進む方向（直進、右折・左折）を瞬時に決めて、運転者に強要する
- ☐ 信号機のルールは関係ないと決めていて、信号を無視しても、「進め！」「曲がれ」と要求し、適わないと取り乱す
- ☐ 雨の日でも傘を差したがらない
- ☐ 雨の日でも庭の草木に水を撒(ま)かなければならない
- ☐ 屋内や部屋の模様替えに大きな抵抗を示す
- ☐ 自家用車の車検で交換された代車が受け容れられず、パニックになった
- ☐ 引っ越しに際しては、環境の変化を受け容れられず、パニックになったり、退行現象が生じたりして状態が大きく乱れる
- ☐ 特定の状況や環境になると決まった物を求め、決まった事をしないと気が済まない

児童期（6歳～12歳）

対人関係・状況・環境
- ☐ 小学生になっても、保育園や幼稚園と違うことは、始めず、応じない
  （例：鉛筆を持たない、教科書・ノートを持ってこないなど）

- ☐ 人との受け答えにも同一性を求め、同じ質問を繰り返し、同じ返答を求め続ける
- ☐ テレビのアナウンサーにこだわって、地方局のアナウンサーにも精通するが、番組編成のシーズンになると配置転換が気になって不安定になる
- ☐ 間食をしなければならない、と決めていて、1日に5〜6食も食べてしまう
- ☐ 服は自分で選んで買って着る、と頑なに決めてしまい、状況に合った服装ができない
- ☐ ある特定の状況に遭遇すると、決まって、独特な思考パターンを強く示す（例：給食の時間になると、他児を笑わそうとして必ずおふざけをする）
- ☐ 先生や親が書いた下書きや下絵をなぞる、手本を写すことにこだわって、オリジナルの文章や絵は書かない、と決めてしまう
- ☐ テレビゲームやコンピュータのゲーム、スマホのゲームが止められない
- ☐ パソコンやスマホのインターネットの特定のサイトや動画サイトにこだわって、それだけを見続ける
- ☐ 車の中から見る標識の角度にこだわって、そこを車で通過する際は、必ず車中の位置を調整している
- ☐ 部屋の掃除を一切させない
- ☐ 引っ越し後も、ひとりで転居前の家に居座ったり、その家に戻ろう（帰ろう）とする
- ☐ それまで好んでいた人や物でも急に嫌いになったり、怖がったりして、避けるようになる
- ☐ 公園や役所から聞こえる時報にこだわって、それが聞こえないと家に入らない
- ☐ 野菜は○○スーパー、お惣菜は□□のスーパー、お菓子類と飲料水は●●のスーパーというように、購入する品目によって購入先のスーパーをかえるように求めてくる
- ☐ 一度、課題や作業に慣れてしまうと、飽きても、止められても、やめることができなくなる
- ☐ 床屋さんには行かない、散髪はしない、と決めてしまい、髪の毛が伸び放題
- ☐ 歯磨きの際のブラッシングは、形ばかりで良いと決めてしまい、虫歯になることを繰り返している

青年期（12歳ころ～24歳）

　対人関係・状況・環境

☐ 芸能人のブログや特定のツイッターへの書き込みにこだわって、学業も仕事も手に付かない

☐ ぶどうやイチゴ、枝豆が出されると、1粒ずつに食する順番をつけなければ気が済まない

☐ 特定の地名や地域にこだわって、買い物や通学、転居先もその範囲内で済ませようとする

成人期（24歳ころ～64歳くらいまで）

　対人関係・状況・環境

☐ 妻はコレ、夫はコレ、子どもはコウ、と役割を決めたら、決して変えず、我が道を行く

☐ 子どもを保育所や学校に任せたら、「口出ししない」「交渉できない」と思い込み、極端な無関心になってしまう

☐ 「盆暮れ正月は家族一同が集まるもの」ということに強くこだわる余り、孫たちに常識外な高額のお小遣いを与えて、招集をかけている

外出先で

幼児期（生後1年～6歳）

☐ たまたま座っただけの座席であっても、次回からそこに何が何でも座ろうとする

☐ 新奇な場所だと入館したり入室することができない

☐ 家のトイレにこだわって、外出先のトイレが使えず、外では一切、排尿・排便しない

☐ 外出先の行く先々でトイレを覗いて、かつ、水を流して回らなければ気が済まない

☐ 水溜まりを見つけると、そこで遊ばずにはいられない

☐ 公園の砂場での砂遊びがやめられない

☐ 特定の臭いにこだわって、いちいち物の臭いを嗅いで回る

☐ 家庭での食事環境にこだわって、レストランや食堂になじめず、外食ができない

- □ ホテルや旅館、親類宅での外泊ができない
- □ 家庭で使っている食器類にこだわって、外出先でもそれらを強く求める
- □ 看板や標識にこだわり、いちいち周囲に「それは、どういう意味？」と確認しなければ気が済まない
- □ 閉じているドアの向こう側を確認しなければ気が済まない
- □ おもちゃ屋に入ると、すべてのおもちゃに触りたがって、店を出られない
- □ スーパーに行くと、試供品を食べて回らないと気が済まない
- □ スーパーの食品棚の配置にこだわっていて、陳列の整理をし始めてしまう
- □ スーパーやコンビニの陳列棚にこだわって、売り切れの状態だと怒り出す
- □ 外出先の建物に入ると、館内にある時計を見て回らないと気が済まない
- □ 遥か頭上を行く飛行機にこだわり、見続けて、それが見えなくなるまでは動くことができない
- □ 床屋さんが定休日でクルクル回るサインポールが消えていると、怒り出す
- □ 側溝(そっこう)を見ると、石を落とさなければ気が済まない
- □ 照明が落とされる、という環境変化を受け容れられず、映画館や劇場にいられない
- □ 特定の音刺激が加わると、周囲の状況にかかわりなく、大声を出さないといられない
- □ 帰る時間やその先のスケジュールが気になって、何度も「今何時？」「あと何分？」と確認し、「今」を楽しめない
- □ 赤ちゃんを見かけると、触ったり、抱っこしたりしないと気が済まない

児童期（6歳〜12歳）

- □ 屋内に入っても帽子を脱ぐことを拒む
- □ バスや電車の座席に一旦座ると、移動することを嫌い、目的地についても降りようとしない
- □ 乗り降りする交通機関の時刻を決めていて、変更できない
- □ 曜日によって出かける場所や行うことを頑(かたく)なに決めている
- □ 外出の際の服装や立ち寄る店、買う物、話すこと、帰宅時間をすべて決めている
- □ 外出先でも同じ場所にしか座らない、と決めている
- □ 道端の自販機のボタンは、すべて押していかないと気が済まない

- ☐ かなり前に訪問した先であっても、物の置かれていた位置を覚えていて、元に戻す
- ☐ 一度吠（ほ）えられて怖い思いをした犬がいる家の前は、たとえ犬がいなくなったとしても回避する

青年期（12歳ころ～24歳）

- ☐ 「おもちゃ博」や「トミカ博」という博覧会に凝（こ）っていて、遠方でも学校を休んでも毎回行きたがる
- ☐ 古寺巡礼にはまり、札所を巡っては「ご宝印」を「納経帳（のうきょうちょう）」に頂くことを何よりの楽しみにしている
- ☐ デパートの「物産市」にこだわって、とにかく駆けつけなければ気が済まない
- ☐ 外出先では、得られるポイントやクーポン券の獲得だけに気持ちが集中し過ぎて、本来の活動を楽しむことができない
- ☐ ゲームセンターにのめり込んで、「人がゲームをしているそのディスプレイを見ているだけでも楽しい」と言って、遅くなっても家に帰ってこない
- ☐ ネットカフェで過ごす部屋を決めていて、その部屋が空くまで、仕方なく他の部屋で過ごしている

保育所や学校で

幼児期（生後1年～6歳）

- ☐ 登園時に園児服を着ることに抵抗して、登園を強く渋る
- ☐ 園児服から体操着に着替えることを拒む
- ☐ 体操帽や水泳帽は、絶対に被らない
- ☐ ブランコやトランポリンに乗ってしまったら、長い時間、やめることができない
- ☐ 午睡の時間でも「昼寝はしない」と決めていて、ずっと起きている
- ☐ 日課や時間割の変更が許せないで、怒ったり、パニックを起こしたりする
- ☐ 毎年、運動会の時期になると日課が変則的になるので、調子を崩す
- ☐ 毎年、遠足や野外活動をする季節になると、新しい場所や目新しい活動を嫌って不安定になる
- ☐ 毎年、学芸会（学習発表会）の時期になると日課が変則的になり、やることも増えるので、不機嫌になることが多い
- ☐ 運動会や学芸会の練習では参加を拒んだり怒ったりすることが多いが、「本番ではちゃんとやる」と決めていて、事実、そうすることが多い

- □ 毎年、クラス替えの時期になると状態が大きく乱れる
- □ 担任や担当の先生が替わると、なかなかなじめない
- □ やさしい先生や気に入った友だちの名前しか覚えない、と決めていて、それ以外の多くの先生方や園児、生徒の名前は一切覚えない
- □ 転園や転校で強い退行（昔の精神状態に回帰する）が生じる
- □ クレヨンや鉛筆は握らない、使わないと決めてしまうと、断固そうする
- □ 色の名称は覚えない、と決めてしまって、色のことを言われると知らないふりをする
- □ 特定の色だけが好きで、どの色の名前を聞かれても「好きな色の名前」しか答えない
- □ 図形や文字に生じた空間部分を黒く塗り潰さないと気が済まない
- □ 園庭や校庭で遊ぶ遊具にこだわって、それを使わない限り、教室に戻って来られない
- □ 手つなぎを指導されたことにこだわって、以降、どの状況でも周囲と手をつながないと不安でいられない
- □ 一度プールに入ったら、時間になってもなかなか上がることができない
- □ 水やお湯に入ると、排尿する、と決めていて、プールでもそうしてしまう

児童期（6歳～12歳）

- □ 振替休日でも学校に行こうとする
- □ 席替えという環境変化を受け容れられず、怒り出したり、登校を渋ったりする
- □ 黒板や教室の壁に物が貼られることを受け容れられず、いつも阻止する
- □ 教室の窓やドアは、すべて閉まっていなければ気が済まない
- □ 授業の時間割に関係なく、自分好みの教科書や教材しかランドセルに入れない
- □ 何をするにも「最初」でなければ気が収まらず、泣くか怒るか、文句を言い続ける
  （別名：定型の1 "待てない"「一番こだわり」110頁参照）
- □ 競争は何であっても「1番になる」と決めてしまって、2番3番でも受け容れられない（別名：定型の2 "負けず嫌い"「一番こだわり」110頁参照）
- □ 100点をとることにこだわり、点数が足りないと、いくら誉められても自己嫌悪に陥って、自暴自棄になったり、答案用紙を破いて捨てたりして、大騒ぎを起こす（別名：定型の3 "きちっと君"「一番こだわり」111頁参照）
- □ ノートはとらない、と決めてしまって、黒板の書写をしない

- □ 指を折って数字を数えること、計算することにこだわって、"暗算"を身につけない
- □ 何年経っても同じ人物画しか描かない
- □ 同じ絵や図柄を飽きることなく描き続ける
- □ 指示された対象や風景を描くことを無視して、自分がこだわっているアニメのキャラクターを描いてしまう
- □ 「ん」や「え」のハネが止められずに、〰〰〰〰 と波線になってしまう
- □ 「○」の絵が止まらず、グルグル描きの渦巻きになってしまう
- □ 自分流の文章の書き方に固執し、「,」や「。」の打ち方を注意されても聞き入れない
- □ 自分なりの書き順が決まっていて正しい書き順を受けつけない
- □ 同じ鉛筆を使い続けることにこだわって、小さくなっても鉛筆を捨てない
- □ 学校内の居場所（廊下の隅や保健室）にこだわって、そこから移動しない
- □ 自分の定めた登校時間にこだわって、毎朝、遅刻してくる
- □ 登下校の途中にこだわっている物や場所があり、登校と帰宅時間が毎日大幅に遅れてしまう
- □ 道を塞がれたり意地悪される場所であっても迂回(うかい)しないので「挑発している」と誤解され、さらに激しいいじめにあっても、道順を変えない
- □ 来訪者のネクタイを引っ張ることにこだわり、それを狙って、学校の事務室の回りを徘徊(はいかい)する
- □ 学校や訪問先の玄関で、スリッパを全て一組ずつに揃えないと気が済まない
- □ 校内にある新聞紙を全部見ないと気が済まない
- □ 「学校で一番えらい人の言うことしか聞かない」と決めてしまい、校長先生以外の先生方を困らせる（別名：ピラミッド型の「一番こだわり」111頁参照）
- □ 出会った人すべてのアドレスを帳面に記入しなければ気が済まない
- □ 特定の友人としか遊ばず、その子の家にしか遊びには行かない
- □ 相手に「こう言って」とオウム返しするように求めるので、「決めないで！」と嫌われる
- □ 空想的な話を作っては、それを他人に繰り返し聞かせて喜んでいる
- □ 分かっていなくても、できていなくても挙手をして、指名されなければ気が済まない
- □ 何度も名前を呼んでもらったうえに、強く誘われなければ、教室に入ろうとしない

- □ 新車のカタログはすべて蒐集（しゅうしゅう）し、常にそれを持ち運んでいる
- □ プロレスや相撲など、特定のスポーツに固執し、その話題ばかり口にして、周囲を困らせる
- □ アニメキャラやプロレス、相撲、野球などの名鑑を暗記し、それを書き写すことに没入している
- □ 電車にまつわることになら何にでも強い関心を向けるが、その他にはお構いなし
- □ いろいろな種類の図鑑を見ることが大好きで、図書室にこもることが多い
- □ 担任の先生のメガネやネクタイにこだわって、自分も同じ恰好（かっこう）をしようとする

青年期（12歳ころ〜24歳）

- □ ジャージー姿での下校など、暗黙の了解で校則を守らないことが横行しても、唯一、制服姿に固執しているので、周囲から煙たがれる
- □ 録音した音楽CDを級友にプレゼントすることにこだわって、「いい迷惑だ！」と言われる
- □ 部活やサークルが自分に合っていないと気づいても、何かの要素にこだわって、辞めることができないで、家族に当たり散らす
- □ 「君は文系に向いている」と言った、先生の根拠のないひと言を信じ、こだわって、理系に長けているにもかかわらず、文系の受験校ばかりを探してくる
- □ 受験に際して、何度失敗しても志望校を変えることができないで、浪人生活を重ねてしまう
- □ 指導教官と相性が悪いにもかかわらず、研究室のイメージにこだわって居続け、疎外もされ続けて、指導不足、単位不足となって、留年を繰り返してしまう
- □ 機関車や電車の話題になると、見境なくしゃべり続ける
- □ 好きな歌手やアイドルに成りきって、会話し、生活することを好む
- □ 学食やバス停での"割り込み"を絶対に許すことができず、ひんぱんに周囲とトラブルを起こす

特別活動などで

幼児期（生後1年～6歳）

- □ 定期的に通う療育相談室で、毎回、同じ遊びをしなければ気が済まない
- □ プレイルームの物の配置にこだわって、それらを確認してからでないと遊べない
- □ 前回使ったおもちゃを次回も必ず手にしないと安心できない
- □ ２度目に行った場所において、前回やったことを忠実に再現しないと気が済まない
- □ 大人にしてもらった、おんぶや抱っこ、肩車を前回同様に忠実に再現しろ、と求めてくる
- □ 個別療育の場面で、写真カードを並べ提示すると、即座に選ぶ順番、手渡す順番を決めてしまう
- □ 自分が決めた順位づけにこだわるので、人から求められた「○○をちょうだい」に応えられない
- □ 医師やセラピスト、アシスタントにこだわるので、診療や相談室の人が変わると、診察や指導が受けられない
- □ 長年受容の態度で接してきたセラピストが、「○○しなさい」と求めたら、血相変えて逃げ出した
- □ 病院で処方されていた薬の変更が受け容れられないで、新たな分は飲まずにいる

児童期（6歳～12歳）

- □ 塾や習い事に通うことだけにこだわって、退屈でも辞められない
- □ クラブ活動に参加するが、「練習」にこだわって、「試合には出ない」と決めて周囲を慌てさせる
- □ 野外活動や修学旅行（1～2泊）で食事も排泄もせず、睡眠も取れないまま帰宅して、体調を壊してしまった

特に問題となるケース

幼児期（生後1年～6歳）

- □ 感覚刺激行動のために用いる道具（例えばアゴ叩きのための鉛筆）にこだわって、それがないとパニックになる（常同行動との合併症）

- □ 傷口にできるカサブタは、剥がさずにはいられない
- □ 突発的に感じた痛覚にもこだわって、その「痛み」の再現のために自傷行為をする
- □ 屋根やタンスの上に登りたがって、一度登るとなかなか降りてこない
- □ 便器に靴下や下着を突っ込んでは、流さずにはいられない
- □ 指示が与えられないと動かない、と決めてしまって、自発性や主体性が失われる
- □ パトカーや救急車のサイレンを聞くと見境もなく家を飛び出して見に行ってしまう
- □ 赤ちゃんの泣き声に過剰反応して、その口を押さえに行ったり、叩きに行ったりする
- □ 特定の児童を叩く、と決めてしまって、その子を叩くまでは気が済まない
- □ 嫌なことがあると、決まって、関係のない特定の児童ばかりを狙って噛みつきに行く
- □ 濡れタオルにこだわって、片時も離さないので、皮膚病に罹患した
- □ 指しゃぶりに固執し、爪が腐って手術を受けることになった

児童期（6歳〜12歳）

- □ 爪を全部、根元から抜いてしまわないと気が済まない。生えてくるとまた剥がす
- □ 眉毛を全部抜いてしまうことにこだわって、産毛でも気になって、鏡ばかり見ている
- □ 自傷行為から頭部を守るために施されたヘッドギアやバンダナにこだわり、外せなくなった
- □ 自傷防止のための拘束として行われた手縛りがこだわりになって、手を解くことができなくなった
- □ 一度着た衣服を脱ぐことができなくなって、日々、着ぶくれが大きくなる
- □ ケガをした際に不自由になった手足の動きにこだわって、ケガが治っても不自由な動きを直さない（例えば、足を引きずる）ので、治療の効果がないものと勘違いされる
- □ 空腹時に生じる感覚にこだわって、それを再現しようと故意に絶食状態に陥る
- □ 食べ物を飲み下す際に生じる特定の感覚にこだわり、気に入るまでおう吐を繰り返す
- □ 食後のコーヒーにこだわり、コーヒーが切れるとパニックになる

- □ 食事の時、一口食べるごとに、口の中をティッシュで拭っていかないと先に進めない
- □ 食事中に反すうやゲップをすることにこだわって、おう吐することもある
- □ 一度の経験でも、受けた医療行為（例えば点滴）にこだわって、病院に行きたがる
- □ ササッとやって即座に済ませる、というやり方にこだわって、内容がどうであっても「終えた」と思ってしまうと、もうやり直しが利かない（別名：ササッと君）
- □ トイレ＝避難場所と思い込んで、トイレに頻繁に逃げ込むようになった
- □ 特定の児童・生徒、大人を狙って、からかったり、言いがかりをつけたがる
- □ 周囲が忌み嫌う事柄にこだわって、関連する本やグッズに埋もれ、孤立を増す
- □ 過去の出来事や昔の空想にこだわって話をするために、周囲から疎まれ、孤立する
- □ 衣服の縫い目にこだわって、縫い目に沿っての服破りに発展する
- □ 音過敏の対策でかぶったイヤーマフが暑い日でも外せない
- □ 風呂場や流し場で水を浴びながら寝る、と決めてしまって、全身が皮膚病に覆われてしまった
- □ 夏に買ったエアコンの冷風（冷房）にこだわって、冬でも冷風のまま使っている
- □ 特定の曲が収められたCDが目につくと自分の物にしなければ気が済まず、何度も万引きを繰り返して、補導され続けている
- □ 遠足場所や社会見学で訪れた場所にこだわって、再度自分ひとりで行こうとして迷子になる
- □ 人のロッカーやカバンを勝手に開けて、中身を確認しないといられない
- □ 偶発的に唇を噛んで出血した状況にこだわって、「やめなさい」と言われないとずっと、唇を噛み続け、出血したままでいる
- □ 唾液を飲み込まずに頬に溜め込むことにこだわってしまい、定期的に吐き出しに行くために、落ち着いて学習に参加できない
- □ 歯に物が詰まった際に、爪で歯茎を引っかき誤って流血したことにこだわって、以来、食後になると必ず歯茎を引っかいて、流血させている

青年期（12歳ころ〜24歳）

- □ 自分のイメージだけで進路や就職先を捉え、強引な主張をするので進路や就職が決まらない

- □ 独特なイメージにこだわり過ぎて現実から離れ、空想のような事件を起こしてしまう
- □ 一日に何十通もメールを送り、何十通もの返事をもらわないと気が済まなくなって、何も手につかない
- □ 人に「裏切られた」「だまされた」と思って抱いた被害感情は消えにくく、根にもつ形で相手を非難、攻撃し続けてしまう
- □ 優しいことばや態度を好意と誤解し、相手にこだわって、跡を追ってしまったりする
- □ 女性のストッキングにこだわって触りに行くので、痴漢に間違われる
- □ 赤ちゃんの時の「お尻拭き（ウェットティッシュ）」にこだわって、それがないとお尻が拭けない

成人期（24歳ころ～64歳くらいまで）
- □ 自分のこだわりや理屈を、それが関わる人たちにとってどれだけ迷惑かが分からず、かつ社会常識からはずれていることも気づかずに、押し通そうとする。人間関係の大切さが理解できていない状況などで起こりがちで、そうした場合、関わる人たちの方が辟易して、「あいつは何を言っても理解しないから、やりとりしても時間の無駄だし、そのままさせておく方がこちらの精神衛生上もよい」とあきらめてしまい、本人のなすがままにさせてしまう。また、本人はそれで自分の主張が通ったと思い込み、そのこだわりが強化される

5. こだわり行動のむずかしさ

　表1.3では、自閉症児・者が示したこだわり行動を一覧にしてみましたが、その数が多いため、便宜上、こだわり行動の対象を表1.4のように分類してみました。

　先に紹介した指しゃぶりや毛布・縫いぐるみへの執着に比べ、こだわり行動には、これほどの数の対象があるという現実。それは、換言すると、「こだわり行動の対象は"何でもよい"」ということを表しているのだと思います。

　事実、次のような"驚き"が、家庭や学校ではよく見られます。

　「何が何でも食べ続ける、と決めていたある食品をある日突然、嫌いに

表1.4 こだわり行動の分類（対象別）

① 人：自分（感覚・行為・運動表現・ことばの表現）
　　　他者（存在・反応・働きかけ・ことば）
② 物：そのもの　存在　位置　形態　配置　配列　構造　描画
③ 時：時間の流れ（スケジュール）順序　順番　手順／書き順　行事
④ 場：場所　状況　環境
⑤ 考：思考パターン　イメージ　空想　順位づけ
⑥ 事：遭遇した事象　視聴したテレビ番組　など

なって、見向きもしなくなったばかりか、逆に、近づけると怒るようになった」とか、「それまで興味関心を全く示さなかった物に、突然、こだわり出した」ということです。

　これは指導上、何を意味するかと言いますと、「対症療法」が「意味をなさない」ということであります。

　これも実際、現場でよくあることなのですが、あるこだわり行動を減らそうと指導や訓練を施した結果、別のこだわり行動に「移行して」しまった、という苦い体験が数々あります。

　こだわり行動は、放置しておくと増殖し、外からは見えない部分、すなわち思考パターンにも強く根を張っていくものなので、日々、本人の生活を頑（かたく）なにし、狭めていくとともに、対応も難しくなっていきます。

　それら放置・放任という無責任な対応ではなく、反対に自閉症児・者の欲求（気持ち）をおもんぱかって、積極的に受容した場合はどうか？

　私は、ある学校で行われている「徹底受容」という環境で生活している自閉症児を参観したことがあります。また、そこを卒業してきた自閉症児を個別の療育で担当したこともあります。

　結論から先に述べますと、周囲の変化に対する過敏さをより増してし

まって、何事にも怯え続ける「何の耐性もない」しかも、「自分を防御する策も見出せない」極めて悲しい状態となっていた、ということでした。

　彼らは、人が動けば自傷し、人から声をかけられればそれがたとえ誉めことばであっても、また自傷する、ということの繰り返し。常識から言えば、何の制約も、いかなる制止も禁止もない、「好きに、自由に、自分のこだわり行動が遂行できる」"恵まれた"環境であるはずなのに、です。それにもかかわらず、何故、そういった状態に陥ってしまうのでしょうか？

　指導・訓練すれば、他にこだわり行動は移行し、放置すれば、ますます拡大していってしまう。こだわり行動をただ受容すれば、意図とは反対に本人を苦しめることにもなりかねません。

　つまり、ASDのこだわり行動の本質を見極めて対処することがとても重要だということなのです。

第 2 章

こだわり行動の発達段階別特徴と対処のポイント

　本書では、年齢の区分を以下のように設定しました。その各時期の特徴と対応・対処のポイントを示します。

　　　　　乳児期：　出生〜生後1年
　　　　　幼児期：　生後1年〜6歳
　　　　　児童期：　6歳〜12歳
　　　　　青年期：　12歳ころ〜24歳
　　　　　成人期：　24歳ころ〜64歳くらい

1．乳児期 出生〜生後1年：萌芽期

(1) 乳児期の特徴

　この時期の自閉症児のこだわりは、微弱で分かりにくいのですが、徴候としては、すでに現れていると思われます。それは、数年後、「ASD」と診断を受けてから、「当時を振り返ると、確かにカレンダーや本棚、壁ばかり見ていた」とか「そう言えば、周囲の動きにはお構いなしに、じっと手を見つめていたことが多かった」というような気づきによっても伺えることです。「おとなしく、じっとしている、手のかからない赤ちゃん」と見られていたのは、実は、カレンダーの数字や並んだ雑誌の背表紙を凝視してご満悦な状態だったのかも知れません。

　こうしたことは、保育所であっても同様です。たとえ、ベテランの保育

士さんでもこの時期の"こだわり"に気づくことは大変に難しいと思います。なぜなら、この時期の赤ちゃんは、認知的にも身体的にも、また、社会性もコミュニケーション能力も育っていない段階にあるため、そもそも、動きが皆小さいからです。

したがって、自閉症児のこだわりは、誰にも気づかれないまま、母親をはじめとする周りの人からの特別なアプローチもないまま、生活の中に定着し、行動のパターンに組み込まれていくのです。

それは「変化をきらう」という指向性ですから、"多くの状況を変えてしまう大人"の接近を警戒したり、人そのものを「求めない」ことにもつながります。「ひとりで静かに過ごしている」ことが多くなり、おのずから人の接近の機会も減り、その状態が強められる傾向にあるわけです。

そうした状態にある赤ちゃんに、離乳食を与える頃から、こだわりの片鱗が現れてくることがあります。のちに、偏食となって周囲を困らせることになる「著しい好き嫌い」です。

この時点では「ASD」と診断することは大変に難しいとは思いますが、子育ての経験がすでにある親御さんの中には、赤ちゃんが誕生日を迎える前に、「ASDかも知れない」とすでに感じている方もいます。診断が確定できる段階ではありませんが、上記に示した状態が観察できた場合、以下のような配慮やアプローチをすることをおすすめします。

(2) 乳児期の配慮やアプローチの要点：自閉症児のための「超早期・コミュニケーション改善プログラム」

① ひとりで機嫌よく過ごしている状況をよく観察して、赤ちゃんが何の刺激を好んでいるかを理解する。

② 赤ちゃんが好んで見て、聞いているそれらを親も一緒になって、見て、聞いて、赤ちゃんの「心地よい」という気持ちを共有する (努力してみる)。

③ しばらく共にいて、同じ物を見て、聞く状況に赤ちゃんも慣れてきた頃を見計らって、その対象物を赤ちゃんに近づけてあげるとか、触らせてあげる、という、フレンドリーな変化を少し与えてみる。

④ それで機嫌が悪くなったり、「プイッ」と横を向いてしまった場合は、

対象物をもとの場所に戻して、「大丈夫だよ、もとに戻したよ」と言って、赤ちゃんの機嫌が回復するように働きかける。

⑤ 先の変化を赤ちゃんが受け容れて、変わらぬ機嫌、もしくは喜んで反応した場合、親は、「よかったね！ 楽しいね」と赤ちゃんの気持ちに成りきって、共感する。

⑥ 上記④や⑤を経て、赤ちゃんが親を見る、とか、よく見るようになる頃、今度は、赤ちゃんを抱き上げて、④の場合は対象物の置いてある所に「赤ちゃんを近づけてあげる」、⑤の場合は、対象物に似た物を選んでそこに「赤ちゃんを近づけてあげる」などのサービスを試みる。

⑦ たいていの場合、こうしたサービスは、赤ちゃんにとって「遊びの提供」になるので、喜びの反応が返ってくる。

⑧ 赤ちゃんが喜んでいる状況を逃さず、今度は床に降ろして、「一本橋、こちょこちょ」とか「はなちゃん、でこちゃん、きしゃぽっぽ」という、童謡を交えた「くすぐり遊び」を提供してみる。

⑨ 赤ちゃんが喜んで反応したら、さらに続けてみて、逆に、無反応だったり、機嫌を損ねた場合は、赤ちゃんが笑ってしまう「くすぐり効果の高い場所」を探しあてて、くすぐる。

⑩ そうした状況で、親は必ず「楽しいね」「嬉しいね」と共感してみせる。

(3)「超早期・コミュニケーション改善プログラム」の解説

　ASDは、「放っておくからASDになった」わけでもありませんし、ましてや「親の育て方が悪いからASDになった」わけでもありません。自閉症児は、「ASDという障害をもって生まれてくる」子どもで、生まれた時から「ASD」なのですから、もともと、人とコミュニケーションを図ったり、人に甘えたりすることが苦手で、なかなか自分ではそれらを改善することができません。

　だからこそ、いろいろな経験を有し、たくさんの能力をもっている大人（親）の側から、自閉症児に近づいて、彼らが大人を受け容れてくれる条件を慎重に探し出して、「共にいることは心地よい」「一緒に遊ぶことは楽しいこと」という体験を「させて」「積み上げてあげねば」なりません。⑩の「楽しいね」「嬉しいね」という"共感の作業"は、人とのやりとりの乏

しい自閉症児にとっての「モデルの提示」になり、「人への反応の仕方を学ばせる」学習の機会を提供することになるわけです。その意味から、ここで述べた「接近」「遊び」のアプローチは、自閉症児のための「超早期・コミュニケーション改善プログラム」であると言ってよいでしょう。

したがって、大人（親）は、恥ずかしがらず、また、おっくうに思わず、観念して赤ちゃんのために元気よく"振る舞う"、ひいて言えば"演じきる"ことが大切です。

(4) 食に関するこだわりの意味

先に「離乳食を与える頃から、こだわりの片鱗が現れてくる」と述べました。具体的には、「著しい好き嫌い（偏食というこだわり）」や「"食べさせろ"こだわり」「"自分勝手に食べ散らかす"こだわり」など、食事に関するこだわり行動の出現です。これらは、以下のような変化が原因だと考えられます。

赤ちゃんは、生後3〜4ヶ月で首がすわり、生後約半年でお座りもできるようになります。その首や身体を自らの力で支えられるようになると、ミルクと離乳食の併用が開始されます（生後5〜6ヶ月頃）。

それ以前の赤ちゃんは、生命を維持するための唯一の栄養源として与えられる母乳に、まさに一心不乱にすがって生きてきました。この時期の赤ちゃんには、内的にも環境的にも"選択の余地"はなかったのです。そこに、離乳食という、母乳やミルクよりも複雑な味をもつ刺激が加わり、味覚のみならず、嗅覚も触覚も強く活性化されていきます。

さらにこの時期、赤ちゃんにはある種の革命が起きています。床に対して垂直に身体を起こして、椅子などの高い所に座り、周囲を見渡せるようになったのですから。食べ物を飲み下す身体機能も格段に進歩します。そして、視覚、聴覚、味覚、嗅覚、触覚の五感で得られる情報量は、桁違いに増えてきます。だから、いろいろと違いが分かるようになって、食に関する様々なこだわりが出現するのです。

(5) 離乳食に対する「著しい好き嫌い」の対処のポイント

　以上のような赤ちゃんの状況と環境の変化という理解をもとにして、離乳食に対する「著しい好き嫌い」への対処のポイントを示します。

① 叱って食べさせる、ことはしない。
②「これ、イヤなの」と赤ちゃんの気持ちを汲(く)んだ上で、「それじゃ、ちょっと味つけを変えるね」と言ってみせて、少し、味加減を変えてみる。
③ それを何度か繰り返してみて、ちょっとでも赤ちゃんが口に含む、食べてくれるようになったならば、「すごいね！えらいねぇ！」と大いに誉める。
④ その際の微妙な味加減を覚えておいて、しばらく、その味加減の離乳食を提供するよう心がける。
⑤ その味加減や固さなどに赤ちゃんが慣れてきた頃、すなわち、安心した頃を見計らって、また少し、味加減や固さの調整をする。

　つまり、赤ちゃんが受け容れるまで、親の方が工夫、調整をし続け、赤ちゃんが受け容れ、安心したならば、少し変え、また親の方が調整をして、受け容れてもらう、というプロセスを繰り返します。
　この慎重で丁寧な関わりが、赤ちゃんの「頑(かたく)なな態度」に変化を与え、「人の示す状況や課題に応じてみよう」という気持ちを、必ず芽生えさせてくれます。
　これらの配慮やプロセスは、赤ちゃんがASDでなくても、情緒や愛着の発達にとって基本となる大切なものですから、臆せず、実施してみてください。

(6) 定型発達の混乱への対処例

　さて、当然ながら、赤ちゃんは母乳やミルク、離乳食を親から「与えられて」育ちます。この関係にこだわりが生じると、「フォークやスプーンは親が持つ物」で「自分では食べない」という、「食べさせてもらうこと」へのこだわりが現れます。
　また、定型発達のお子さんでも、離乳食の後期と呼ばれる生後8ヶ月頃

には、「自分で食べたい！」「自分にやらせて！」という意思表示と積極的な"挑戦"が見られます。自閉症児の場合は、食べ物を手づかみのまま、勝手気ままに食べ続けようとするなどの傾向が顕著になったりします。

　こうした状況に接して、「おっぱいやミルクをあげている頃は、おとなしかったのに、離乳食を始めたら急に"我"が出てきて、それも"わがまま"になった」と驚いている親は多いことでしょう。

　それで「しつけをしなければ！」とムキになって、無理矢理にスプーンやフォークを握らせて、「自分で、ちゃんと食べなさい！」と叱ってみたところで、子どもは従ってくれません。それどころか、スプーンやフォーク、食器などを放り投げたり、パニックになったりします。

　こうした食事に際しての「混乱」状況に対しては、怒ったり熱くなったりせず、冷静になるために一呼吸おいて、お子さんの気持ちを"切り換える"ための働きかけをしてみましょう。具体的には、「それじゃ、おみそ汁を飲んでみよう」とか、「お水を飲みましょう」、あるいは、「散らかったから、お掃除するね。ちょっと食べるのを待ってようか」などと誘い、提案して、子どもの反応を見るのです。

　この優しい、かつ、親和的な働きかけに、定型発達のお子さんなら「ウン」と言って親の提案に沿って、興奮状態を冷ましていってくれることが多いと思います。

(7) 強い混乱やこだわりへの対処のポイント

　それに対して、逆に、さらに怒りを顕わにするとか、「ご飯を止められた！」「ダメって言われた」というような被害者意識をもって泣き崩れるとか、テーブルの上をグチャグチャにかき乱す、という反応に常に出るとしたら、「相当強く、こだわっている」ことになりますから、要注意です。

　この場合、次のような関わりのプロセスを踏むことが大事です。

　　① 赤ちゃんの混乱に際して、その「赤ちゃんが一番困っている」と受け止め、「よし、よし、よし」とあやしながら、ひとまず、食事場面から遠ざけてあげて、気持ちが落ち着くまで、「大丈夫だよ」となだめ、根気

強くお相手をしてあげること。
② そして、当分の間は、「しつけること」は棚上げにして、赤ちゃんが気持ち良く食べ進んでいけるように見守る姿勢をとることに徹すること。
③ そうしていくと、赤ちゃんも「自分のやり方を止められる」という警戒心を解いていき、徐々に、親のやり方や、誘いかけを受け容れてくれる"余裕"が生じてきます。
④ そのタイミングを見計らって、最後の一口だけは、「お母さんがスプーンにご飯を盛っておいてあげたから、それを持って、食べてね」と求めていきます。
⑤ この大人側の無理強いしない配慮ある「関わり」の「提供」が基本にあった上で、大人が「求める」ことにより、赤ちゃん側の「応じる」姿勢を引き出すことができます。つまり、人と人との〈やりとり〉の関係が形成されていきます。
⑥ すると、「最後の一口だけ」という限定された条件を少しずつ拡大していくことができるようになります。「最後、2つだけ、頑張ってスプーンで食べてみよう」「このお皿に残っているご飯は、お母さんがスプーンに盛っていってあげるから、自分でスプーンを持って、食べてみよう」「それでは、今日は頑張って、最後の一口は、自分でスプーンですくって、食べてみようか」と時間と日数をかけて、慎重に進めます。
⑦ 赤ちゃんがそうした親の求めに完璧に応じられなくても、「応じようとした」ことだけでも評価し、「すごい！ すごい！」と誉め讃えること。
⑧ つまり、叱ったり、強制したり、無理に抑えたりする育児ではなく、「誉めて育てる」育児を心がけることです。

(8) 豊かな情緒発達と愛着の形成のために

このような心がけと、上記のような段階を踏むことで、たとえ赤ちゃんがASDであったとしても、こだわり行動の改善のみならず、ASDの特徴と言われている、社会性の障害やコミュニケーションの障害にも有効に作用することが大いに期待できるのです。

繰り返しますが、これは、もし、その赤ちゃんがASDでなかった場合でも、豊かな情緒発達と強い愛着の形成に寄与する接し方なので、何ら損をすることではありません。

2. 幼児期 生後1年〜6歳：顕在期

(1) 幼児期の特徴と配慮

　さて、自閉症児が始歩を迎える時期になると、身体、運動面の発達により、状況はもっと大きく変わります。堰を切ったように、いろいろなこだわり行動が生活の表面に現れてきます。

　その1つが、運動や姿勢。例えば、いざりやハイハイという移動の仕方にこだわって、二足歩行が可能な状態になっていても「歩こうとしない」状態。親は、長すぎるハイハイ状態に不安を募らせ、病院を巡ったりしますが、「ASD」と気づかれないと「大丈夫ですよ！何の障害もありません」と逆に励まされたりもします。

　自閉症児は、物を見る位置や姿勢にこだわる傾向もありますから、長い間、腹這いの状態で過ごしていた時に経験した、「玩具などを見る位置や姿勢」を保とうとするには、ハイハイのままでいた方が都合が良いのかも知れません。

　しかし、スイッチが切り替わるように、突然、「立ち歩き」が始まって、周囲を驚かせます。「これまでの不安や心配は何だったのか!?」と思った親御さんは多いことでしょう。

　このように、幼児期になりますと、自分で移動ができますし、自分で物を持ったり操作することが可能になりますから、積極的に、「物や状況を変えない（元に戻す）」ための働きを行うようになります。

　自閉症児にとってこの幼児期はまさに、こだわり行動の"顕在期"です。多種多様、数多いASDの人のこだわり行動が、この就学までの5年間に「ほとんどが出揃う」と言っても過言ではありません。

　そして、これらのこだわり行動の多くは、児童期へと引き継がれていくことになります。

　子どもがめざましい発達を遂げていくこの時期に、こだわり行動も顕在化し、増長される。ASDが発達障害であるゆえんです。

　さて、子どもが保育所や幼稚園で過ごすことが当たり前になった今日、

自閉症児の生活も以前に比べて大きく変わりました。

　同一性の保持への強い欲求をもつ自閉症児は、変化を嫌いますが、それでも保育所や幼稚園、特に前者に関しては、慣れてしまえば、日課が毎日変わることもなく、安定しやすい状況にあります。０歳児から保育所を利用している自閉症児ならば、なおさらのことです。

　園児がずっと砂場にいて、ひとりで砂の感触に浸っていても、「あの子は砂遊びが大好きなのね」と見られてしまうと、周囲からの誘いも制止も変更も求められなくなってしまいがちです。自由保育の時間が長い園では、特にこの傾向にあります。

　家庭においても夫婦共働きで、時間に追われた生活をしていると、ついつい、生活自体もパターン化し、自閉症児の新たなこだわり行動を発生させ、定着させる温床となります。

　子どもの発達段階に合わせて、例えば、衣服の着脱を徐々に子どもに行わせてみる、などの「指導的介入」がどうしてもおろそかになりやすい。

　したがって、気がついたら「パジャマのボタン外しも、服への着替えも、全部やって！」という、ある種、依存的な「マンツーマンこだわり」が発生している。

　それでも、朝の忙しさに紛れ、いちいち気にして着替えを促しているよりは、「大人がやってあげてしまった方がことは早い」とばかりに、子どもの"要求を受け容れる"毎日の連続。無自覚にこだわり行動が強まっていきます。

　しかし、家庭でも保育所でも気がつかない。

　幼児期のこだわり行動は、数え上げればキリがない程、多様にたくさんあるのですが、「ASD」という認識に立たないと、大人の問題意識に上っていかない、という現状があります。

　これらが、幼児期のこだわり行動の怖さと難しさ、です。

(2) 幼児期のアプローチ ～オムツの例～

　ASDと診断され、認識した上であっても、こだわり行動への対応と対

処は、多くの困難を伴います。
　その代表例が、オムツのこだわり。自閉症児にとって、オムツの中への排泄は、生まれたその日から延々と続いてきた生活習慣ですし、大人に「外しますよ」と言われるまでは、その大人から「完全に保障されていた」もので、何ら疑いもせずに享受してきた行為と姿勢なのです。オムツへのこだわりが強固になっていても、不思議ではありません。
　4歳になった自閉症児が1歳下の弟の「オムツ卒業！」を聞かされて、「お兄ちゃんもオムツを止めようね」と言われた途端、慌てて、弟の分のオムツまでも抱え込んで「オムツは（全部）ボクのものだ！」と叫んで、拒んだ、という話があります。
　布パンツを履かせると排泄を我慢していて、外出時にオムツに替えると、その瞬間、一気に排泄する、という自閉症児もいました。
　したがって、オムツ排泄からおまる使用、トイレ排泄、そして、パンツ定着までの道のりは、長くなります。通常は、

① 時間排泄の徹底。
② おまるの選定、それを置く位置、提示のタイミングを計る。
③ トイレ環境の改善。
④ オムツを外したままでの経験を増やす。
⑤ パンツに失敗しても叱らず、トイレ排泄を促す。
⑥ 成功すれば大いに誉める。

等々の「計画」を立て、対処します。親に求められる努力と工夫は、並大抵のものではありません。
　しかし、そのような労力がかかったとは思えない程、多くの自閉症児は、突如として「あっさり」とオムツを卒業していきます。
　先の努力の甲斐あって、ということは確かなのですが、しかし、彼らの"変わり身の早さ"というものに驚かされることも事実です。
　こだわり行動には、ASDの人がもつ"不思議さ"が込められています。
　上記のように、「オムツこだわり」は、ほとんどの場合、児童期を迎え

る前に消えてなくなります。これは、先に示した「オムツ外しのプログラム」が奏功したのと、オムツ排泄による"重さ"などの"不快条件"が増したことなどによりましょう。

このように、自閉症児のこだわり行動は、外部からのアプローチと本人の条件が整うと、比較的スムーズに改善へと導くことができる場合があります。

しかし、幼児期に出現して、以降、児童期へと引き継がれていく、「こだわり行動群」の実数の多さを目の当たりにすると、どこから、どう取り組んで良いか見当がつかなくなります。

(3) 幼児期の対処のポイント

幼児期のこだわり行動への対処のポイントは、以下の通りです。

①あまたに出現するこだわり行動に対して、「あれも」「これも」という指導の目は向けない。

②とりあえず、「最も改善しやすい」と思われるこだわり行動に的を絞る。

③こだわり行動に対する対症療法は、互いの傷を深めるだけ。

④こだわり行動に「介入」することが大切で、それは、「人間関係を築く」ことを目指すもの。

⑤よって、最初の「介入」が奏功すれば、「築かれた人間関係」によって、あまたのこだわり行動が流れるように改善していく。

これらの実証は、第3章と第4章の「事例」で詳細に行います。

3. 児童期 6歳〜12歳：問題期

(1) 児童期の特徴

この時期のこだわり行動の特徴は、

① 幼児期に顕在化されたこだわり行動の多くが継続する。
② 幼児期のうちは問題視されなかったようなこだわり行動でも学校では不適応を招き、一気に問題化することがある。
③ こだわり行動が複合して複雑になる。
④ 早期に療育的な介入をしないと、こだわり行動が原因で周囲との軋轢(あつれき)を増し、様々な問題が二次的に生じて大きくなる。
⑤ 上記④の中でも、精神疾患である「強迫」症状が現れると、「こだわり行動」との併発により対応と対処が一層困難になる。

ということです。

(2) 児童期の対処のポイント

① チェックポイント

さて、児童期と言っても、自閉症児の場合、就学先が通常学級、特別支援学級、特別支援学校と異なりますし、よって、こだわり行動の現れ方も、対応、対処のポイントも変わってきます。それをかい摘んで示します。

通常学級の場合、時間割や校舎内の構造が自閉症児にとって「分かりやすく」「安心のもと」になる場合もあります。保育所や幼稚園での"自由保育"の環境には不適応だった自閉症児でも、学校の時間の流れに乗って、かつ、教室、体育館、図書室、保健室という物理的な環境をうまく使い分けて、気晴らしもして、上手に学校生活を送っていける場合があります。

しかし、それでも安穏(あんのん)とはせず、例えば次のような、こだわり行動が現れやすいポイントをしっかりとチェックして、適宜、修正や変更を求めていきたいものです。

① 登下校の道のり
② 服装や持ち物
③ 文字の書き方、ノートの使い方
④ 観察記録や写生時の描画の内容
⑤ 友だちとの会話の様子や友だちとの関係
⑥ 給食の状況
⑦ 掃除の仕方
⑧ 順番の待ち方　など

　また、マンガや歴史、動物、恐竜、世界地図、電車、ミニカー、相撲などへのこだわりから、特出した知識があったりする場合、本人や家族とよく打ち合わせをして、それらを周囲に発表させるなどの"支援"を行い、自己評価と他者評価を高めていく方向をもつことも良いと思います。
　こだわり行動は、「止めて」「抑える」だけの問題行動であるとは限りません。時には、「誉めて」「育てる」というアプローチが大変に有効なこともあります。

② 特別支援学級や特別支援学校での留意点
　特別支援学級や特別支援学校の場合、共通して留意したいのは、下記の通りです。

① 学級内の自閉症児同士のこだわり行動が"相反する"ことで、トラブルの原因になる。
② 学級が少人数であることがかえって、特定の人に対する強いこだわりを生む。
③ 自分より弱い者に対する攻撃的なこだわり行動が生じやすい。
④ 先生に対しての「マンツーマンこだわり」が生じやすく、そこから脱しにくい（181頁からの第4章まゆさんの事例参照）。
⑤ 学級外の視線や意見に触れないと、こだわり行動が"当たり前"になってしまって、より強化され、悪化を辿る危険性がある。

特に①に関しては、次のような事例がよく見られます。

ASDのA君は、棚の上に本をキレイに並べておくことにこだわっている。しかし、ASDのB君は、キチンと並べられた本や物を見ると、壊したくて仕方がない。その上、B君は人に抱きつくこだわり行動があって、逆にA君は、人が急に接近するとその腕をつねらずにはいられない。

要するに、この真に相反するこだわり行動によって、A君とB君は、まさに「天敵」同士になって、常に、ケンカし、トラブルを起こしているのです。

これは落語のような話ですが、担任にとっては大問題で、朝の会からすでに学級運営ができない状態に陥ってしまい、関係者を悩ませ続けています。

さて、④と⑤に関しては、ややもすると、担任の先生の思い込みや観念的な態度（ある種の"こだわり"）が自閉症児のこだわり行動と相乗作用を起こして、より好ましくない事態を作り上げる場合があります。

特別支援学級や特別支援学校の場合、担任の先生が「自分の趣味」にこだわって、趣味的な園芸活動や畑作業にのめり込むとか、ガンダムや仮面ライダーの工作に没頭するなどの批判が起きたりします。

「児童・生徒の興味、関心の幅を広げたい」「体験を増やしてあげたい」という趣旨で行われるそれらの活動であっても他言を聞かず、「それしかしない」「そればっかり」であるならば、それは、「先生のこだわり」です。

そこには、先生用の「こだわり介入」をする専門家が必要になります（例えば、専門機関に巡回相談を頼むなど）。

4. 青年期 12歳ころ～24歳：
折り合う・沈静 vs 混乱・悪化期

(1) 青年期の特徴

ASDの人の青年期におけるこだわり行動の特徴は、次の通りです。

　①これまでの"人間関係"のあり方が如実に反映される。
　②ファンタジーの世界が現実世界や社会とうまく"折り合って"調整されていく。
　③反対に、周囲から認められず、非難、疎外のもとになって、精神的に混乱する。
　④こだわり行動が芸術的な面や学術的な面で発展し、評価され、それによって社会を意識した行動や活動に変容していく。
　⑤過去の忌まわしい体験の"しこり"や一方的な"とらわれ"に縛られて、精神不安がさらに高まって、非社会的なこだわり行動を起こすようになる。

これら特徴のうち、②と③、④と⑤は、それぞれが正反対の内容となっています。すなわち、この時期のこだわり行動は、周囲と「折り合う」ことで評価を得て「沈静化」するか、反対に、認められずにもしくは、疎外されて、「混乱」し「悪化」を辿るかの"分かれ道"の上にあります。

(2) 対処のポイントは、これまでの"人間関係"のあり方

これに大きな影響を与えるのが、まさしく、①に示した「これまでの"人間関係"のあり方」なのです。

そうは言っても、この時期は、思春期と重なり、身体的な変化や性への目覚めもあって、難しい状況でもあります。だからこそ、周囲に疎まれるこだわり行動や理解が得られにくいこだわり行動を、話し合いによって「調整・修正」するチャンスとなります。

あるアスペルガー症候群の青年がいつも電車の中で座る位置にこだわって、我先にと座席を占領したがっていました。その脇で、私がお年寄りに

席を譲って見せた後に、彼を諭しました。
「さっき、ボクがお年寄りに席を譲ったのを、遠くから女子高校生が見ていたよ。きっと、"あの人、優しい人ね！"って、言っていたろうな。君もそういうように人から見られたい、と思うのならば、率先して、席を譲りなさい」

私のことを長く「先生」として慕っていてくれた彼。私の助言を受け容れて、「オレも優しい男になる！」と意気込んで、「何がなんでも座席に座る」というこだわりを我慢してくれるようになりました。

青年期、それは通学、通勤その他の事情で、否応もなしに社会に触れる機会が増えます。その状況で生起するこだわり行動によるトラブルを、上記のように、その場で防ぐのは容易ではありません。

だからこそ、この時期に至るまでの間に、勝負をつけておくこと。それが大事です。

5. 成人期 24歳ころ〜64歳くらい：定着・代替期

(1) 成人期の特徴 〜空想と現実〜

児童期や青年期に、一定の職業にあこがれて、その夢にこだわった結果、周囲の修正や助言も受け容れて、見事、夢やこだわりを成就させる人もいます。その時期は、多くの可能性があります。

しかし、成人期に達してから湧いて出た就労に関するあこがれや夢、こだわりは、ほとんど、成就されません。それが厳しい現実です。

ややもすると、非常に現実離れした空想的で物語のような目標の世界への没入、すなわちこだわりにはまって、引きこもってしまう危険もあります。

(2) 成人期の対処のポイント 〜社会資源の活用〜

第4章で事例を紹介します（215頁「自閉症フレーバーの例」参照）が、ネッ

トカフェで暮らす人々のことが大きく報道されています。多くは苦しい生活状況の紹介ですが、なかには、「近所づきあいもないし、光熱費などの支払いを気にしなくてもよいし、TVは見放題、ゲームはやり放題！ こんな素晴らしい住環境はない」と喜んで語る人もいます。

　高校生のアスペルガー症候群の息子さんをかかえ、将来を案じていたある父親が、「こんな報道、息子が見たら大変だ！」と思ったのも後の祭り。次の日の朝、息子さんが父親に言ったそうです。「おとうさん、僕ね、やっぱり、ネットカフェ難民になるよ！」と。

　この息子さんは、アニメの雑誌を買い集めることが唯一の趣味でこだわりでした。友だちにも社会にも興味はなく、他者からの刺激は何もありません。

　父親は今になって「厳しく言い過ぎた。あれもこれもと、全部平均以上にやりなさい！と求め過ぎた」とこれまでの関わりを反省するのでした。

　青年期までに、現実対応ができる状態に導き、伸ばせるこだわり、我慢しなければならないこだわり、趣味だけに留めるのだったら存分に行ってもよいこだわりなどを自覚させておく必要があるのです。そして、それらを使い分けできる社会性もある程度身につけさせておくべきでしょう。

　成人期になったら、そうした趣味を活かすべく、地域のサークル活動に参加するとか、こだわりの分野での仲間を募って新しい活動を始めるなどの広がりをもたせたいものです。

　そのためには、彼らからの信頼を得ることができる、こだわり行動に精通した「マネージャー」の存在が不可欠です。そのマネージャーについては、第5章をご覧ください。私は、その機能を各県の発達障害者支援センターが担ってくれるようになることを願っています。

　また、発達障害へのジョブコーチ派遣の実績を積んで、障害者職業センターなどの就労支援機関も力をつけています。そうした社会資源を活用し、刺激し合って共に成長していきたいものです。

第3章

こだわり行動の本質と対処法

1．こだわり行動の本質

(1) こだわり行動と情緒

　私は、ASDのこだわり行動を次のように定義しました（28頁参照）。

　【こだわり行動】
　　「ある特定の物や状況に著しい執着を示し、それを常に一定の状態に保っていようとする欲求に本人が駆られた結果、それが変わること、変えられることを極度に嫌うようになり、行動面において反復的な傾向があらわになること」

（『自閉症とこだわり行動』東京書籍より引用）

　この定義から分かるように、私は、ASDのこだわり行動は「同一性を保ち続けたいという強い欲求」に基づくもの、と捉えています。そして、自分の思考や行動も含め、周囲の物事を一定に保っていたい、と強く願うようになるそのメカニズムを次のように考えています。
　それは、「情緒の働きを調整したり制御すること」がうまくできない脆弱性がまずあって、そのために、具体的に操作可能な事物を「変えない」ようにしている、という見解です。
　しかし、いくら頑張っても同一に保っていられる物事は限られています。人間社会は、複雑で変化の激しいものなのです。
　赤ちゃんですら、自らの親指をしゃぶって過ごしていた胎内から外に出

れば、母乳に切り替えられ、それに慣れたと安堵したら、哺乳瓶をくわえさせられる。小さな身体、未熟な表現力では、それに抵抗する術はありません。やむなく哺乳瓶に吸い付き、人工ミルクを受け容れますが、ほどなく、離乳食が登場し、それとの葛藤をしているうちに、自らの身体に大きな変化が現れる。歯が生えてきて、口の中がむずむずして気持ちが悪い。それなのに、離乳食は段々硬くなって、噛むことまで要求され出すのです。

　このように、成長の軌跡は「変えられること」の連続です。

　したがって、自閉症児は、常に欲求不満で、かつ、不安や恐れなどのネガティブな情緒の生起に苛まれ続けます。

(2) スタート・ストップの問題は情動の問題

　そこで、身体・精神の発達に伴い、何らかの抵抗を示して成功を収めた者はそうした抵抗を強め、うまくいかなかった者は諦め、環境変化への従順を装う。後者の場合、受動型と呼ばれる自閉症児を指します。

　「変えられること」への抵抗として生じる「変えない」という指向性は、換言すれば、「はじめない」とか「やらない」こと。すなわち、「スタートしない」ことです。これは、当然、学習の機会を奪い、発達を滞らせます。

　しかし、全てを停止状態に保っていることはできませんので、自分が取り組みやすいことは判断して、「はじめる」こともある。すると、今度は「やめられない」。すなわち、「ストップ」がかからない。

　この自閉症児・者に関わる誰しもが対処に困難を感じるところの「スタート」できない問題と「ストップ」がかからない問題。これらは、ドライブの問題、つまり、情緒の源である「情動」の問題でもあるのです。

(3) 情動調律と情緒・認知課題

　そのような意味で、私は、自閉症児との療育場面では、「情動調律」という働きかけを柱として、自閉症児に関わることにしています。

　見る物、触る物を変えたくない、つまりは、状況や認知を一定に保っていたいと願う自閉症児に、新しい教材による課題を提示して、対応を求め

ていきます。それは、操作を求めるための〈見て分かる〉課題なので、「認知課題」とも呼びます。

　当然、多くの自閉症児は抵抗を示します。不安であったり、拒否であったり、怒りであったり。そこでセラピストは、「大丈夫だよ」「簡単にできるよ」「君ならできるよ」と丁寧に、ゆっくり言って聞かせて、自閉症児に湧き起こったネガティブな情緒を鎮めていくのです。

　時に、自閉症児が自信がなくて手を出せないでいる場合は、優しく手を添えてあげて、何回か一緒になって課題を遂行させてみます。「なんだ、こうすればいいんだね」と安堵した自閉症児の表情に「そうそう、それでいいんだよ」と誉めて、セラピストも応じます。

　うまくいかなくて、自閉症児が「もうやめたい！」と激情しても、「上手にできなくて辛かったね」「それって、イヤだね」と気持ちを受け止めつつ、「でもね、大丈夫だよ」「平気、平気」「ちゃんと見れば、分かって、できるんだから」と励まして、高ぶった気持ちを鎮め、目の前の課題をしっかりと見せていきます。

　課題ができること、が目的ではありません。課題遂行時に生じる、上記のような「情動調律」を主眼に置いた〈やりとり〉を行うことが目的です。

　この一連の〈やりとり〉を通して、自閉症児は、セラピストに支えられながらも結果として、自己の乱れやすい情動（情緒）を「自分で制御（コントロール）することができた！」という、"新たな感動体験"を経て、肯定的な自己感を得ることができるのです。

　私は、この積み重ねが、「こだわり行動の根本治療」だと思います。それは、こだわり行動への「対症療法」ではなく、「自閉症児・者を発達に導く方法」だと捉えています。

　したがって、先述した「認知課題」は、私の場合、「情緒をなだめながら」という重要な意味を込めて、あえて、**情緒・認知課題**と呼んでいます。

　この「情緒・認知課題」を媒介としたオーソドックスな〈やりとり〉場面を図解しましたのでご覧ください（図3.1と図3.2）。また、事例を通した「情緒・認知課題」の具体例は、146頁から示してあります。

第3章　こだわり行動の本質と対処法

図3.1 リングスティック 情緒・認知課題

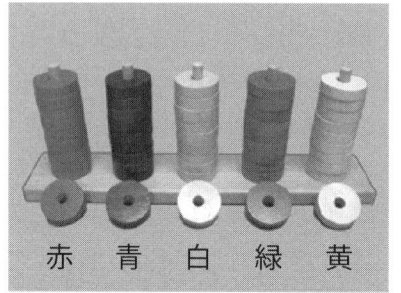

赤 青 白 緑 黄

リングスティックを使って、自閉症児とやりとりをする方法です。
Step ❶〜❸

Step ❶
リングスティックを置き、自由に、好きな順番でリングをスティックに刺していってもらいます。

Step ❷
大人が自閉症児に刺し入れてもらいたい「色」を指さしして、「あか」「あお」と言って、刺してもらいます。

しろ
いれてね

Step ❸
大人は色の名称だけ言って、自閉症児にリングを刺してもらいます。

■ 解 説 ■
自閉症児は、自分で色を「決める」傾向を強くもっています。そのこだわる場面を人工的に設けて、「大丈夫」「できるよ」と情緒をなだめ、課題をよく見せて、「変更」を求めていきます。課題は簡単なので、対応が容易。これが日常の生活に活かされます。

■自閉症児の反応■
❶やるべきことが「見て」理解しやすいので、抵抗なくスイスイ刺していきます。

❷大人に刺す色を指示され抵抗も生じますが「ここに赤を刺して」と具体的な指示で課題も簡単なので、気持ちが逸れずに遂行できます。

❸大人の指示を「聞いて」応じる、ここからが"本番"の課題。自閉症児は「自分で決めた色」を「刺したい」と抵抗しますが、そこをなだめて、よく言い聞かせて、指示した色を刺し入れてもらいます。この「変更」体験が自閉症児の強い自信になっていきます!

図3.2 写真カード 情緒・認知課題

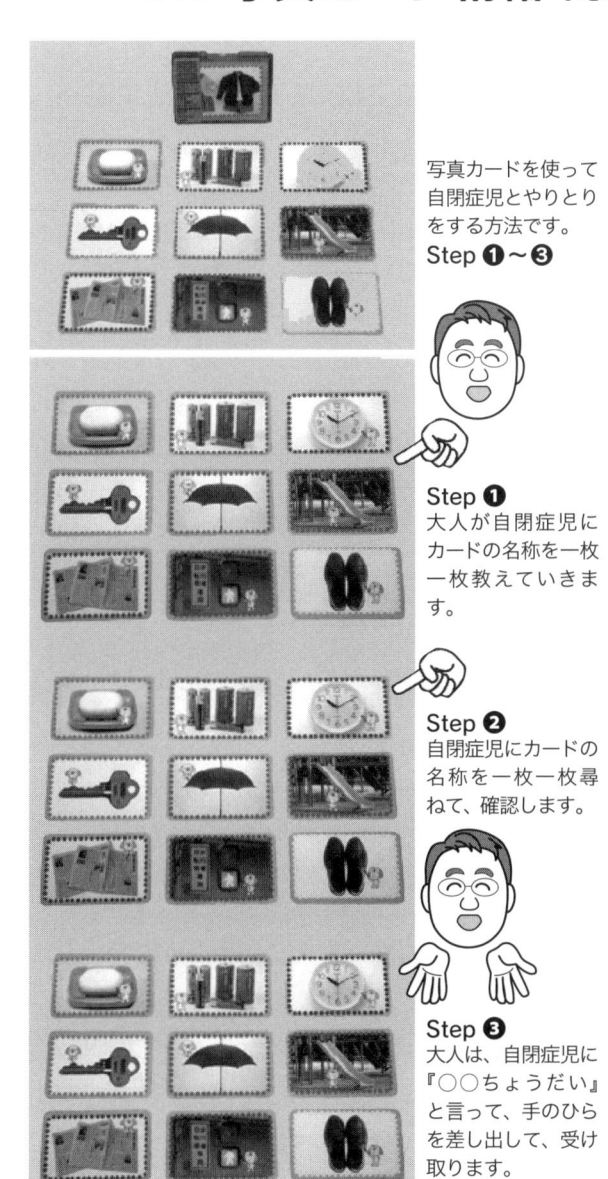

写真カードを使って自閉症児とやりとりをする方法です。
Step ❶～❸

Step ❶
大人が自閉症児にカードの名称を一枚一枚教えていきます。

Step ❷
自閉症児にカードの名称を一枚一枚尋ねて、確認します。

Step ❸
大人は、自閉症児に『○○ちょうだい』と言って、手のひらを差し出して、受け取ります。

■ 解 説 ■
自閉症児は、写真カードや絵カードを見るのが大好きです。この興味や関心を活用します。ただ、自閉症児は「自分で好きなようにカードを並べて」「眺めていたい」という欲求に強く駆られます。そのこだわり行動に介入し、人と上手にやりとりする仕方を学んでもらいます。

■自閉症児の反応■
❶大人に指さしされて写真を見ることは、多くの自閉症児は大好きですので、抵抗は生じません。

❷大人が「これは何?」と尋ねます。簡単なカードばかりですから、自閉症児は得意になって答えてくれます。

❸しかし、大人が「○○をちょうだい！」と求めた途端、多くの自閉症児は、「カードは自分で選ぶ」という態度になって抵抗を示します。そこで大人は、落ち着いて、丁寧に求めていきます。「この課題も簡単」と分かれば、やりとりが楽しくなります。

第3章　こだわり行動の本質と対処法

2. こだわり行動への対処のための基本分析：こだわり行動のレーダーチャート

これまで見てきたように、こだわり行動は、多種多様で対象も千差万別、多岐にわたります。私が知るこだわり行動のその数は、340以上（表1.3、35頁～52頁参照）で、それよりも多いという報告もあります。

他害とか自傷行為、粗暴行動といった場合、その形態や対象はほぼ限られており、それを起こす自閉症児・者が「いろいろな他害」や「違った形の自傷行為」もしくは「複数の粗暴行動」を見せるわけでもありません。

それに対して、ASDの人のこだわり行動は、ひとりでたくさんのこだわり行動を現すのが一般的です。

したがって、「A君のこだわり行動への対処法」というからには、A君が現す複数のこだわり行動を全体的に捉えた視点と、A君が現す個々のこだわり行動を個別に捉えていく視点の2つの視点でもって取り組んでいかなければならない、ということなのです。

それを踏まえたうえで、私は、「こだわり行動のレーダーチャート」を2種類用意してみました。

1つは、(1)の「生活とこだわり行動のレーダーチャート」（図3.3）で、2つ目は、(2)の「こだわり行動分析のためのレーダーチャート」（図3.4）です。

(1)は、こだわり行動全体が個人の諸条件（知的な遅れや楽しみ）や関係者の対応能力（困り度）、他者とのやりとりの状況などと、どのように関係しているかを把握するためのものです。

(2)は、まさしく、個々のこだわり行動を個別に捉えていくためのもので、その強さ、頻度、継続期間、マンネリ度、持続時間、変更の具合を評定していきます。これによって、個人の個々のこだわり行動のその特徴がハッキリと見えてくることになります。

これら(1)と(2)のレーダーチャートは巻末256～257頁の複写可の用紙を使い、解説（258～259頁）に沿って記入することで、こだわり行動に

関する「個人とその関係者の問題」と「個々のこだわり行動の問題」が明らかになり、対処のポイントも浮かび上がってきます。

それでは、それぞれを具体的に解説していきましょう。

――＊――＊――＊――＊――＊――＊――＊――＊――

(1) 生活とこだわり行動のレーダーチャートの解説

このレーダーチャートは、こだわり行動を基本的な日常生活の実態に照らして、他の状況との「関係」を見ながら捉えるためのものです。その項目について説明していきましょう。

① **こだわり**　個人がもつ幾つかのこだわり行動を想定して、こだわり行動全体のイメージを＜激しく強い・強い・時々・少ない＞の強さの順に評定します。個別のこだわり行動については、別のレーダー

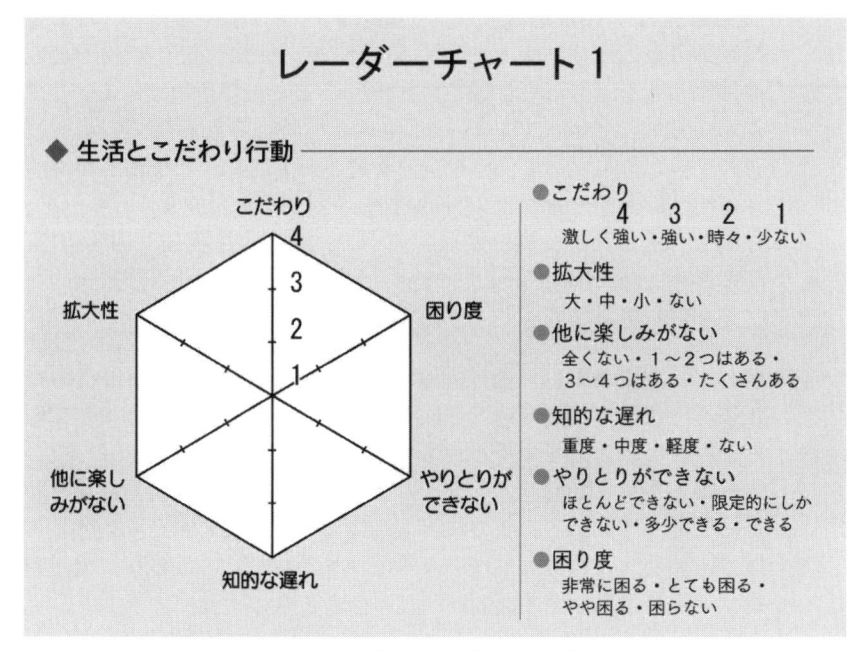

図 3.3　生活とこだわり行動のレーダーチャート

第3章　こだわり行動の本質と対処法　79

チャート (81頁) にて、個々に別項目で評定します。

② **拡大性**　ASDの人々のこだわり行動は、1つの事物だけに集中することはほとんどなく、増大する傾向にあります。特に、放任、放置していけばそれは強まるばかりです。反対に、無理矢理抑え込んだり、禁止ばかりしていると、これまたこだわり行動が分散して、増えていきます。この項目は、周囲の関わり方をチェックする意味も含まれています。

③ **他に楽しみがない**　こだわり行動だけが楽しみである、という状況では、こだわり行動だけが強まっていきます。逆に、他に楽しみがあるのなら、それを活用して強め、徐々にこだわり行動を減らしていく、という対処の方針が立てられます。他に楽しみがない場合、こだわり行動への対処よりも、他に楽しみを見つけてあげたり、一緒に創り上げていくという方向の関わりが、まず必要になります。

④ **知的な遅れ**　ASDの人々には、知的レベルに関係なく、こだわり行動が見られます。ただし③に関連して、知的障害が重度の場合、他に楽しみをもつことは難しい状況にあることは否(いな)めません。ですから、知的障害が重い場合でこだわり行動も激しく強い時は、療育の原点に立ち戻って、発達全体を底上げしていくことから始めます。時間はかかりますが、それが着実な対処法になります。そして、知的な遅れがない、高機能自閉症やアスペルガー症候群の場合は、説明や言い聞かせによって、約束や誓いを取り付けて、意識的にこだわり行動を我慢させたり、克服させることも可能です。

⑤ **やりとりができない**　④に関連して、たとえ高機能自閉症やアスペルガー症候群であっても、普段から人とのやりとりを苦手にしているようでは、上述した説明も言い聞かせも通用しません。反対に、知的障害が重くても、人とのやりとりで楽しめる、気持ちが切り替わることができれば、③の改善も期待でき、こだわり行動の代替(だいがえ)の提示も可能となります。すなわち、ASDの人のこだわり行動に対処する際の重要なポイントが、このやりとりの状況にあります。

⑥ **困り度**　周囲の人が感じている「困り具合」を指します。これは相

対的（関係的）な捉え方で、私たち専門家であれば「困らない」のに、経験の少ない親であれば「非常に困る」と評定することもあるわけです。逆に、親によっては、日中ほとんど子どもの様子もこだわり行動の状況も知らないので、「困らない」という実態に即さない評価をつける場合もあります。この項目は、あえてその「関係性」を見るために設けました。

(2) こだわり行動分析のためのレーダーチャートの解説

個別のこだわり行動については、次の6項目にわたって評定します。

① **強さ** 特定のこだわり行動の強さを＜激しく強い・強い・やや強い・弱い＞の順に評定します。

② **頻度** 特定のこだわり行動が現れる頻度を＜常に・事ある毎に・時々・まれに＞の順に評定します。

レーダーチャート2

◆ こだわり行動の分析

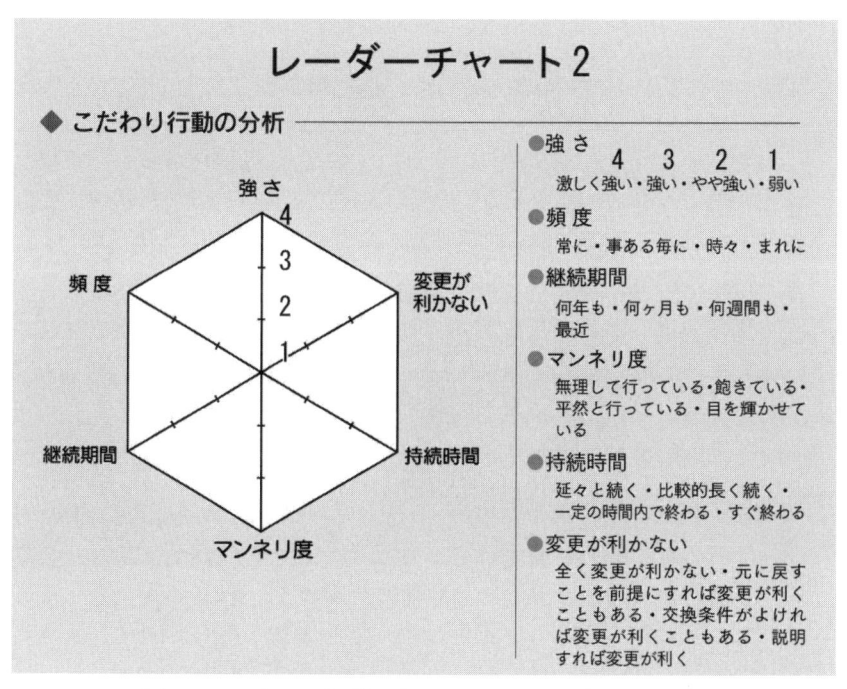

- ●強さ　4　3　2　1
  激しく強い・強い・やや強い・弱い
- ●頻度
  常に・事ある毎に・時々・まれに
- ●継続期間
  何年も・何ヶ月も・何週間も・最近
- ●マンネリ度
  無理して行っている・飽きている・平然と行っている・目を輝かせている
- ●持続時間
  延々と続く・比較的長く続く・一定の時間内で終わる・すぐ終わる
- ●変更が利かない
  全く変更が利かない・元に戻すことを前提にすれば変更が利くこともある・交換条件がよければ変更が利くこともある・説明すれば変更が利く

図3.4　こだわり行動分析のためのレーダーチャート

③ **継続期間**　特定のこだわり行動を「これまで続いてきた期間の長さ」で評定します。何年にもわたって続けられているこだわり行動は、「マンネリ度」が高まって、「飽きている」状態に近づいている可能性があります。次の④を参考にしてください。また、「最近」始まったこだわり行動ならば、介入や変更を求めることも比較的容易です。初期的状況にあるうちに、対処すべきです。

④ **マンネリ度**　ASDの人たちの中には、自分のこだわり行動にもう「飽き飽きしている」、それにもかかわらず、「無理して行っている」という状態の人がいます。したがって、その状態にある人は、表面的にはこだわり行動を長く続けていて満足げに見えますが、内面ではストレスを溜め、いつも苛ついているケースが少なくはありません。本音を言えば「誰か、私のこだわり行動を止めてくれないか！」と叫びたい心境にある、ということです。この度合いが強い、ということは、「介入」もしやすい、ということです。③の継続期間が長いことと、このマンネリ度が高いこと、が比例すれば分かりやすいのですが、ここがASDの難しいところで、一概にそうはなりません。③が長いのにもかかわらず、目を輝かせてこだわり行動を遂行している、というケースなどは、とても介入が難しい状況にあります。また、多くは「平然と行っている」という域にあって、判断は大変に難しいものですが、状況や環境の変化に伴って、微妙に度合いが上下しますから、平素から、このマンネリ度に注目して、こだわり行動の強いASDの人に接している必要があります。

⑤ **持続時間**　特定のこだわり行動が生起した際に続く時間を評定します。「一定の時間内で終わる」レベルや「すぐ終わる」レベルであるならば、介入などして対処する緊急性は低いと言えます。しかも、自分で「終える頃合いを知っている」ならば、"自律的"とも言えて、ある意味、評価（誉める）する対象であるかも知れません。さらに、「すぐ終わる」ならば、「しなくても良い」という位置づけに変わる可能性もあります。こだわり行動は、ただなくせばよい、というものでもありませんので、ASDの人にとってこだわり行動の代替となる楽しみや趣味となる活動を提示してみるチャンスです。

⑥ **変更が利かない** ASDの人が有している「柔軟性」と「介入の可能性」を推し量るべく設定された項目です。＜全く変更が利かない・元に戻すことを前提にすれば変更が利くこともある・交換条件がよければ変更が利くこともある・説明すれば変更が利く＞の順に評定します。特に、元に戻すことを前提にすれば変更が利くこともある、や交換条件がよければ変更が利くこともあるの場合、その条件提示の工夫が必要です。全く変更が利かないという場合でも、度合いが弱まるように諦めずに、条件提示を受け容れられるように関わっていく必要があります。

3. レーダーチャートの分析例：拓也君の場合

それでは、具体的な事例を通して、レーダーチャートの活用の仕方を学んでいきましょう。

(1) 拓也君の状態とレーダーチャート
① 拓也君の障害とこだわり行動

拓也君は、4歳の自閉症児で重い知的障害ももっています。ことばはなく、感覚的で、お気に入りのボールペンを見つけてきては、いつも床をコンコンコンコンコンと小気味よく叩いて、過ごしていました。

拓也君は、日中は保育所で過ごしていましたが、集団活動には入れず、園児を避けて、保育室や廊下の隅っこといったお決まりの場所で、ずっと床叩きに専念していました。

彼のこの行動は、自分の感覚を自分で刺激して快感を得ているという、「自己刺激行動」とか「常同行動」(28頁の定義を参照) としての面もありま

拓也君のレーダーチャート

年　　月　　日記録

◆ 生活とこだわり行動

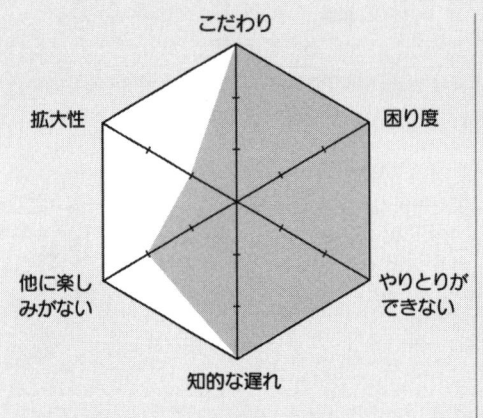

● こだわり
　(激しく強い)・強い・時々・少ない
● 拡大性
　大・中・(小)・ない
● 他に楽しみがない
　全くない・(1～2つはある)・
　3～4つはある・たくさんある
● 知的な遅れ
　(重度)・中度・軽度・ない
● やりとりができない
　(ほとんどできない)・限定的にしか
　できない・多少できる・できる
● 困り度
　(非常に困る)・とても困る・
　やや困る・困らない

◆ こだわり行動の分析 《ボールペンでの床叩き》

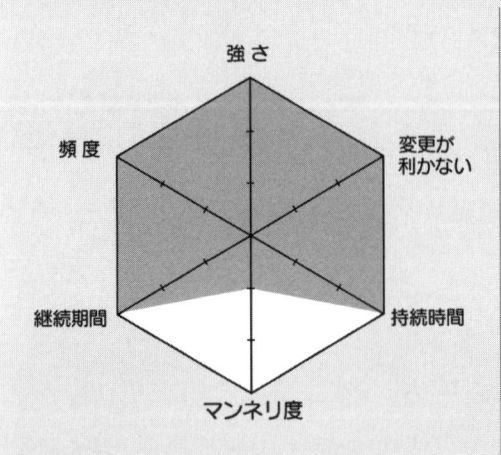

● 強さ
　(激しく強い)・強い・やや強い・弱い
● 頻度
　(常に)・事ある毎に・時々・まれに
● 継続期間
　(何年も)・何ヶ月も・何週間も・
　最近
● マンネリ度
　無理して行っている・飽きている・
　(平然と行っている)・目を輝かせて
　いる
● 持続時間
　(延々と続く)・比較的長く続く・
　一定の時間内で終わる・すぐ終わる
● 変更が利かない
　(全く変更が利かない)・元に戻す
　ことを前提にすれば変更が利く
　こともある・交換条件がよけれ
　ば変更が利くこともある・説明
　すれば変更が利く

図 3.5　拓也君のレーダーチャート（生活とこだわり行動と床叩き）

したが、1) 叩く場所が固い「床」に限られること、2) 叩く物がボールペンに集中すること、3) 床叩きをするコーナーも決まっていることなどを考えますと、「いろいろなこだわりが合体して起こされるこだわり行動」として捉えるのが妥当だと思います。

この拓也君は、「家庭でも保育園でも床叩きしかしないし、それでお絵描きも午睡もしないし、だからといって止めると泣いて騒いで、園庭に飛び出していってしまうので、困っています。どのように指導していけば良いのか教えてください」と願う保育士さんの紹介で、私の『子どもの療育相談室』につながったケースです。

② 拓也君の「生活とこだわり行動のレーダーチャート」(図3.5) の特徴

拓也君には床叩き以外のこだわり行動もあって、それらがいずれも「激しく強い」レベルにある (86頁 図3.6の「こだわり行動分析のためのレーダーチャート」参照) ので、拓也君の現すこだわりは、全体的にも「激しく強い」という最高レベルにあることが分かります。

したがって、周囲が感じる「困り度」も非常に高く、人との「やりとり」もほとんどできない状態ですので、彼のこだわり行動を他に変更させるとか、気持ちを他に導いていくという働きかけもできない状況でした。それらに加え、知的な遅れが重度の状態ですから、理解困難や操作の稚拙さが大きな壁となって、あれこれと提示して誘う、ということも難しい状態でした。これらの厳しい諸条件が根底にあって、拓也君の「分かること」「できること」は、床叩きのこだわり行動に一極集中していき、強められていったものと考えることができました。

しかし、拓也君のこだわり行動は、「拡大性」が小さいことが特徴でした。一般的に自閉症児・者のこだわり行動は拡大されていって、徐々に増えていく傾向があるのですが、拓也君の場合は「一定のこだわり行動のまま増えない」ことが分かりました。これは、拓也君の重度の知的障害からくる、広がらない生活体験も影響していると思います。つまり、それだけ、床叩きのこだわり行動に集中している、ということなのでしょう。

◆ こだわり行動の分析《偏食−牛乳を飲まない》

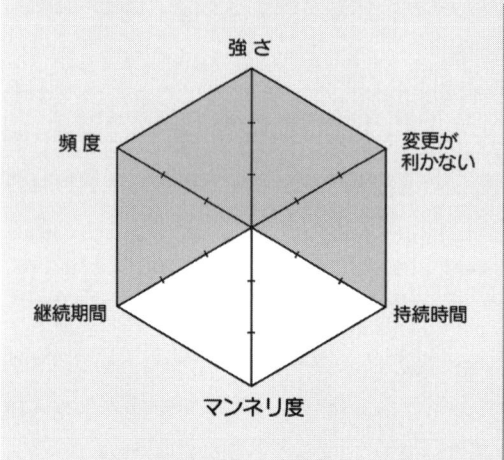

- ● 強 さ
  (激しく強い)・強い・やや強い・弱い
- ● 頻 度
  (常に)・事ある毎に・時々・まれに
- ● 継続期間
  (何年も)・何ヶ月も・何週間も・最近
- ● マンネリ度
  無理して行っている・飽きている・平然と行っている・(目を輝かせている)
- ● 持続時間
  (延々と続く)・比較的長く続く・一定の時間内で終わる・すぐ終わる
- ● 変更が利かない
  (全く変更が利かない)・元に戻すことを前提にすれば変更が利くこともある・交換条件がよければ変更が利くこともある・説明すれば変更が利く

◆ こだわり行動の分析《オムツへのこだわり》

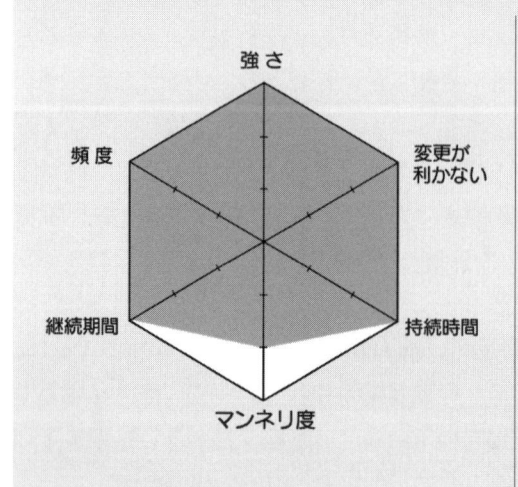

- ● 強 さ
  (激しく強い)・強い・やや強い・弱い
- ● 頻 度
  (常に)・事ある毎に・時々・まれに
- ● 継続期間
  (何年も)・何ヶ月も・何週間も・最近
- ● マンネリ度
  無理して行っている・(飽きている)・平然と行っている・目を輝かせている
- ● 持続時間
  (延々と続く)・比較的長く続く・一定の時間内で終わる・すぐ終わる
- ● 変更が利かない
  (全く変更が利かない)・元に戻すことを前提にすれば変更が利くこともある・交換条件がよければ変更が利くこともある・説明すれば変更が利く

図 3.6 拓也君のレーダーチャート（偏食とオムツこだわり）

次に、私が拓也君の療育に際して注目したのが、「他に楽しみがない」という項目でのチェックが「1〜2つはある」に入っていたことです。
　母親に確認すると、それは、「好きな曲（童謡）があって、そのCDは喜ぶ」ことと「簡単な楽器は好きみたい」ということでした。

(2) 拓也君の「こだわり行動分析のためのレーダーチャート」の特徴
《ボールペンでの床叩き》（図3.5参照）
　強さも、頻度も、継続期間も、持続時間も、変更が利かないも最高レベルの厳しい状態にありました。ここで、マンネリ度も「高い状態」にあれば、それは「床叩きに"飽き飽きしている"」ことになりますから、何か別の楽しみになることを提示してみるチャンスとなりますが、拓也君のそれは、「平然と行っている」レベルで、介入は難しいと判断せざるを得ません。
　ただ、それだからと言って彼のこの「床叩きのこだわり行動」と今の状態を漫然と見送ってしまえば、拓也君の発達は滞るばかりか、日々、周囲とのトラブルは大きくなって、拓也君のみならず、関係者も苦しい状態に陥ることは明らかでした。

《偏食—牛乳を飲まない》（図3.6参照）
　拓也君には、いくつかの偏食がありましたが、この牛乳に関しては、最上級の強さをもつ、こだわり行動でありました。いわば「何が何でも絶対に牛乳は飲まない！」というこだわりです。
　食事に関するこだわり、すなわち、偏食は、無理矢理とか力ずくで対処する問題ではありません。「この人のお勧めだから、それを信用してみて、ちょっと口に含んでみるか…」という、「人との信頼関係」でもって、改善へと進めていくのが王道でしょう。
　よって、この「偏食—牛乳を飲まない」というこだわり行動は、指導の的(まと)、言い換えれば、介入の対象とするのではなく、「療育や日常の保育の中で人間関係を培い、育んでいきながら、徐々に改善へと導いていくもの」として捉えるのが良いと思います。

《オムツへのこだわり》（図3.6参照）

　拓也君は、4歳になっても、これまで慣れ親しんできたオムツにこだわって、トイレ排泄への切り替えができませんでした。拓也君は、オムツ替えの際にちょっとでもオムツの用意が遅れると慌ててしまい、ひどい時は他児のオムツを脱がせてまでもオムツを求めた、といいます。

　そこで保育所では、本書の第2章の「(2)幼児期のアプローチ～オムツの例～」にある、トイレ排泄への計画的な誘導（①～⑥）(64頁)を実践してきました。

　その甲斐あって、今では、拓也君が「他児のトイレ排泄をじっと見ている」「ぬれて汚れた自分のオムツをのぞき見している」「4歳だから、そのオムツも重そうだ」という保育士さんたちの証言も集まってきました。

　それを基にして、拓也君の《オムツへのこだわり》の「マンネリ度」については、「飽きている」という評定になったといいます。

　すると、主任の保育士さんが「ここまでくれば、慌てなくても拓也君はトイレ排泄ができるようになって、直にオムツも卒業することでしょう。周囲の子どもと同じ時間に、拓也君もトイレに誘っていくことに力を入れましょう。周囲を真似して、彼もトイレができるようになりますよ。そうしたら、家庭とも連携して、"保育園でできたからやってみよう"とお家でも誘ってもらって、定着させましょう」と総括しました。

(3) レーダーチャートから見た療育順位や方針

① こだわり行動介入のプロセス

　ASDの人たちは、多くの場合、ひとりでたくさんのこだわり行動をもっています。それらのこだわり行動は、1つひとつそれぞれに本人の「思い入れ」が強く反映されています。したがって、それぞれに問題があろうとも、いっぺんに、アレもコレもと指導の的にしてしまうと、当然、本人の抵抗や混乱は非常に大きくなって、防衛も増し逆効果となります。

　そのことから、ASDの人たちのこだわり行動への療育的な介入や関わり方は、〈1〉こだわり行動をリストアップする→〈2〉それぞれのこだわり行

動をレーダーチャートで分析する→〈3〉レーダーチャートを基にして関係者で協議をして、関わっていくこだわり行動の順位を決めていくことが大事です。

そして、〈4〉具体的に療育の方針を立てながら関係者で情報と方針を共有する→〈5〉療育の実施→〈6〉療育の評価を行う、という流れになっていきます。

それでは、上記に沿って〈3〉以降を解説していきましょう。

② 拓也君のこだわり行動介入の順位づけ

1番)《ボールペンでの床叩き》は、まずこれに注目して関わっていく。
その理由：拓也君の発達を1番に阻害している要因だから。

2番)《オムツへのこだわり》は、現状を確認してゆっくり誘っていく。
その理由：ASDのお子さんに対するトイレット・トレーニングには、焦りは禁物です。無理矢理させられた、というトラウマが残って問題を大きくさせます。拓也君は、トイレ排泄への準備が徐々に整ってきました。保育士さんたちの観察も今後の方針も適切です。

3番)《偏食―牛乳を飲まない》は、関係ができてから誘う。
その理由：食事は、人間関係のあり様を反映する営みです。「飲まない！」というこだわりの意思が大変に強く、人とのやりとりもほとんどできない状態の拓也君。今後の療育の展開を見ながら、"関係づくり"をテコにして、誘える関係、応じてもらえる関係を築いていくことから始めます。

③ 療育の方針

拓也君の《ボールペンでの床叩き》へのこだわり行動は、分かること、できることが極めて少ない状態にある彼にとって、「人生のすべて！」とも言える大切なものでした。

したがって、そこから《ボールペンでの床叩き》を強引に奪ってしまうことなどはできません。しかし、拓也君にとって《ボールペンでの床叩き》は、1番の発達阻害要因です。

そこに手をつけずして、拓也君の発達を促していく。そんなことが可能なのでしょうか？関係者は、悩みました。

解決の糸口は、先掲の「生活とこだわり行動のレーダーチャート」（84頁図3.5）にありました。

拓也君は、低いレベルながら、《ボールペンでの床叩き》の他に「楽しみが１～２つはある」という状況にあったのです。

私たちは、**拓也君の《ボールペンでの床叩き》をなくす、減らすという方向で捉えるのではなく、逆に、それを利用して、それに類する遊びや教材を提示して、楽しみをもっと増やしていこう！**という発想に行き着いたのでした。

そして、次のように、一連の療育方針を設定したのでした。

1) 《ボールペンでの床叩き》という、大変に強く、長く続いているこだわり行動を、逆に利用して、拓也君の発達を底上げしていく。
2) 《ボールペンでの床叩き》やそれに類する活動を通して、分かること、できることを増やしていきながら、楽しい、嬉しい、もっとやりたいといった情緒面の発達を促す。
3) 分かる、できるという認知面の発達と、楽しい、嬉しい、もっとやりたいという情緒面の発達を基盤にして、「○○したら、□□できるよ」という条件提示をして、人とのやりとりを学ばせる。
4) 人とのやりとりから、コミュニケーションの成立までつなげていく。
5) 人間関係を構築して、深め、広げていく。その延長線上に、《オムツへのこだわり》も《偏食―牛乳を飲まない》こだわりもあって、これらに介入していく。

(4) 療育の方針に基づく療育経過

① 「たいこでドン！」の提示 ～叩くを活かす～

私は療育の方針に基づき、「たいこでドン！（マルカ株式会社）」の２種類（**写真3.1**）と「ミュージックステーション（I'mTOY）」（**写真3.2**）、そして、フォークギターなどを用意して、拓也君をプレイルームに迎えました。

「たいこでドン！」と「ミュージックステーション」は、バチで叩いて遊ぶおもちゃです。前者は、叩くと電子音が鳴って楽しく、かつ、何種類もの聞き慣れた童謡のメロディーが内蔵されているので、そのメロディーに合わせての合奏も楽しめます。

　後者は、中央の太鼓のみならず、いろいろ叩いて遊ぶ楽器が付属するので、いろいろな楽しみ方ができる、小さなお子さんたちには大好評のおもちゃです。

　ギターは、6本の弦をバチで叩くと「ベンベン、ボロローン」と心地よい音色が響き、これまた楽しめます。

　拓也君は、プレイルームに入って来るなり、母親からボールペンを奪い取って前回同様、同じ場所に座り込んでいつものように床叩きを始めようと身をかがめました。そこで私が、「どーん、どーん、どーん」と「たいこでドン！」を叩いてみせると、

写真3.1　たいこでドン！

写真3.2　ミュージックステーション

彼の動きが止まり、その「たいこでドン！」を凝視（ぎょうし）したのです。＜しめた！拓也君が関心を示したぞ！＞私は、タイコのバチを置いて、他に移動して行って、タイコを叩く場所を拓也君に明け渡しました。

　恐る恐る、という感じでそこにやって来た拓也君は、ボールペンを左手に持ち替えて、空いた右手でもってバチを掴（つか）み、それで「どーん、どーん」とタイコを叩いたのでした。私はそこに戻っていき、もう1つの「たいこでドン！」を2本のバチでもって「どんどこ、どんどこ、どんどこ」と連打してみました。拓也君は、一瞬、眉間（みけん）にしわを寄せて警戒した表情を見せはしたものの、左手のボールペンをバチに替えて、両手でもってバチを

握り直すと、私と同じく、2本のバチでタイコを叩いたのです。

「えへっ」と笑みを浮かべた拓也君。その後は、床に腰を下ろし「たいこでドン！」を両足で挟み込んで、まるでパーカッションの打楽器奏者のごとくタイコ叩きに没頭していました。

しばらく経ってその姿勢保持に疲れた拓也君は、ゴロンと横になって、それでもタイコを叩き続けます。私は、この状況も療育に利用しようと考え、平素は「人からの誘いかけも、提案も一切のアプローチも聞き入れず、応じようともしない」回避専門の拓也君に向かって、「寝ていたら、タイコが叩きにくいだろうから、このお椅子に座って、良い姿勢で叩こう」と言って、椅子を差し出したのです。拓也君は、相当にこの「たいこでドン！」が気に入ったのでした。その証しに、彼は何の抵抗もなく、私の差し出した椅子にヒョイと腰を下ろしてくれたのです。

これ以降、拓也君は、プレイルームでは終始、椅子に座っての姿勢を取り続けるようになって、私の提示した課題に応じていく、という"お勉強"のスタイルも身につけていきました。

② ギターでやりとり

翌週、椅子に座り、机の上に置かれた「たいこでドン！」を叩きながらご満悦の拓也君に、私は先週使わなかったギターを示して、バチで弦を叩き「ベンベン、ボローン」と鳴らしてみました。「へっ、そんな変な音！」という表情を見せる拓也君。私を無視して、「どんどんどんどんどん」とタイコを叩き続けます。今度は、それに合わせて、私が「ベンベンベンベンベン」とギターを鳴らしました。「おっ、ボクのマネしたな!?」という顔して、拓也君の手が止まりました。すかさず、私も手を休めます。すると、拓也君は、私を試すようにして、「ドン、ドン、ドン」と3回叩いて止めて、様子をうかがったのです。＜拓也君も私に期待しているな！＞と感じた私は、その期待に応えるべく、「ベン、ベン、ベン」と3回鳴らして彼の出方を待ちました。

すると彼は、ニッコニッコの表情をして、「どん、どん、どん、どん、どん、

どん、どん」と強く連打していきましたので、私も合わせて、「ベン、ベン、ベン、ベン、ベン」とギターの弦を叩き続けました。

「イヒッ、イヒッ」という笑い声が拓也君から漏れてきました。

「先生！ タイコとギターで"やりとり"になってましたね！ 会話みたいでした！ 感激しました！」と拓也君のお母さんが興奮して言いました。

③ おもちゃ「欽ちゃんの仮装大賞」で大はしゃぎ

拓也君の中に「こいつ（私のこと）は、何かおもしろいことをやってくれる人間だ」という認識が生まれ、「次は何をしてくれるのだろうか？」という期待感も育ってきました。

それを見て取った私は、テレビの長寿番組「欽ちゃんの仮装大賞」で用いられる「点数パネル」を忠実に模したおもちゃ（タカラトミー　写真3.3）を提示して、拓也君にも「ボタンを押してごらん」と誘ったのです。

最初はおっかなびっくりで、腰が引けていましたが、「15回ボタンを押すと、"合格"のファンファーレが鳴る」と分かって、私や母親に「ファンファーレが鳴るまで、押して！」というように、2人の手を取りに来るようになったのです。

そして、私が彼の期待に応えてファンファーレを鳴らしてあげると、拓也君は「キャッキャッ」と声をあげて喜び笑い、小躍りして母親の背中に隠れては母親に抱きついて甘える、という遊びを何度も何度も繰り返していきました。

後日、母親が「この前、夕食後、お兄ちゃんがテレビで欽ちゃんの仮装大賞を見ていたんです。そうしたら、普段テレビになんか興味のない拓也が飛んできて、おもちゃと同じファンファーレが鳴ったら大喜びで、"やった、やった"

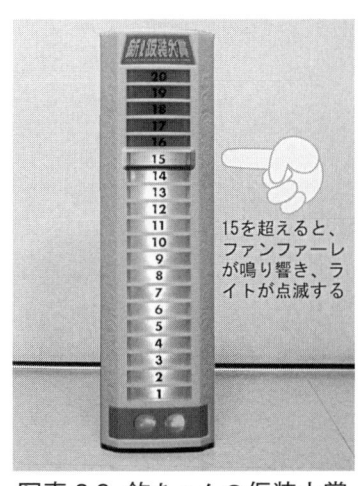

写真3.3　欽ちゃんの仮装大賞点数パネル

15を超えると、ファンファーレが鳴り響き、ライトが点滅する

という動作をして見せて、家族を驚かせたんです」と報告をしてくれました。またそれ以降、拓也君は興味関心を寄せるテレビ番組が少しずつ増えていったそうです。

④ リングスティックの玉刺し課題 〜意欲的に応じる〜

ひとしきり点数パネルで遊んだ後に、今度は、私から拓也君に「お願い！」と対応を求めていきました。

それは、リングスティック（写真3.4）という玉刺し課題です。正規の課題内容は、76頁で図解してありますが、拓也君には、簡単に「ここの黄色の色の所だけに、黄色い玉を刺して」というように求めていきました。

写真3.4 リングスティック

最初「なに？それ」という表情でいた拓也君ですが、1つ刺しては、大人から「すごいね！ 良くできたね！」と絶賛されますから徐々に気分を良くして、終いには自分から進み出てきて、意欲的に各色の玉を刺し入れていくようになったのです。

その後、彼は、私が用意した「教材セット」（写真3.5）に対しても自分から取り組むようになっていきました。

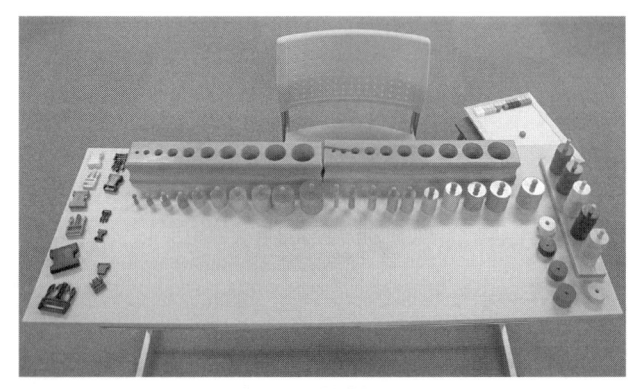

写真3.5 教材セット

※ 教材セットの内訳：
左からカチッとはまるバックル。中央は、モンテッソーリ教材の円柱刺し。右がリングスティック。

⑤ 水ペンでお絵描き 〜叩くから書くへ〜

その結果、家庭でも、できることや楽しみが増え、床叩きも激減しました。しかし、保育所ではあまり変化が見られなかったようです。

そこで私は、「スイスイおえかき（パイロット）」（写真 3.6）を用意して、水ペン（水で描ける）にて絵を描いて見せてから、拓也君に水ペンを渡して、手を添えてあげて「シュシュ」と描かせたのです。

拓也君が、生まれて初めてペンをペンとして用いた記念すべき瞬間です！

この光景を参観されていた保育士さんは、保育所でも同じものを用意して、手を添えてのお絵描きを始めたそうです。すると、拓也君はマグネットのペンでボードに描く「おえかき先生（タカラトミー）」にも挑戦し、自ら進んで「描いては消して」を楽しむようになりました。そして、他の園児と同じようにクレヨンでの「描き」もできるようになったのです。

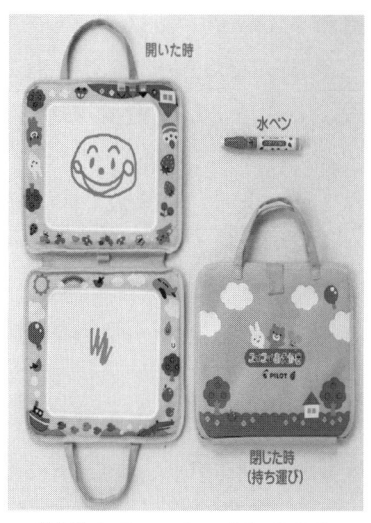

写真 3.6 スイスイおえかき

⑥ ボールペンを返しに行く。そして、バイバイをする

拓也君が私の『子どもの療育相談室』に通い始めて半年後、プレイルームでの床叩きは、お勉強の合間だけに限られるようになりました。それでも、このこだわり行動は、彼にとってリラックスでき、自分を癒せる貴重なひとときだと思い、見守りました。あるとき、私が拓也君に写真 3.7 の中の左にあるキラキラ棒を示すと、彼はそれを手にした代わりに、それまで持っていたボールペンをわざわざ、母親に返しに行ったのです！

「すごいね！　拓也君、お母さんに返しに行ったね！」と私が目を丸くして叫びますと、母親が「そうなんです！　近頃、拓也は大人の話に耳を傾

けてくれて、"今は叩くのダメな時間だから、お母さんのボールペン返して"と言うと、ちゃんと理解して、返してくれるようになったんです！ また、"今は難しいから、待っててね。待っててくれたら、あとでやってあげるから"という説明で、我慢してくれるようにもなったんです！」と嬉しい報告をしてくれたのでした。

　そして、帰宅時、私が拓也君に向かって「バイバイ」と言って手を振りますと、彼も「バイッ」と言って、不器用ながらも手を振って見せたのです！

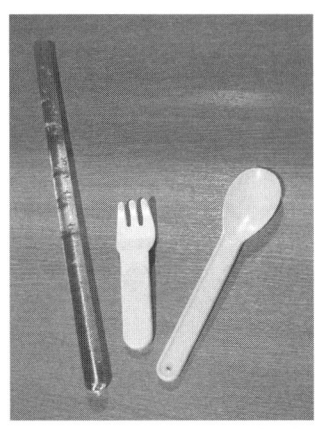

写真 3.7　キラキラ棒（左）

　私は、お腹の底から「本当に、拓也君は成長しましたねぇ！」と感嘆の声をあげていました。

⑦ ボール遊びで「もう1回」。母親「気持ちが通じている」

　この日はご機嫌斜めでやって来た拓也君ですが、私が大きなフィットネスボールに乗せてあげて、「ジャンプ、ジャンプ、ジャンプ！」と言いながら跳ばせていると、彼は喜んで機嫌を直してくれました。

　その後、定番となったお勉強の時間が終わる頃、拓也君が人差し指を1本立てて見せるのでした。私が「もう1回ってこと？　何のもう1回かな？」と聞きますと、彼は私のことば（もう1回）を真似て「（もういっ）かい」と言ったのです。

　私がそれは、冒頭に行ったフィットネスボール乗り、と分かって、「すごいね、拓也君、ボールを"もう1回やって！"って言ったのね」と代弁して言うと、彼も再度、今度は「いっかい」とハッキリ言ったのでした。

　私が感動して、母親に「拓也君は話せますね！　すごいですね！」と言いますと、母親は「そうなんです！　ことばの数は少ないですが、もう充分なほど拓也の気持ちは通じているんです。お互い、充分にお話できるよ

うになったんです！」と言って、涙を流されました。

(5) レーダーチャートに基づく療育のまとめ

　２種類の簡単なレーダーチャートですが、これを基にして関係者同士が協議し、ASDの人たちの生活状態やこだわり行動の状況についての認識を共有することの意味は大きいと思います。

　そして、療育的に関わっていく際の順位づけや療育方針が立てやすくなることもメリットです。

　ASDの人たちのこだわり行動は、多種多様。どうしてもその数の多さに振り回されてしまい、大切なポイントを見失いがちになります。そして、"モグラ叩きゲーム"と勘違いをして、次々と湧き出てくる新しいこだわり行動を"叩きつぶす"という対症療法に陥ってしまう。

　それでは、そのASDの人たちとの"関係"は壊れてしまいます。それは、本末転倒です。

　要は、彼らのこだわり行動を認め、分かって、脅かさないように関わっていき、こだわり行動以外にも「楽しいこと」「嬉しいこと」があることを徐々に教えて、こだわり行動への依存度をゆるやかに下げていくことにあります。

　拓也君のケースは、その典型例でありました。

　なお、拓也君の《オムツへのこだわり》は、まず保育所で解かれていき、家でも大丈夫になりました。そして『子どもの療育相談室』でも、洋式便器に座ってオシッコをしています。

　また、《偏食―牛乳を飲まない》こだわりは、拓也君と一緒にお絵描きを始めてくれた保育士さんとの"信頼関係"のもと、一口ずつですが、少しずつ飲めるようになっていきました。

4．必見！こだわり行動の基本的な対処法

　ASDの人たちには、たくさんのこだわり行動があり、それらは、①変えない、②やめない、③始めない、の3つの特徴をもっていることも分かりました（22頁 図1.1参照）。
　ここでは、3つの特徴を踏まえた対処の仕方を簡単に紹介します。

(1)【変えない】こだわり行動には

① 物の位置を変えない

　ほんの少しの変化でも気がついて、慌(あわ)てて、位置の変わった物を元に戻さないと気が済まない自閉症児がいます。こうしたタイプの子どもは、「移動させないこと」に神経を尖らせ、過剰に精神活動のエネルギーを消費しています（だから、反対に、無関心や無頓着なことも多く、その過敏さと鈍感さのギャップに周囲が苦笑させられることもあります）。
　このようなASDの子どもたちの「物の位置を変えたくない」という欲求を頭ごなしに抑えるわけにはいきません。見方を変えれば、彼らの行為は、物の整理整頓に役立っている面もあるのですから。
　したがって、「使ったら、必ず、あなたが望む場所に、キチンと返すから、いっとき、我慢して、場所の移動を認めて欲しい」と説明し、お願いすることが大切です。
　そして、それが"ちょっとでも"できたなら、大いに誉めてあげること。その繰り返しで、自閉症児も安心し、そのやりとりにも慣れ、徐々に、長く「貸し出し」ができるようになったり、多少の「場所移動」なら平気になることもあります。
　要は、真摯(しんし)な態度で接して、信頼を得られるような関係を作っていくことです。

② 靴や服を変えない

　日常的に履き慣れ、着慣れている靴や服は、こだわりの対象になりやす

い物のひとつです。周囲もASDの子どもが「靴にこだわっている」「同じ服ばかり着たがっている」ことに、気がつきにくいこともあります。つまり、本人のこだわりと周囲の慣れやウッカリが相まって、こだわり行動をより強固にさせてしまいます。

　平素から、自閉症児のこだわりの傾向に留意して生活を送り、靴や服の交換を無理のない程度に行って、慣れさせていくことが必要です。

　それでも靴や服の交換に抵抗を示したならば、「靴はボロボロになったけど／服は洗濯しなければならないけど、今日だけは、履くこと／着ることを許しましょう。だから、明日からは、新しい靴に／服にしてくださいね」と、子どもの願いを受け止めつつ、交換条件も提示して、納得してもらうという、やりとりをキチンと行いましょう。

③ 保育所や幼稚園で日課を変えたがらない

　普段は、保育所や幼稚園で安定して過ごしているにもかかわらず、運動会やお遊戯会、発表会、遠足などの「行事」に直面した途端、大きな抵抗を見せる自閉症児が多くいます。それまでの安定が嘘のように崩れ、大泣きやパニック、自傷行為がその行事が終わるまで続いてしまう場合も珍しくありません。

　これは、平日の日課にこだわるために、それに変更をもたらすイレギュラーなスケジュールを受け容れられない、という原理です。

　このような自閉症児が在籍する保育所や幼稚園では、「毎日、日課をキチンと提示すること」を基本にして、こころの安定を図り、そのうえで、「週間、月間、年間の行事も目で見て理解できるように図説して提示する」という「視覚支援」のサポートを積極的に導入すべきです。

　そして、日課や予定に変更があれば必ず前もって伝え、事前に混乱を防ぐべく、配慮することです。

　そうした自閉症児にやさしい体制を築いていくと、自閉症児も見通しをもって各種の行事に備えるようになって、抵抗や混乱も徐々に、そして年々、減っていくことでしょう。

(2)【やめない】こだわり行動には

① 水遊びや砂遊びをやめない

　それらの遊びが「終わり」の設定がないまま、始められてしまったことが、まず良くないことであります。自閉症児は、「大人はいつも突然やって来て、いきなり、"おしまい！""やめなさい！"と一方的なことを言って、自分たちの楽しみを邪魔する！」と否定的に感じていることでしょう。

　したがって、それらの行動を始める際には「○○時になったら、お終いにしましょうね」とか「タイマーがピピッと鳴ったら、終わりにしようね」と宣言をしておき、市販されている「キッチンタイマー」や「タイムタイマー（見て分かるカウントダウンのタイマー）」などを設置しておくと良いでしょう。

　ただし、この水遊びや砂遊びは「感覚遊び」なので、言わば「退屈しのぎ」の「暇つぶし」で「他にやることがない」ことの現れでもあります。

　したがって「彼らはそれらを好んでやっている」とは、頭から思い込まないで、大人は、別の遊びも提示し誘って、「お相手」をしてあげてください。

② ブランコなどの遊具で遊びはじめると、人が待っていてもやめようとしない

　「せんせ〜っ、○○ちゃんがブランコかわってくれない！」と定型発達の子どもが「ブランコをやめられない」自閉症児の様子を訴えに来ました。訴える子どもに連れられて先生はブランコまで行って、自閉症児に声をかけますが、彼女はブランコの振動と風を切るスピードにもう夢中で、周囲の状況などは目に入りませんし、制止や罵声の声も耳には届きません。

　先生は、怒ったり、落胆したり、諦めてうつむいている子どもたちに言いました。「○○ちゃんにはね、はじめから"ブランコは何回こいだらお終いで、待っている次の人と交替するんだよ"と教えてあげていないと、"気持ちいいブランコは、ずっと乗っていたい！"ってなっちゃって、今みたいにやめられなくなっちゃうの。だから、次からは、みんなも"ひとり何回"って決めて、みんなも順番がきたら、ちゃんと交替して見せてね」

つまり、先生は子どもたちに「事前対応」の仕方を教えつつ、ASDの子どもに対する理解も促したのでした。

翌日から、子どもたちは「5かい、こいだら、こうたいね」という取り決めをして、みんなで「いーち、にーい、さーん、しーい、ごぉーお、おっしまいっ！」と合唱して、回数を守っていきました。それを見て、ルールを学んだ自閉症児も、合唱に合わせて、5回でブランコを降りることができたのです。

「すごいね！ えらいね！ ○○ちゃん！」とみんなに誉められて、彼女も嬉しそうです。先生は「事前に見せて、ルールを分からせて、終わりがどこかを教えれば、自閉症児も集団活動ができる」と改めて実感したのでした。

③ 書き始めたら止まらない

自閉症児の中には、書く（描く）ことが大好きで、それにのめり込んで、いつまでも書き続けている場合があります。すると、次の活動になってもやめられない、止めると怒る、すねるなどして、後々に悪影響を及ぼすので、先生方も困ります。

このような子どもには、タイミング良く、「区切りを示す」ことが大切だと思います。書くことに没頭している最中に「時間だからやめなさい！」と言っても、聞く耳持たないか、反抗されてしまうのが関の山です。そのことから、一定の作品が書き上がるとか、一息ついている時を見計らって「休憩」してもらう、続きは「別の時間にしてもらう」「明日にしてもらう」などの提案をするのが良いでしょう。

そして、子どもが我慢できたり、気持ちを切り替えられたら、大いに誉めてあげましょう。それプラス、大人は、必ず、子どもとの約束を守り、責任を果たしていきましょう。

また、こういった配慮を必要とするASDの子どもには、最初から、タイムタイマーにて、「時間を気にして、時間制限を守る」ように、習慣化させていきたいものです。

第3章　こだわり行動の本質と対処法

(3)【始めない】こだわり行動には

① 初めての場所は、たとえそれがデパートや遊園地でも、行かないし、入らない

　子どもはみんな「病院が大嫌い！」です。ASDの子どもは、その何十倍も「病院嫌い」だと思います。その病院に対する辛い過去体験や強烈な恐怖心があるために、「黙って連れて行かれる先が病院だったら、人生の終わりだ！もう騙_{だま}されるもんか！」という懐疑心_{かいぎしん}や不信感も働いて、「疑わしきは入らず！」の態度に出るのでしょう。これが、「初めての場所を拒む」ことの最大の理由だと思います。

　もう1つは、「何をするんだろう？」「何をされるんだろう？」「建物の中はどうなっているんだろう？」「誰がいるんだろう？」「何人いるんだろう？」「どのくらいその場所にいなければならないんだろう？」等々、行った先の場所における「見通し」がもてないことへの「不安」も大きい要因だと思います。

　ASDの人たちは、皆、このような傾向を少なからず有しています。

　そこで私は、自分で主宰する『子どもの療育相談室』や専門相談員を務める宮城県発達障害者支援センター『えくぼ』において、新患の利用者を迎える際には、必ず、予約を決めたその日のうちに、ハガキに印刷した「案内カード」（108頁の図中のハガキ：えくぼバージョン）を利用者宅に送付することにしています。

　この案内カードには、「えくぼ」の全景写真やプレイルーム内の写真、それから子どもや親御さんのお相手をする、私とスタッフの顔写真を載せています。そして、いつの何時から何時まで過ごすのか、という日時も明記してあります。さらに、親御さんが道に迷わないようにと簡単な地図も載せ、連絡先も明示してあります。

　このカードを送付することを予約時に伝え、以下のようにお願いをしています。

　「お子さんがえくぼを病院と間違えて、不安になったり、おびえたりしないように、送付した写真を良くお子さんに見せて、分からせて、安心さ

せてから、当日、お越しください。具体的には、えくぼは"病院じゃないよ""おもちゃがたくさんあって、遊ぶところだよ""遊んでくれる大人は、男先生と女先生で、お医者さんじゃないよ。だから、絶対、注射なんかしないよ""○○月○○日の○○時から○○時までだよ"というように、カードの写真を見せながら、ゆっくり、丁寧に言い聞かせてください」

この一連の対応は、効果てきめんです。これまで、私の相談室とえくぼの両方において、「玄関先で勘違いをして、ひっくり返って泣いて、入室を拒否する」新患のお子さんは、一人も出ていません。

デパートでも遊園地でも、初めて子どもを連れて行く際は、手間はかかりますが、事前に大人が下見をして、要所要所の写真を撮り、それを子どもに予め見せ、何日もかけて繰り返し良く説明をして、見通しをもたせていきましょう。

それでデパートや遊園地で楽しめたなら、それ以降は、「大人を信じる」気持ちも湧いてきて、徐々に「初めての場所ダメ！」ということが減っていきます。

ちなみに、私の相談室やえくぼは、ASDの子どもたちが遊びに興じ喜んで過ごしていきますから、次回は必ず、喜び勇んでの入室になります。

② 慣れていないトイレは使わない

外出先の「初めて経験する」トイレは、怖がって使えない。そんなASDのお子さんの多いこと。「何故そんなに怖がるのですか？」と親御さんに尋ねますと、初めてのトイレで「照明が暗かった、消えていた」とか「ジェットタオルの音がイヤだった」「和式の便器に驚いていた」「人がたくさんいて混んでいた」「時間がなくて親に急かされ、叱られた」等々の恐怖や不快の先行体験があったことが分かります。

そのように自閉症児とその親御さんは、皆多かれ少なかれ、トイレでの「失敗体験」をもっています。

それでトイレにまつわるトラウマを引きずったまま成長して、幼稚園や小学校でも「トイレに行けない」で、帰宅するまで排泄を我慢して苦労し

第3章　こだわり行動の本質と対処法　103

ている自閉症児もいるのです。

　私は、『子どもの療育相談室』で子どもを楽しませた後に、必ず帰宅時間の前に「今日は楽しかったね。また、来週遊ぼうね！　じゃぁ、バイバイするから、トイレに寄ってオシッコしてから帰りましょう」と誘うことにしています。

　当然、トイレには子ども用の楽しげなスリッパを揃え、照明もぬかりなくつけておき、変な臭いが立ちこめていないように清潔さも保ってあります。冬は、キチンと暖房も入れておきます。当然、ジェットタオルなどという無神経な機械は設置しません。換気扇も音が気になる子がいるので、トイレタイムは止めておきます。

　子どもたちは、楽しかった相談室での好印象のままで、それも、遊んでくれた私に誘導されていきますから、多くは、私を信じて、促されるままにトイレに入ってくれます。

　「わぁぁ、思ったよりも明るいし、臭くないし、大丈夫そう…」という安堵感（あんど）で、たいがいの子どもは、無事、オシッコをして、帰るのでした。

　「トイレが使えないこだわり」は、「人との信頼関係を築き直す」チャンスである！と捉えてください。

③ 目新しい食べ物は、決して食べない

　「食わず嫌い」の偏食、すなわち「(食べ) 始めない」というこのこだわり行動は、主に対象であるその食べ物の「見た目（外見）」によって判断している、と考えるのが妥当でしょう。

　それならば、その食べ物の「見た目」を自閉症児の好みに変えてあげることで、「食べてみるか」という気持ちを引き出せることがあります。

　子ども用に商品化された「おにぎりの押し型」を使ってピカチュウやトミカの形をしたおにぎりを作ってみたら、「白いご飯を食べるようになった」自閉症児がいます。逆に、「白米にこだわってパンを食べなかった」自閉症児に、クッキーの「抜き型」でローマ字や動物の形（237頁 写真5.3）にパンを抜き取って見せたら、喜んで食べたという事例もあります。

「見た目」の関連で言いますと、「見た目の素材を変える」ことも有効な場合があります。ノートに書かない、鉛筆で書かない、と決めてしまって抵抗する小学1年生の自閉症児に、「段ボールにきれいな蛍光ペンで、大好きな"カルビーのポテトチップス"って書いてみるか」と誘ったら、ノリノリで書いてくれたというケースがそれです。「鉛筆は持たない」と拒否する自閉症児に、ジャンボ鉛筆 (174頁 写真4.15) を見せたら、「書く！書く！それで書いてみたい！」と態度が一変したケースもあります。

　偏食に話を戻すと、見た目に加え、臭いや食感にもこだわって、食べ物を選り好みしている自閉症児に対しては、ホットプレートを使って目の前で調理して、コンガリとカリカリに焼いてあげると良く食べる、ということがあります。

　また、家庭に比べ保育所や幼稚園の給食場面の方が「他児がパクパクと美味しそうに食べているのを見て」という"集団効果"により、食べやすくなることもあります。

　偏食は、「始めない」こだわりであるとともに、「いつものメニューを変えない」「食べ始めたらやめない」というこだわりがミックスされる場合もあって、一筋縄では行かないことも多くなります。対応を誤ると絶食状態に陥ったり、反対に肥満を増していく場合もあります。

　育児の早い段階から、「大好きなこれを食べたら、こっちの"おニュー"のおかずも食べましょうね」というように、"新旧"のバランスを考えた関わりを心がけていきましょう。

第3章　こだわり行動の本質と対処法　105

図3.7 「変えない」への代表的な対処法

物の位置を変えない。ちょっとの変化にも気がついて、元に戻さないと気が済まない。

保育園や幼稚園での日課を変えたがらない。変えると怒る。

対処法
「使ったら、必ず、あなたが望む場所に、キチンと返すから、ちょっとだけ我慢して、場所の移動をみとめてほしい」と説明、お願いします。

対処法
子どもにわかる方法で、事前に予定をつたえるようにします。

図3.8 「やめない」への代表的な対処法

水遊びや砂遊びをやめない。車輪や洗濯機の水など、回転する物を延々と見続けて、注意してもやめない。

- もう！！いいかげんやめなさい！
- キャキャ

ブランコなどの遊具で遊び始めると、人が待っていてもやめようとしない。

- ワーイ
- ああ、どうしたらいい？
- ねえ！！早くかわってよ！

対処法

遊びを始める前に市販されている「キッチンタイマー」や「タイムタイマー」などを使い、「鳴ったらおしまいね」と宣言しておきます。

遊び始める前に
- お約束です　この音が鳴ったら水遊びはおしまいです
- ピピピ…

- はいこれでおしまい　今度はママと遊ぼう
- うん
- ピピピ…
- おしまいね

対処法

「○回こいだら交代しようね」と事前にルールを伝えておき、みんなで数を数えて「交代するとき」を教えてあげます。

ブランコに乗る前に
- 「1, 2, 3, 4, 5, 6, 7, 8, 9, 10, おーしまい」で10回こいだら交代してね
- みんなで数えてね

- 1, 2, 3, 4, 5, 6, 7, 8, 9, 10, おーしまい！

第3章　こだわり行動の本質と対処法

図3.9 「始めない」への代表的な対処法

初めての場所は拒む。

療育機関を病院とカン違い
イヤー！キィー！

対処法
新しい場所に行く際は、事前に写真などを用いて具体的に説明します。下記は、私がご家庭に送っている説明用のハガキです。

- 予約の日時
- 建物の様子
- 地図
- 白石とスタッフの写真
- 相談室の遊具など一目瞭然

あっ！ハガキとみんな同じだ！安心安心

上記のハガキ効果で相談室への入室を拒むお子さんは一人もいません。

目新しい食べ物は食べない。

ああ…どうしたらいいの
バリボリ
スナック菓子以外食べてくれないこのままでは栄養失調になってしまうわ

対処法
自閉症スペクトラムの子が好む数字やローマ字、キャラクターの抜き型(クッキー用)などを使って「楽しさ」を演出します。

ごはんが食べられなかったけど
車のおにぎりだよ
のり
ウインナーの輪切り or うめぼし
楽しい雰囲気の中なら大丈夫
パクパク

- 123 数字
- アルファベット ABC
- 抜き型食パン
- 動物型おにぎり（目はのり）

工夫はいっぱい
- ふりかけ弁当
- ステンシルを使った

おもしろーい ワー食べる！食べる！

5. あるある！「一番こだわり」の理解と対処法

(1) 一番にまつわる こだわり

　自閉症児の中には、「何が何でも最初（一番目）にやらせてもらえないと怒りが爆発する」子どもや、「競争やテストで一番にならないと自己嫌悪に陥ったり、人のせいにして友だちに暴言を吐いたりする」子ども、「常にテストは100点で結果、成績は一番であり続けなければならないと完璧を目指す」子どももいます。

　また、自分なりの判断基準で、関係する大人を"順位づけ"してしまい、「一番偉い人の言うことしか聞かない」という態度にでる自閉症児もいます。

　さらには、これまでに示した「最初が良い」「一番が良い」というタイプとは真逆に、「自分を決して一番にしないで欲しい！」と願い続けている消極的な自閉症の子どももいるのです。

　このような「一番」にまつわる各種のこだわりを総称して、「一番こだわり」と呼びます。

　これらの「一番こだわり」は、幼稚園や保育所に通う年齢ではあまり目立ちませんが、競争やテストがぜん多くなる小学校以降、顕在化して、特に学校の先生方を困らせ、悩ませます。

　発達障害の子どもが1クラスに2～3名は在籍する現在、「一番こだわりの子ども」も確実に増えています。

　学校の巡回相談において必ず相談事項にあげられる、この「一番こだわり」について、理解の仕方と対処法を学んでいきましょう。

(2) いろいろな「一番こだわり」

「一番こだわり」には、いろいろなタイプがあります。私はそれらを、① 定型の「一番こだわり」、② ピラミッド型の「一番こだわり」、③ 回避型の「一番こだわり」に分類しています。

それでは順を追って解説していきましょう。

① 定型の「一番こだわり」

定型の「一番こだわり」とは、ASDのお子さんたちによく見られる、「最初にやらせて！」「一番じゃなければイヤ！」「一番がいい！」という強い要求のこだわりを指します。

この定型の「一番こだわり」も次に示したように、理由や内容によって、さらに3つのタイプに分かれます。

1) 待てないタイプ：先の見通しがもちにくい、我慢しにくい、せっかち、イライラしやすい等々の特徴と性格をもっているお子さん。要するに、自分の順番を「待てない」から「われ先に」と主張して、結果「最初！」や「一番！」に済ませないとパニックに陥るのです。このように単純な構造のこれは、精神的に幼い段階にあるお子さんによく見られます。

ちなみに、何事も「ササッと」済ませて即座に終わらせることにこだわる自閉症児がいます。それですべて完璧に終わらせてくれれば問題はないのですが、このタイプの子どもは、「終える」ことが主であって、完成度は二の次なので、中途はんぱに問題を残し、ばら撒いていくことになります。

私は、このタイプの自閉症児を「ササッと君」タイプの自閉症と呼んでいます。そして、「待てないタイプ」の自閉症児と共通性が大きいと見ています。

2) 負けず嫌いタイプ：「他人よりも先に当てて（指名して）欲しい！」とか「他人よりも先に正解を言いたい！」という「負けず嫌い」な面が高じて、他人に「先を越されること」は「許せない！」となって「一番！一番！オレを一番に！」と主張すること。

「他者と比べて自分は…」という、他者意識や自意識が育ってきたことの表れですから、発達的には微笑（ほほえ）ましいという面もあります。しかし、対応を誤ると暴言やしつこい他者批判、他害に陥る可能性や、反対に自信喪失や劣等感にさいなまれてしまう危険性もあって、注意が必要です。

3) きちっと君タイプ：「100点を取って、一番に居続ける」ことしか「認めない」という欲求と行動が特徴です。それは、高い理想や目標設定、自分に課したノルマなどによって、自分で自分を呪縛（じゅばく）する傾向にあるお子さんや青年に多く見られます。前掲の2)「負けず嫌いタイプ」に比べ、対象が「自分」だけなので、気づかれにくく、放任しているとその分ストイックさを増して、自己批判が強まり、時に自己評価を下げ過ぎて、自己嫌悪に陥り、情緒障害や精神疾患（強迫性障害など）を併発させる恐れがあります。

② ピラミッド型の「一番こだわり」

人のことを「偉いか偉くないか」「強いか弱いか」という、単純な尺度でもってのみ判定して、「一番に偉い」とか「一番強い」人、すなわち、ピラミッドの頂点（トップ）に位置づけた人にだけ「従う」と決めてしまうASDのお子さんたちがいます。

言うまでもありませんが、ピラミッドのトップは「ひとり」だけですから、このタイプの「一番こだわり」によると「そのトップにある人」以外の人は、「以下同文」の存在であって、それらの人々の存在は「眼中になし」となって、その人の言うことは「耳に入らず」の状態になりがちです。よって、その横柄（おうへい）な態度に腹を立てて、思わず怒鳴ってしまったという先生方は多いことでしょう。

その先生の代弁をすると「まったく、あの子は学校のトップである校長先生の言うことしか耳に入れない！ので、頭にくる。教頭や教務主任、学年主任という順番からすれば、われわれ一般の教員の言うことなど、お構いなしだ！」ということでありましょうか。

しかし、ある日、ある学校で、そうした先生方の羨望（せんぼう）のまなざしの対象

であるはずの校長先生ですら「まったく、あの子はこの校長である私の言うことでさえも聞き入れないし、眼中にはない！」と嘆いている状況に出くわしました。

　その子はASDのお子さんでしたから、私はすかさず、その校長先生に「そのお子さんのお父さんは、さぞかし厳しくって、お子さんにとっては恐ろしく怖い存在なんでしょうね？」と聞いてみました。すると校長先生は「担任に聞いてみましょう」と言って、担任の先生を呼んで事実確認をしたのです。結果は、私の推測通り、その子の父親は大変に厳しいしつけをすることで有名な親だったのです。

　私が「その子は、授業参観日や運動会などの行事では、父親の目を気にして、普段に比べ数倍もキチンとやって "よい子" をアピールしますね」と言いますと、担任の先生はいきなりテンションを上げて「そうなんです！あの子はお父さんの目を異常なほどに気にして、そうした参観日や行事の日は "借りてきた猫" を演じるのです！」と不満を述べました。

　私は、「その子が捉える人間関係のピラミッド（ヒエラルキー）は、頂点

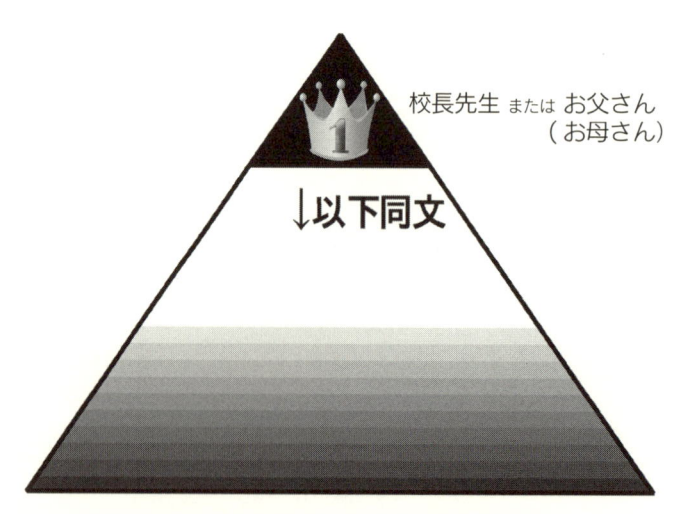

図 3.10　ASDの子の「人の捉え方」
〜ピラミッド（ヒエラルキー）型把握方法〜

にお父さんが君臨していて、そのすぐ下にお母さんの位置づけがあるくらいで、あとは、校長先生と言えども"以下同文"の位置づけなのでしょう」と解説して見せました（図3.10）。

　それに対して、校長先生は膝を打って「あぁ！よーく分かりました！これで合点がいきました！」と苦笑いをしたのでした。

　このように、ASDのお子さんによっては、「自分が従う人間は、組織の中でトップにある人のみ」と決めてしまうタイプと、「厳しく、怖いお父さん（あるいはお母さん）だけが自分にとって一番である」と位置づけてしまうタイプに分かれたりします。

③ 回避型の「一番こだわり」

　ASDのお子さんの中には、「絶対に一番になりたくない！」と常に願って学校生活を送っている子がいます。それは、「一番最初に答える自信がない」という自信のなさからくるものと、「とにかく、目立ちたくない！」という消極性に起因するものとがあります。

　いずれにしても、そのお子さんたちは「一番最後でもいいやぁ」と投げやりになっているわけではありませんから、そのお子さんたちのプライドにも充分、配慮して欲しいものです。

(3)「一番こだわり」への対処法

① 定型の「一番こだわり」の場合

1) 待てないタイプ：何よりも、見通しをもたせた生活を送らせるように心がけましょう。そして、場面場面でその都度、よく状況や物を見せて、学校や世間には「順番があること」と、それを待てば必ず「自分の順番がきて、したいことができること」をよく分からせていきましょう。

　また、「待てない」状態と状況を絶えず想定しておいて、待つことを苦痛に感じさせないような、気を紛らわすための玩具や本を常に用意しておくことが望ましいと思います。そして、それらによって安定した状態で過ごせたならば、キチンとお子さんを誉めてあげることが大切です。そうし

第3章　こだわり行動の本質と対処法

た一歩一歩の地道なアプローチを踏み、積み重ねることが必要です。

2) 負けず嫌いタイプ：負けず嫌いで目立ちたがり屋。いつも「オレが！オレが！」とうるさいぐらいに騒ぐので、周囲の児童たちからも、時に担任の先生からも疎まれてしまいます。先にも述べたように、「他者」を強く意識していますから、相手が一番で自分が二番だったり、相手が勝って自分が負けたりすると、その相手を口汚く罵ったり、攻撃を仕掛けたりもします。それでいて、自信を失ったり自暴自棄になったりもしますので、このタイプのお子さんは、日頃からの配慮とケアが必須です。

具体的には、このお子さんの長所である、元気の良さとクラスのムードメーカーとしての存在を先生が率先して認め、よく誉めてあげて、学級全体でもしっかりと受け止めていくということです。すなわち「目をかけ、声かけ、手をかける」というアプローチを心がけることです。

これらを基盤としていけば、時に「二番、三番になっても」または「相手に負けたとしても」、先生やクラスメイトの「諭し」や「なぐさめ」を徐々に聞き入れてくれるようになって、たとえ落ち込んだとしても、その回復が次第に早くなっていくことでしょう。

3) きちっと君タイプ：このタイプのお子さんは、完璧主義者の問題性をもっています。それは「100点・満点にこだわる」ために、「1つの失敗でも99％の成功が台無しになる」ので、「自分はダメだ！」という低い自己評価が常になって、自信を失い続けていくことです。それが苛立ちや突然のパニック、そして怖いことに、確認強迫や手洗い強迫などの強迫性障害という精神疾患に発展する場合もあるのです。

このタイプのお子さんは、言うまでもなく成績の良い子なので、理屈で前もってよく説明しておいて、本人が困る事態に備えさせることが可能です。

例えば、「世界のトヨタだって、何万分の1の割合で製造過程でミスを犯す。年に数回、何かの販売車種でリコールも起きる。しかし、たとえそうであっても、トヨタの信頼性は揺るぎないもので、世界のトヨタである」

から、「君の99点も誇れる結果だ」と説明します。

また、「自転車やバイクの歯車に使われるチェーンには、多少の余裕、つまり、"あそび"が必要で、それがないと、容易に金属疲労を起こして、簡単に切れてしまう。人間も同じで、多少の余裕や遊びが必要。良い走行を続けるには、たまには80％や90％という、余力を残した状態の力で走ることも必要」という説明も有りだと思います。

そして、成績優秀なこのタイプのお子さんには、「ゆっくりタイプ」のクラスメイトの手助けを積極的に行わせることです。この「人を助ける経験」から「多少の失敗があっても大丈夫さ！」という、相手への励ましのことばが生まれ、結果、それが自分への教訓となって返ってきて、こころに響いていくことでしょう。

② ピラミッド型の「一番こだわり」の場合

このタイプのASDのお子さんの場合、「ピラミッド型による人の捉え方」は素質であると捉えて、治すとか変えさせるというアプローチをするのではなく、反対に、それに合った方向に進めさせてあげれば良いでしょう。

具体的には、美容関係に興味があるお子さんには「カリスマ美容師がいる」お店への就職を目標とさせるとか、公務員が向いていそうなお子さんには警察官や自衛官という組織の力学がハッキリとしている分野を紹介するのも良いでしょう。

その反面、「カルト集団にはまってしまうと、脱することができにくいタイプ」でもありますから、特に注意していきましょう！

さて、日頃の生活において大切なアプローチは、このお子さんに対する"絶対の権威者"として君臨する、例えば「お父さん」を活用することです。したがって、「あの子の父親は暴力でもって子どもを支配している、とんでもない親だ！」という否定的な見方はひとまず脇に置いておき、まずは、学校や担任の先生との「対話の輪」に引き入れていくことです。

この父親が家庭において、子どもに向かって「おい、お前の学校の先生はなかなかだな！特に担任の先生は、話の分かる良い先生だ！お前もよく

第3章　こだわり行動の本質と対処法

先生の言うことを聞くんだぞ！」と言ってくれれば、効果はてきめんです。
　父親の威光でもって、担任の先生の格付けが上がっていく。ちょっと馴(な)染みのない発想かも知れませんが、先述したように、ASDのお子さんの中には、そうした系統や力学でもって人間関係を保ち、発展させた方が良い、というタイプがあるのです。
　しかも、「体罰親！」との「対話」を進めていく「虐待防止」の策にもなりますから、児童福祉や地域福祉の観点からいっても良いことなのです。
　ちなみに、お子さんに対する権威者が校長先生である場合、言うまでもありませんが、担任の先生はその校長先生と「仲良し」になって、その校長先生のお力添えを得て、お子さんとの関係を築いていくことが求められます。
　私は先生方にあえて「お子さんたちのために、わだかまりを捨てて、親や管理職と仲良くやっていきましょう！」と言います。
　そして、「権威者の威光を借りること」が「絶対にできない！」のなら、お子さんを喜ばせ、楽しませて、お子さんにとっての真の「ナンバーワン！」に自らがなることをお勧めしています。

③ 回避型の「一番こだわり」の場合

　何らかの理由で、もしくは、その素質から、「目立つこと」「注目されること」に敏感になって、積極的にそれを回避したがるお子さんは、確実にいます。
　ASDでその傾向にあるお子さんは、常にその回避策でもって頭がいっぱいで、それに気づいた大人は真に心が痛みます。
　これは、数々の「一番こだわり」をもつお子さんたちにも共通することですが、彼らの「価値観」を周囲が認めること、が何よりも大切だと私は思っています。
　当然、この回避型の「一番こだわり」も然(しか)りです。
　よって、彼らに「一番は良いんだよ！」「人に勝つことは素晴らしいことなんだよ！」というお説教をすることよりも、「君が嫌いな"一番にな

ること"や"目立つこと"をいかに無理なく避けられるか、一緒に考えていこう」という姿勢で接して欲しいと思います。

　それはしかし、「発言しなくても良い」「答えなくても良い」という、教室における免罪符(めんざいふ)を与えることではありませんので、先生は配慮した上で、適宜、本人を当てて答えさせても良いのです。ただ、「一番最初には当てないこと」と「皆の前で過剰に誉めない」ことです。

　このタイプのASDのお子さんは、時に「自分は正当な評価を得ていないのではないか？」という疑心暗鬼(ぎしんあんき)の状態に陥ることもありますから、そこは先生の方で、メモ書きや手紙でもって、「キチンと評価してあげる」と良いでしょう。それは、口頭では刺激が強すぎるのと、周囲に聞かれてしまうのを防ぐためです。

　ただし、本人に渡したそのメモや手紙が置き忘れられたり、落とし物になったり、不注意に扱われてクラスメイトの目に触れてしまうことは絶対に避けたいものです。

　こうした繊細な気持ちに配慮した、細やかな配慮が"苦手"な先生がいます。そのタイプの先生は、このタイプのお子さんに向いていないと思われるので、クラス替え、担任替えの時期でありましたら、担当を別の先生に譲る、という判断が必要になります。

(4) まとめ

　たくさんの「一番こだわり」に関する相談や質問にお答えしているうちに、「一番こだわり」が本当に多様であることに気がつきました。それらを分類すると次頁の図3.11のようになります。

　これら「一番こだわり」への対処法として一概に言えることは、「適当にあしらわない！こと」です。「好きで"一番を目指している"」とか「勝手に"一番、一番！"と騒いでいる」というような突き放した見方と、接し方はしないでください。

　ASDのお子さんは少なからず「一番こだわり」をもっていますので、まずは、その指向性や行動を認めてください。

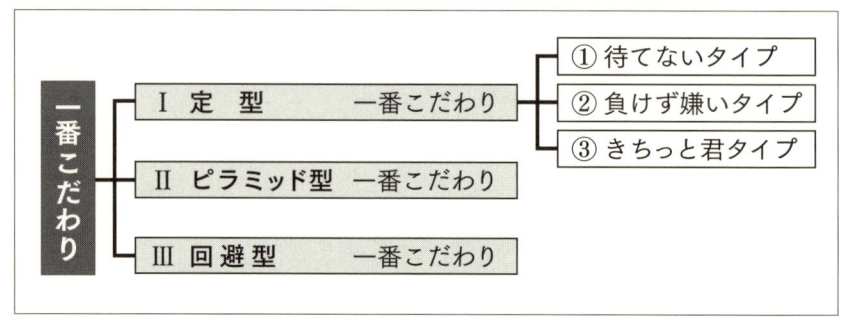

```
                              ┌─① 待てないタイプ
              Ⅰ 定 型  一番こだわり ─┼─② 負けず嫌いタイプ
              │                 └─③ きちっと君タイプ
一番こだわり ─┼─Ⅱ ピラミッド型  一番こだわり
              │
              └─Ⅲ 回避型  一番こだわり
```

図3.11 「一番こだわり」の分類

　それは治すものではなく、大人の配慮の中で、周囲との協調性を高める過程で、徐々にコントロールさせていくもの、と捉えて頂きたいと思います。

6. 注意！強迫症状（強迫性障害：OCD）について

(1) ASDと強迫症状

　近年、社会の急激な変動によって、うつ病などの精神疾患に罹る人が増え、大きな社会問題になっています。同様にASDの人たちも精神疾患を併発することが分かってきました。うつ病や統合失調症、強迫性障害などがそれです。

　そのうち、強迫症状には、ASDの人が現すこだわり行動と混同されやすい「繰り返し」の行動が特徴としてあります。これは、ASDの人のうち数％が罹るものと捉えられています。

　ASDの人のこだわり行動は、ASDの誰もがもっている行動であるのに対して、強迫症状は強迫性障害（OCD）に罹った人が現すものです。先掲の定義（28頁）でも述べましたが、ASDの人のこだわり行動と、強迫症状は区別して捉えねばなりません。そのために、次に具体的な事例を示しておきます。

(2) 強迫症状を呈した事例
① 児童期の高機能自閉症：小学４年生の良昭(よしあき)君

　良昭君は、多動が著しい高機能自閉症の小学４年生です。おしゃべりも達者で、周囲から「お口チャック！」と言われても、なかなか止まりません。

　したがって、彼が動くと先生がすぐ止めに入り、周囲のお子さんたちも一緒になって彼の身体を抑えます。彼が話し出すと、またもや、いろいろな方角から例の「お口チャック！」という命令が浴びせかけられます。

　そのようなクラスの状態が続いたある日、良昭君にいつもとは違った「異変」が現れていることに先生は気がつきました。

　給食前の手洗いの時間、彼の後ろに並ぶ児童の数が異様に多いのです。「なんだ？　ここ、なんでこんなに混雑しているの？」と先生が割って入ると、良昭君が泣きながら手を洗い続けている光景を目の当たりにしたのでした。

　先生は言いました。「もういい加減にしてやめなさい！　他の人に早く水道を渡してあげなさい！」

　しかし、良昭君はやめられません。「だって、だって、まだまだ、手が汚いんだ！　この石けんじゃ落ちやしないんだ！」

　先生は放課後、保健室の先生とスークルカウンセラーに良昭君の症状について相談してみることにしました。そこで達した結論は、「手洗い強迫」に陥っている可能性が高い、ということでした。

　家に連絡をして家族に確認してみると、「家ではまだ、そういった症状はない」ということなので、良昭君の「手洗い強迫」は、初期段階であることが推測されます。

　先生は日頃の抑制的な関わりを改め、周囲の児童にも「おおらかに良昭君と接するよう」配慮を求めていきました。

　この初期対応が奏功して、良昭君の「手洗い強迫」は、数日後には見られなくなりました。ホッとした担任の先生は、「強圧的に接するとまた"強迫"という、こころのサインが出てくる」と自らを戒(いまし)めて、以降、特に気をつけるようにしている、と言いました。

② 青年期のアスペルガー症候群：大学2年生の浩二さん

　浩二さんは、20歳になる大学生です。7歳の時に、専門病院でアスペルガー症候群と診断を受けています。

　ここまで比較的順調にやってきた浩二さんですが、大学の授業が専門の課程に入り、実験やレポートに追われるようになったことに加え、ゼミの教授からも厳しい指導を受けるようになって、講義を休んでは自室でふさぎ込むことが増えていきました。

　そのうち、家族が触った箸や食器が汚い、と言い出し、自分で洗わないと気が済まなくなったり、食卓のテーブルを何十回も台拭きで擦らないと気が済まない状態となりました。大学の講義に出ても「人が座った椅子には座れない」とか「人の肘が載っていた机は汚いから、使えない」と言って、講義に集中できるどころの状態ではなくなっていきました。

　私が彼との面談を行った時も、浩二さんは椅子には仕方なく座ってくれたものの、両手の置き場に窮していました。

　「このテーブルも汚く見える？」と私が聞くと、浩二さんは「はい、とても汚い感じがします」と答えました。

　さらに私が「今すぐにでも、洗面所に行って、手を思いっきり洗ってきたい、っていう感じかな？」と聞きますと、彼は「そうです」とハッキリ言いました。

　「しかし、今、手洗いに行ってしまうと、しばらくここに戻ってこられないので、今は"我慢して"ここで耐えている、っていうのが"本音"？」とさらに私が言いますと、彼は「そうなんです、手洗いは、"やめたくても、やめられない"んです。折角、先生がこうして面談してくださっているのに、自分だけ、トイレにこもっているのでは、申し訳がありませんから」と言ってくれました。

　私は浩二さんを説得して、また、家族にも説明をして、精神科のクリニックでの受診を勧めました。

　強迫症状を抑える薬を処方された浩二さん。不潔恐怖や手洗い強迫の症状はやや緩和されていきましたが、大学での不適応や悩み、不安は未解決

で、現在も休みがちな日々を送っています。

近々、私にアドバイスを求めて大学関係者がやって来るので、私は以下のように助言するつもりでいます。

1) 服薬を徹底させるよう、家庭と協力する。
2) 是が非でも4年間で大学を卒業するとか、させる、という本人や家族の認識を改めさせて、取得しやすい単位から順番に無理なく取得するように心がけ、余裕をもった大学生活を送れるようにする。
3) ゼミの担当教授によく説明をして、強圧的な態度や指導は改めてもらう。
4) 大学の学生相談室と連携をして、「講義に出られない」と気持ちが萎えたときは、相談室に赴いて、話をして、気持ちをよく聞いてもらえるような体制を敷く。
5) 教授会においても本ケースについての説明を行い、理解を促し、当分の間、浩二さんが皆から離れて座っていても、机を拭き回っていても許容するようにお願いする。

最初に紹介した良昭君は、まだ子どもである関係上、自分の心境を言語化できず、手洗いの強迫症状に自分が戸惑うばかりでした。

それに対して浩二さんは、明らかに「ばかばかしいけど、やめられない」という、強迫症状の自覚がありました。

いずれにせよ、どちらのケースも、対人的、対社会的なストレスが原因となった強迫症状の出現です。

強迫症状については、ASDの人たちの場合、こだわり行動と混同され、強迫の根底にある、不安や恐怖といった心理状態や心理ストレスが見逃されてしまいがちになります。

強迫症状の場合、服薬が有効である場合も多いので、速やかに精神科を受診して、適切な治療を受けることが望まれます。

ちなみに、近年、子ども一般に起きるうつ病や躁うつ病（双極性障害）も注目されています。特に、子どもの双極性障害については、躁状態が注意欠陥多動性障害の「多動」状態と酷似するので、その鑑別が大きな課題

となっています。また、ASD、注意欠陥多動性障害やトゥレット症候群などの発達障害と双極性障害を併せもつ子どももいることがわかってきています(D. & J. パポロス著『子どもの双極性障害』十一元三・岡田俊監訳　東京書籍 参照)。

第4章
こだわり行動の療育・実践事例

1. 幼児期の定型発達：6歳児（幼稚園年長児）の彩ちゃん

(1) やめられない！ 指しゃぶりと毛布への対応

　定型発達のお子さんでも指しゃぶりがやめられず、毛布が離せない、という時期が長引く場合があります。これに関しての理解は、子どもが「手持ちぶさた」になっていることが多い、「周囲からの関わりが足りない」「家庭内の不安定さや不安なこころ」がある、などに起因していると見られています。

　また、過度な"しつけ"によって、子どものこころが傷ついて、こころの深層部に"しこり"を生じさせ、それを解消するために、"手近"で"身近"な対象である「指」や「毛布・ぬいぐるみ」に依存している、とも考えられています。

　さらに、もともと、お子さん自身に過敏な傾向が強く、不安になりやすい気質がある、という条件も考えられます。

　これらの場合、心理療法的なアプローチが有効です。その中でも、何よりの対処法は、「遊んであげる」こと。指しゃぶりや毛布に気持ちがいく前に、たくさんお相手してあげて、遊んで、楽しませてあげる。いわゆる、遊戯療法という治療場面の導入が有効ですが、両親を交えての「家族みんなでの遊び」は、もっと有効です。

　ちなみに、私が『子どもの療育相談室』を立ち上げた時、一番最初に

やって来た記念すべきお子さんが、「指しゃぶりと毛布」に執着する定型発達の女児でした。名前を彩ちゃんと言います。

彩ちゃんは幼稚園の年長さんでしたから、6歳になっていました。母親は、険しい顔をして、そして、とても不快そうに「直(じき)に学校だって言うのに、こんなありさまじゃ恥ずかしい！」とさかんに嘆いていました。父親は「僕はあんまり気にならないなぁ…」と母親に比べのんきなことを言いましたが、すかさず、母親に「何言ってんの！ あなたは、仕事、仕事で家にいないから、子どものことを見てない、知らないだけ！」と一喝されて、押し黙りました。

(2) 心理療法的（遊戯療法）アプローチ

当時の私は"独立したばかりの新米セラピスト"でしたが、勇気をもって、「せっかくお父さんは会社を休んで来所されたんだし、ここにはたくさんの遊具がありますから、とにかく、みんなでめ一杯、遊びましょう！」と提案し、渋る両親を遊びに引っ張り込んで、彩ちゃんを中心に120分間、遊び続けたのです。

汗だくになって遊ぶ彩ちゃん。背広を脱ぎ捨て、ネクタイを外し、腕まくりになってそれにつき合う父親。

「先生、こんな遊びで、娘の"指しゃぶりや毛布チャン"が治るなら、私、毎日だってやり続けます！ ねっ、あなた！」と言う母親。

帰り際、「なんか、すごく楽しかった！」と彩ちゃん。「そうだね、また来たいね」と父親。「えぇっ？ またお仕事休んで、連れてきてくれるの？」とさらに喜ぶ彩ちゃん。「当たり前です！ お父さんは、あなたのために、働いているのだから、あなたのためになら、会社だって休むんです！」と威張って笑う母親。とても良い雰囲気で、家族はプレイルームを後にしました。

翌週、開口一番、母親が言いました。「先生！ あの日（先週）から、ピタッと無くなったんです！ 指しゃぶりも毛布チャンも！」

そして、「いくら叱っても、時には手を叩(はた)いても治らなかったものが、

こうも簡単に消えちゃうとは、不思議です」と興奮して言いました。

今度は、私が胸を張って言いました。「そうなんです。指しゃぶりや毛布の執着は、叱ってはダメなんです。それは、爪噛みも一緒です。これからは、叱らずに、たくさんお相手してあげる、という方針でいってください」と。

父親が自分の手をまじまじと見詰め、言いました。「爪噛み…。実は、私もやめられないんです。これは、私の母親の厳しい"しつけ"の失敗！だったんですね」

私は言いました。「だったら、お父さんも（彩ちゃんの）お母さんに優しくしてもらわないといけませんね」

両親がゲラゲラ笑うなか、彩ちゃんは、もう汗だくで遊びに夢中になっていました。

この事例のように、定型発達の子どもの場合、何らかの事情による"愛情不足"が、指しゃぶりや毛布への執着※を長引かせることになりますが、それを"人と遊ぶこと"によって穴埋めし、執着を弱めていくことは、比較的容易なのです。先に述べた"新米セラピスト"であっても、です。

ちなみに、ここで"何らかの事情"と言ったことの解説をしなければなりません。それは、子どもによって"愛情不足"となる状態が異なるからです。A君にとっては、充分な愛情が与えられている環境であっても、B君にとっては物足りない。さらに、C君に至っては全然足りない！となることがあります。

したがって、ここで紹介した彩ちゃんの場合、1回のセッションで効果が出ましたが、子どもと家庭の事情により、半年、1年とセッションを続けなければならないケースも出てきます。ただし、いずれの場合でも、心理療法的なアプローチが有効である、ということは確かです。

※毛布やぬいぐるみに執着する子どもの理解と大人の姿勢について、大変に参考になる本があります。アーサー・ミラー作　アル・パーカー絵　厨川圭子訳『ジェインのもうふ』（偕成社）です。専門書ではなく絵本ですので、ご存じの方も多いと思います。若い親御さんや保育関係者に是非お勧めします。

(3) 自閉症児とのアプローチの違い

　ところで、本題の自閉症児の場合ですが、芽生えたばかりの初期段階のこだわり行動ならば、彩ちゃんに示した「親子一緒」の遊びの展開で払拭することは可能です。しかし、生活に定着して、月日が経ったこだわり行動は、遊びの提示だけでは、基本的に改善しません。

　そして、生活に支障をきたすほどのレベルに達したこだわり行動を、古典的な遊戯療法で改善させるのは至難の業であると言わざるを得ません。

　そこには、私がずっと主張している「課題を媒介にした人との〈やりとり〉」すなわち、積極的な「人の介入」が必要になります。

　ここが、やはり定型発達のお子さんに対する方法との大きな違いでしょう。

2. 幼児期の自閉症：2歳6ヶ月のそら君

(1) グレーゾーンなのに"ピカピカなこだわり"

　そら君は、2歳6ヶ月で私の『子どもの療育相談室』にやって来ました。彼のお兄ちゃんが小学1年生で、就学時相談の折りに「自閉症」と指摘されたので、「弟は？」と慌てた親御さんが病院からの紹介状を持って、訪れて来たのです。

　開口一番、「この子、どうでしょう？」と尋ねる親御さん。しかし、「？？？」アレアレ、肝心の「その子」が見当たりません。

　そら君は、入り口のドアの裏側に隠れて、尻込みをしていました。

事例：そら君 2歳6ヶ月 ①

◆ 生活とこだわり行動

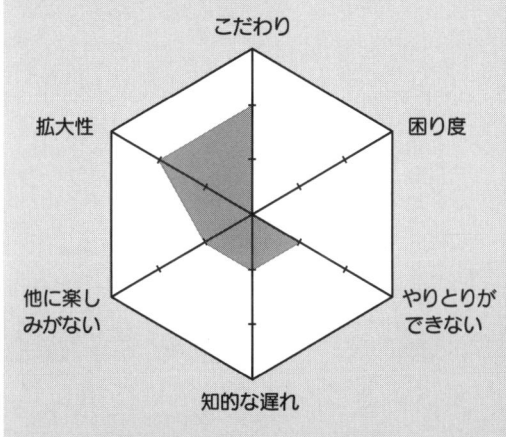

● こだわり
　激しく強い・⦅強い⦆・時々・少ない
● 拡大性
　大・⦅中⦆・小・ない
● 他に楽しみがない
　まったくない・1〜2つはある・⦅3〜4つはある⦆・たくさんある
● 知的な遅れ
　重度・中度・⦅軽度⦆・ない
● やりとりができない
　ほとんどできない・限定的にしかできない・⦅多少できる⦆・できる
● 困り度
　非常に困る・とても困る・やや困る・⦅困らない⦆

◆ こだわり行動の分析 《ビー玉握り》

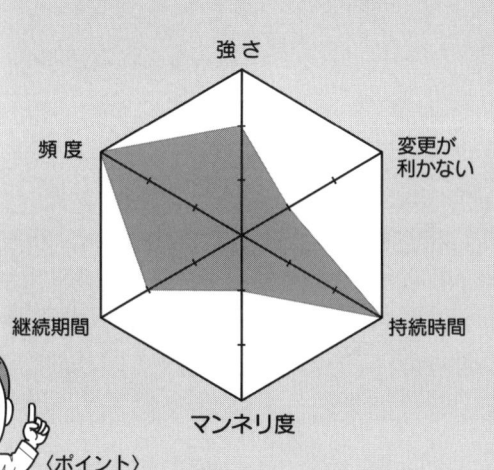

● 強さ
　激しく強い・⦅強い⦆・やや強い・弱い
● 頻度
　⦅常に⦆・事ある毎に・時々・まれに
● 継続期間
　何年も・⦅何ヶ月も⦆・何週間も・最近
● マンネリ度
　無理して行っている・飽きている・⦅平然と行っている⦆・目を輝かせている
● 持続時間
　⦅延々と続く⦆・比較的長く続く・一定の時間内で終わる・すぐ終わる
● 変更が利かない
　全く変更が利かない・元に戻すことを前提にすれば変更が利くこともある・⦅交換条件がよければ変更が利くこともある⦆・説明すれば変更が利く

〈ポイント〉
そら君のこだわりは、拡大性が高いから放っておかず、楽しみが多いし、やりとりもできることに注目して、関わっていくことが大事です。

第4章 こだわり行動の療育・実践事例　127

事例：そら君 2歳6ヶ月 ②

◆ こだわり行動の分析 《服のこだわり》

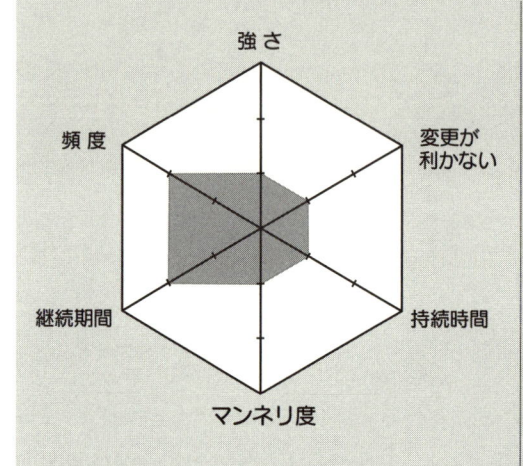

- ●強さ
  激しく強い・強い・(やや強い)・弱い
- ●頻度
  常に・(事ある毎に)・時々・まれに
- ●継続期間
  何年も・(何ヶ月も)・何週間も・最近
- ●マンネリ度
  無理して行っている・飽きている・(平然と行っている)・目を輝かせている
- ●持続時間
  延々と続く・比較的長く続く・(一定の時間内で終わる)・すぐ終わる
- ●変更が利かない
  全く変更が利かない・元に戻すことを前提にすれば変更が利くこともある・(交換条件がよければ変更が利くこともある)・説明すれば変更が利く

◆ こだわり行動の分析 《お姉さんこだわり》

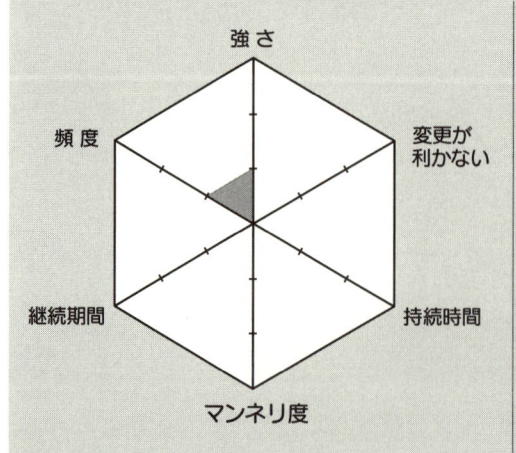

- ●強さ
  激しく強い・強い・(やや強い)・弱い
- ●頻度
  常に・事ある毎に・(時々)・まれに
- ●継続期間
  何年も・何ヶ月も・何週間も・(最近)
- ●マンネリ度
  無理して行っている・飽きている・平然と行っている・(目を輝かせている)
- ●持続時間
  延々と続く・比較的長く続く・一定の時間内で終わる・(すぐ終わる)
- ●変更が利かない
  全く変更が利かない・元に戻すことを前提にすれば変更が利くこともある・交換条件がよければ変更が利くこともある・(説明すれば変更が利く)

写真 4.1 案内カード (サイズ：はがき大)：**大学バージョン**

　私は、新規のケースには、相談室と私の顔写真を貼った「案内カード」（129頁 写真4.1）を事前に送付して、お子さんの抵抗をなくすよう準備しています。

　ですから、私は即座に親御さんに聞きました。「そら君に案内カード、お見せになりましたか？」と。

　父親が私の問いかけを引き取り、ポケットから「案内カード」を取り出して「これですね」と言いました。

　「そうそう、それです。事前に見せて、本日のことを説明してくださった？んですね」と言う私に、母親がハッとした表情をして、言いました。

　「センセェ、このお部屋のお人形が写真のとは違うんですが、あの子、そのキャラクターに関しては小さなことでも気になるようで…？」

　そうなんです。前日、キティの人形を修理のために小さめの人形に入れ替えたばかりだったのです。その「違い！」を目敏く見つけて、そら君は

第4章　こだわり行動の療育・実践事例　129

尻込みをしているのです。
　そこで、私が元のキティの人形を取り出して、案内カードの写真と同じように並べると、そら君はプレイルーム内を慎重に見渡して、おずおずと足を踏み入れました。
　私がおもちゃのエコーマイクで「こんにちは！　そら君ですね。こんにちはぁ〜」と言って、それを差し出すと、彼は興味を示して、エコーマイクを左手で受け取って、「わぁわぁわぁわぁ〜っ」と真似をして喜びました。
　それで警戒心が解けたそら君は、ズンズンとプレイルームに入ってきて、いろいろなおもちゃを手にしては、試して遊ぶようになったので、しばらく、お相手はスタッフに任せて、私は親御さんの話を聞くことにしました。
　私は「先ほど、"この子、どうでしょう？"と尋ねられましたが、親御さんとして気になる点はどこでしょうか？」と問いました。
　すると母親が「保育所では、先生方に"グレーゾーン"と言われました」と答え、父親は「この子は、兄と比べ、反応も良いし、ことばも出てきているし、"グレー"だって言われても、しつければ、それなりの"色"に染められるんじゃないか、と思っています」と言いました。
　とは言いましても、両親は共働きで、特に父親は出張も多い仕事柄、お子さんたちの日中活動についてはほとんど「知らない」のが現実でした。
　そういう意味もあって、開口一番の「この子、どうでしょう？」に至ったのだと思いました。
　「今日、そら君は"新しい状況に遭遇して"尻込みしましたが、普段の生活でも新規な場所はダメですか？」
　「そう言われれば、ダメなんでしょうねぇ。だから、結果的にいつも同じ公園ばかり行って遊ばせている気がします…」
　「今日、そら君は"キティちゃん"の図柄のついたトレーナーを着ていますが、"男の子"としては、珍しいんじゃありませんか？　キティにこだわっている、とか？」
　「あぁ、確かに"キティちゃん、キティちゃん！"って言います。私（母親）もキティちゃんが好きなので、ついつい、小さいうちはいいかぁって、

キティの服ばかり着させていますね。でも、それに"こだわっている"か？って言われると…、あぁ、そうですね、他のキャラクターの服は…、やっぱり、着ないと思います」

「先ほど、私がおもちゃのマイクを手渡すと、そら君は"左手"で受け取り、"左手"で握って遊んでいましたが、もう"利き手"が決まっていますか？」

ここまで、いろいろ尋ねても曖昧な返答が多かったこの両親ですが、"利き手"に関しては、思いの外、大きな反応を示しました。

「"利き手"って、何歳頃、決まるものですか？ この子の"利き手"は、左なんだと思っていますからいいんですが、この子の兄（自閉症）は、"利き手がない"んです！」

「定型発達の場合、3〜4歳で"利き手"が定まるようですね。しかし、自閉症の場合、経験から言って、お兄ちゃんのように小学校に入っても"利き手が定まらない"お子さんがいます」

「そらは、もう"利き手"がある…」父親の表情が和らぎました。

しかし、「そうかなぁ…」と私。

気になった私は、スタッフと遊ぶそら君のところに行って、「せんせいと、あ〜くしゅ」と言い、両手を差し出しました。

それに応じたそら君の両手。右手が固く握られています。

「そら君は右手を握っていますが、何を握りしめているのですか？」

父親は「えぇっ？」と顔をし、母親が「そうなんです、この子、外出先ではいつも何かを握っているんです。だから、汗とか唾液にまみれて、"臭う"ので、いつもいつも"クチャイクチャイだから、お手々ポイして！"って、叱っちゃうんです。でも、こうして、今日も何かを握っているんです」と苦々しい表情をして答えました。

「保育所でもそうなんですか？」

「えぇ、保育所でも先生方に"そら君のお手々、クチャイクチャイ"って言われて、叱られたと思って、泣いているそうです。だから、クレヨンのグルグル描きも給食のスプーンも皆、"左手"でこなしているんで、私は"左利き"と思っていました」

第4章 こだわり行動の療育・実践事例　131

その母親のことばを聞いて、父親が「じゃぁ、"左利き"って分かんないじゃないか！」と言って、母親をにらみつけました。

この母親の「クチャイクチャイ」「ポイして」ということばと、荒げた父親のことばに反応して、そら君は「ポイしない！ ポイしない！」と言って、プレイルームを出ていこうとしました。なんと！ それも、ひとりで。

(2) 目先を変え、気持ちを変える

私はこういう事態に備えて、ポケット中には常に"カケラのような"おもちゃを忍ばせてあります。それらは、カラーの輪ゴムであったり、キラキラしたビーズであったり、ミニカーのカードであったり、楕円形のスーパーボールや七色に変化するビー玉だったりします。

こうした、ちょっと目を引くおもちゃ、しかし、「指導される」とか「強制される」とは思われない「単純な構造」のおもちゃを提示することで、お子さんの「気持ちが変わる」ことがよくあるからです。

今回、私は、出入り口のドアノブに背伸びをして手をかけようとしていたそら君の足下に、磨きを入れてあったパチンコ玉を転がしてみたのです。

それまでの"泣きっ面"が一瞬にして変わり、そら君は「わぁぁ〜！」と言って、無心にそれを追いました。その時、私は「そら君の小さな右手に握られている物も、きっとこのような小さな玉コロだろう」と察しました。

したがって、私は、そのパチンコ玉がそら君の右手に"収納"されてしまう前に、次の策を講じる必要がありました。

私は、「シロフォン付き 玉の塔」という"玉落とし"のおもちゃ（**写真4.2**）を取り出して、彼の前で、もう1つ用意してあったパチンコ玉をレールに転がして見せたのです。

パチンコ玉は、滑るようにレールを転がり落ち、最後は、段々に設置されている鉄製のシロフォン（いわゆる鉄琴）を「キン・コン・カン・コン」と奏でたかと思うと、勢い余って、レールから飛び出して床を這いました。

「これは、おもしろい！」と感じてくれたのでしょう、そら君の目が輝いています。彼は、出て行こうとした入り口から、私のところに引き返し

写真 4.2　玉落としのおもちゃ　　　　写真 4.3　玉の投入口

てきて、ニコニコして、玉の投入口（**写真4.3**）にパチンコ玉を入れました。

「キン・コン・カン・コン」と鉄琴が鳴ります。

「わぁ〜、おもしろいね！」と私。

そら君はそのまま、オウム返しで「わぁぁ、オモシロイネ」と言いました。

「それでは、もっと、おもしろくしてあげよう」と言って、私がパチンコ玉よりやや小さな木製でカラフルな玉を取り出すと、彼はじっと私の指先を見詰めます。

「いいかぁ、今度は、ちっちゃな玉を転がすぞ！」

木製の玉は、パチンコ玉に比べ、ゆっくりと転がって、鉄琴の音も「キン、コン、カン、コン」と小さめになりました。

パチンコ玉と木の玉の違いに興味をもったそら君は、自分で交互に玉を入れ替えて遊ぶようになりました。

ただし、右手はギュウッと握られたままでした。

前述したように、彼の拳（こぶし）の中に収められている物は、「玉のような物であろう」という推測がありましたので、私は、そら君に「それ」も転がしてみるように誘ってみることにしました。

私は、パチンコ玉をかざして「これを落とすと、ギン・ゴン・ガン・ゴン」と誇張して言い、木製の玉の場合は「キン、コン、カン、コンって、ちっちゃな音」と説明して、「さぁ、そら君の持っている玉は、どういう音でしょうかぁ？」

第4章　こだわり行動の療育・実践事例　133

と彼の握り拳を指さして言ったのです。
　父親が身を乗り出して、そら君の拳が開けられるのを期待して見詰めます。
　そら君は、「そうか！　そういう遊び方もあるのね！」という表情をして、何ら抵抗なく拳を開けて、収められていた"消しゴムの赤い玉"を左手で摘んで投入口に落としたのです。
　「あっ、それ、お兄ちゃんの消しゴムのおもちゃの部品！」と母親が言っている間に、その玉は鉄琴の上を通過していきました。皆が注目したその音色は⁉
　「コン・コン・コン・コン」
　「あれあれ〜っ、消しゴムは軽すぎて、音がとってもちっちゃいねぇ」と私。
　息を呑んで見詰めていたそら君も、この期待外れの結果に緊張が解けて「チッチャイネェ」と笑って言いました。
　「だったら、いい音がする鉄の玉（パチンコ玉）や木の玉を転がすぞ！」と言って、私は次々に玉コロを投入して、鉄琴を打ち奏でさせました。
　「モッと、モッとぉ」と言って、そら君も加わります。
　すると、驚いたことに、そら君は"右手を使って、左手の時より上手に"玉コロを投入口に入れていたのです。
　そら君は、夢中になって玉コロ転がしを続けました。そして、気がつくと、これまで後生大事に握りしめられていた赤い消しゴムの玉は、床に放置されているではありませんか！
　しばらくして、「ハッと」して気づいたそら君は、赤い消しゴムの玉を摘み上げて、一度は元のように握りしめたのですが、「それでは、楽しい玉コロ遊びが続けられない！」ということにも気がついたのです。赤い消しゴムを摘んだまま、呆然として、動きが止まってしまったそら君。
　そら君なりの深い葛藤がそこにありました。

写真 4.4 紙製のジュエリーケース　　　写真 4.5 参考写真

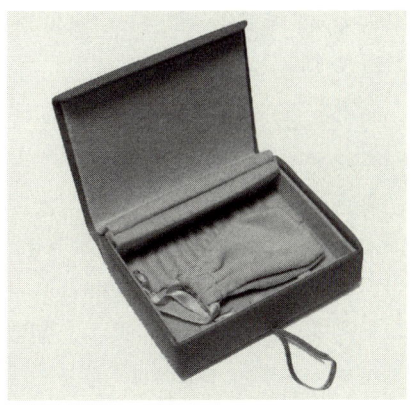

(3) "こだわる" こころに丁寧に応じる

　私は、"このような時" のために用意してあった、紙製のジュエリーケース（**写真 4.4 と 4.5 参照**）を持って来て、そら君を誘いました。
　「見てみて、そら君、だいじだいじ、だった赤い玉は、このキレイな箱に、だいじだいじ、にしまっておこう」と。
　そら君は、「うれしい！」という顔をして、赤玉を私が差し出したその小箱の中にそっと置いたのです。それは、まさに、「大事！ 大事！」という気持ちを込めたような慎重な動作でした。
　私は、その小箱だけを背の低いテーブルの上に置いて、「ここに置いてあるから、安心ね」とそら君に言いました。
　それで安心したそら君は、かつまた、右手が自由になったこともあって、盛んにおもちゃを使って遊びました。磁石（じしゃく）の魚釣りゲーム、絵本のページ捲り、マジックテープのお野菜トントン、ミニカー遊び等々。
　ここで皆が再度驚いたこと。そら君は、魚釣りの竿（さお）もページ捲りも、お野菜トントンの包丁も、ミニカー押しも、多くは右手で扱っていた！ということ。
　私は両親に「そら君は、"右手に何かを握っていなければならない" と

第 4 章　こだわり行動の療育・実践事例　135

こだわった結果、"左手だけを使う"ということにもこだわってしまったようですね」と解説しました。

　父親が言いました。「こうして、この子の活動の一部始終を見ていると、お兄ちゃんより、こだわりが強いと思いました」

　私は、「そら君も、お兄ちゃんと同じく自閉症と捉えて、これから育児されることを勧めます。お兄ちゃんの状態は知りませんが、そら君の場合、本日のように、おもちゃの扱いを見ても、"そのおもちゃ本来の使い方"に沿って、操作できているし、即座に"模倣"できることも多いので、伸びていくお子さんなので、丁寧に関わって、療育を続けていきましょう」と両親を励ましました。

　しばらく沈黙の後、母親が「センセェ、そのぉ、"丁寧に関わる"って、具体的には？」と尋ねてきました。

　私は次のように答えました。

　「例えば、先ほどの"右手握りのこだわり"に関してですが、正直言って、なんで彼が右手にいつも物を握っていなければならない、と思ってこだわったかは、分かりません。しかし、そら君なりに、そのこだわりに気持ちを傾けていたことは事実です。そこを無下に叱ったり、"クチャイクチャイ"とか言って辱めては、そら君のこころを傷つけるだけ、だと思いました。

　それでは、こだわるままにさせておけば良いか、と言えば、違います。それは、彼自身、左手だけの生活で困っていたということからも明らかです。

　したがって、"丁寧に関わる"ということは、"こだわらなければならない"彼の気持ちを受け止めたうえで、彼の行動もこだわりの対象物も、大事に扱ってあげる。強制的に止めたり、無下に取り上げてしまうのではなく、またほったらかしにするのでもなく、"大事大事なら"ここに"大事大事に"しまっておきなさい、と言い聞かせて、安心させて、それから、楽しい遊びや教材、玩具を提示して、気持ちを切り替えさせてあげる、こと。

　こうした"丁寧"な姿勢で〈やりとり〉を続けますと、お子さんたちは

"こだわるよりも人と遊んでいたい！"という気持ちになって、人に注目し、人を頼り、人を信頼して、自閉的な諸症状を緩和させていくものなのです」

私はさらに「この説明を実際に証明してみましょうね」と言って、「それでは、そろそろ、"バイバイ"して、帰りましょうか」とそら君に提案したのです。

保育所生活の長いそら君は、「バイバイ」イコール「即、お帰り」ということに慣れていたので、比較的容易に遊びを終えることができて、自分から出口に向かいました。

これまで充分に遊んで満足していた彼は、赤玉を握らず"手ぶら！"状態でした。そのまま何食わぬ顔をして、スリッパを履いています。

それに比べ、父親は目を丸くしています。そして、母親に「おいおい、アレ、持って帰らないつもりなのか？」とささやきました。

そうです。そら君は、あの玉をプレイルームに"置き去りにして"帰ろうとしているのです。

母親が不安そうに聞いてきました。

「こういう時、親は、本人が忘れてしまっているうちに、"ソレ"には触れずに、引き上げてしまった方が良いのですか？」と。

そうしたいのは、山々でしょう。しかし、私は言いました。

「ここの判断と対応が大事です！ つまり、"忘れてしまった、しめしめ"とほくそ笑んでいると、お子さんからは"だまし討ちにあった！"ということで、反撃を喰らうことになります。ここは、"真摯"に対応しましょう。ちゃんと、"忘れた"ことを教えてあげるのです。

その際、大人が"恐る恐る"という態度ではダメです。お子さんが"オレが忘れると、親が怯える"と誤った学習をしてしまうからです。

ここは、冷静に、余裕をもって、接していきます」

そして、私が「見本」を見せることにしました。

私はスリッパを履いて、上着も着て、帰宅の準備万端整えたそら君に、「そら君は、"だいじだいじ"を忘れているね。ほら、この"だいじだいじ"だよ」と言って、小箱に収められた赤い玉を差し出しました。

そら君は「わぁぁ、アッタァ！」と言って、笑いながらそれを左手で摘みました。しかし、彼は、再び赤玉を小箱に戻して、自分でフタをしたのでした。
　「もう、彼は要らないみたいですね」と私。
　それで、そら君は、"逆さのバイバイ"ではありましたが、"両手！"を振って帰って行きました。その際、不安そうにして彼の後をついていった母親が彼の右手を握り、父親がそら君の左手を握って、そら君に「宙づり〜っ」と言って楽しませながら長い廊下を歩いていったのが印象的でした。だって、そら君が右手を握ったままでいたならば、なかなか実現できなかった親子の遊びでしたから。

　　　――＊――＊――＊――＊――＊――＊――＊――

　翌週、そら君は廊下を走って、両親よりも先にプレイルームに入ってきました。両親に聞くと、この１週間、「赤い玉を置いてきたこと」の"後遺症"は、「まったくなかった」ということでした。
　私は、「こだわりを"止められた"とか、"強制的に変更させられた"というネガティブな感情をそら君がもたなかった証拠ですね」と答えました。
　母親が前回の帰宅時の心境を明かしました。
　「途中で"赤玉"を思い返しても、もう握らせない！と思って、私は必死でそらの右手を握っていました」と。
　すると父親が「こそく、こそく（姑息）」と言って、大きく笑いました。そして、「あの時は、妻の焦りから、偶然に、そらを空中ブランコさせるような形で廊下を進んだんですが、親子３人で手をつないで歩くなんて初めてでしたから、もう、そらが喜んで喜んで！家に帰ってからもずっと、"ブラブラ"やって、と求めてくるんです。こんなにそらに"好かれた"のは久しぶりでしたから、め一杯、サービスして、今日もまだ筋肉痛です」と言いました。
　私も笑っていると、
　「自閉症の子、って、しつこいけど、遊んであげると本当に喜んでくれて、

"そのしつこさにつき合うんだぞ！"と観念すれば、結構、遊びも続くので、楽しくなりました」と父親はつけ加えて言いました。

(4) そら君と保育園

　近年、保育サービスの拡充に伴って、０歳児から保育所で過ごすお子さんが増えました。朝早くから夜遅くまで、赤ちゃんたちは一日の大半を保育所で送っています。
　その中にASDのお子さんがいた場合、保育所の生活は、日を追うごとに「一定に保たれた」「分かりやすい」状況になっていく、と言うことができます。
　ことばを換えれば、「こだわりやすい」生活状況がそこにある、ということです。
　つまり、大枠で捉えるならば、保育所の活動は一定の内容の繰り返しで、そこに"はまった"ASDのお子さんは、別段、問題を起こさず、安定して暮らしていけるのです。
　それは「ASDと気づかれずに」過ごすお子さんが多い、ということでもあります。
　したがって、保育所の先生方がよく問題にする「グレーゾーンのお子さんの見きわめ方」の問題。私は、こう考えます。
　「ASDのお子さんが安定しやすい保育所の生活においてなお、"グレー"を疑われるような行動を起こしているのなら、それは、十中八九、発達障害である」
　さらに言えば、だから「"グレーゾーン"のお子さんは、すべて、療育の対象である」。
　それに比べ、深刻なのが「"グレーゾーン"と目されることのない、繰り返しの日常に埋没してしまっている、ASDのお子さんたち」なのです。
　先述したように、保育所で多くの時間を過ごす子どもたちは、家庭でも「気づかれない」場合が多いようです。
　まさに、そら君のお兄ちゃんがそうであったように、彼らは、就学相談や実際の入学後に至って初めて、「問題視」されるのです。問題が山積み

第4章　こだわり行動の療育・実践事例

のままの状態での就学。迎え入れる学校の先生方は、本当に大変です。

　そら君の場合、母親は「保育所に"グレーゾーン"と言われた」と言いましたが、実際は、彼の通う保育所にはその認識はありませんでした。

　つまり、そら君は、保育所では「この活動の次はこれで、その次はそれ」というルーチンな枠組みにすっぽりとはまってしまって、至極、安定した生活を送っていたからです。右手の握り拳だって、「みんなお守りは必要ですから」と軽くあしらわれていた、と言います。

　しかし、あえて、『子どもの療育相談室』という非日常的な状況設定で、私のような"関わり"を行ってみると、"グレーゾーン"にまでものぼらなかったお子さんでさえも、次から次へと「課題」が明らかになってくるのです。

　安定志向、というのは、見方を変えれば「問題の先送り」だと思います。「保育所や幼稚園ではとても安定していたのに…」と、就学後の取り組みを嘆く親御さんが多くあります。しかし、それは、「"関わらないで""独りで安定させていたから"そのツケがまわってきた」ことの表れ。

　上記のように、乳幼児期に、お子さんたちの問題や課題をキチンと明確にして、ちゃんと関わって、人と楽しく暮らせる状態に育てていきましょう。

(5) そら君のこだわり行動 〜その後

　そら君は、関われば関わるほど、彼の生活がこだわりに支配されていたことが分かりました。

　例えば、『子どもの療育相談室』で、ある絵本を読んであげると、保育所で示してきた反応と全く同じに反応しようとして、奇異に思える行動を起こしました。それは、こんな具合です。

　スタッフが『はらぺこあおむし』の絵本を広げるだけで、そら君は「おてては、おひざ」「まえのひとは、おさないで、しずかにみて、ききましょう」「せんせい、きょうも、えほん、よろしくおねがいします」と一気にしゃべり出すのです。

　そして、ページを捲る度に、そのページごとのセリフが決まっていて、そら君は忠実にそれを毎回、再現して見せました。

たぶん、彼が保育所で見てきた絵本の数だけ、こうした「反応パターン」があるのでしょう。
　したがって、『子どもの療育相談室』でも、こだわりの対象は増えていきました。磁石の魚釣りゲーム、お野菜トントン、ミニカー遊びは、「やらなければならないもの」に位置づけられ、毎回、繰り返されました。
　そのうち、そら君は、プレイルームにやって来ると、まず入り口に仁王立ちになって、プレイルーム内を見渡して、前回との違いをチェックするような動きを見せるようにもなりました。
　そして、新しいおもちゃがあると目敏く見つけては、「イラナイ！ イラナイ！」「(棚に) シマッテ！ シマッテ！」と拒否反応を示しました。
　〜新しい物、事は受け容れられず、しかし、一端始めると、やめられない〜＝＜スタートとストップの問題＞
　そら君は、まさに、ASDの大きな特徴を有していました。

(6) 新規な物や状況に対する抵抗への対処
① 拒否されたら、1回待って、次回使う
　そら君の上述した「シマッテ！ シマッテ！」は、大人の誠実な対応、すなわち、彼の要求通りに、棚にしまってあげることで、治まりました。この点を母親に尋ねると、「だから、家では、買ってあげた新しいおもちゃが使われずに、みんな倉庫に眠っている」とのこと。家でそら君が使っているおもちゃは、どれも兄が使っていた"お古"であるといいます。
　新規な物を回避するがゆえに、新しい操作やそれによる楽しみ、達成感が得られず、よって、情緒的認知的にも発達が阻害されてしまう。私は、そのようなケースをたくさん知っています。
　だからこそ、私は、そのような事態を予防するためにも、自閉症児に「新規な物を受け容れてもらえるような工夫」をしています。
　そら君には、次のような対処を試みました。
　私は、プレイルームの隅っこに座布団を置き、そこを「次回コーナー」と名づけました。そして、新規なおもちゃを用意すると、やって来たそら

君にまず見せ、「シマッテ！ シマッテ！」と言われますが、棚にはしまわないで、「ここに置くだけだから、我慢してね」と言って、その「次回コーナー」に置くことにしたのです。

その約束を守って、セッションの時間内は一切、それに触れないでいると、そら君も安心して、その場所を容認してくれるようになりました。私は、棚にしまったら最後、それは家庭での場合と同じく「使用禁止」の強い烙印が押されてしまうと考えたのです。

この "見えるところに置かれている" ことが、ミソだと思っています。

その思惑通り、1回はセッションで "無視" されたおもちゃでも、そら君にとっては、"プレイルームにあって当然" という認識になっていました。

すなわち、翌週になって、「そら君、今日は使ってみようか？」と誘ってみると、「シマッテ！」という拒否は示されなかったのです。

そのような手順＜提示する ― 待つ ― 誘う＞を踏むことで、コマ回しや大玉ビーズのモール通し（194頁参照）の遊びが行えるようになりました。

ちなみに、コマ回しは、手指の巧緻性の発達に、ビーズ通しは、目と手の協応動作の発達に寄与する遊びです。

そら君の「シマッテ！ シマッテ！」という強い要求に付き従っているだけであったならば、それこそ、発達という可能性を断ってしまったことになります。残念ながら、家庭では、まさにそうした事態に陥っていたのです。

必ずと言ってよいほど、『子どもの療育相談室』では "新しいおもちゃや教材" が毎回登場します。それらが "初お目見え" の際に使われなくても、次回以降、どこかで必ず、お子さんのこころを射止める存在と化していきます。

したがって、当然ながら、それらに押し出されるように、「これまでは使われ続けてきたのに、忘れられてしまう」おもちゃ類が出てくるわけです。それらは、プレイルーム内の棚の中にしまわれ、徐々に、奥へ奥へと押し込まれていきます。

しかし、こだわりであっても、一時はお子さんに愛され続けた "名品" です。その時々に込められたお子さんたちの気持ちを考えると、決して、

廃棄はできません。

　時に、突然、お子さんが"ソレ"を思い出して、「○○は?」と聞いてきたり、それを欲する表情を見せることがたまに、出現します。

　そのような時にこそ、彼らに関わる大人の"真価が問われる"と私は思っています。私は、慌（あわ）てず、焦らず、悪びれず、平然と「その○○って、とっても懐かしいね! 君のために、ちゃーんと、とってあるよ」と言って、的確に棚の奥から引っ張り出して、彼らに応えるのです。

　「しまい込まれても、必ず期待に応えて出してくれる」という「安心感」は、誰にとっても尊いもので、信頼関係の確認にもなります。

　これは、先述した＜提示する ― 待つ ― 誘う＞という〈やりとり〉があってこそ、得られるものだと実感しています。

② "人"という状況を変える

　通常、そら君のセッションは、そら君、両親とセラピスト＋学生スタッフという構成で行われていました。それを、時に片親だけで来てもらうとか、学生スタッフを交替させる、学生スタッフを2名に増やすという状況にして変化を与え、彼の反応の様子を見てみることにしました。

　何回か同じ学生スタッフでセッションをこなした後に、そのスタッフを他の学生スタッフと交替させた時の彼の反応は見ものでした。そら君は、私が「今日、遊んでくれるお姉さんは、○○さんです」と紹介すると、「おねえさん」のところだけを強調して反復しました。それは、「人が違っても、お姉さんはお姉さんなんだ!」と自分に言い聞かせているようでもありました。

　実際、彼は、新しいお姉さんの履いているジーンズを摘んで「アオい、ズボンね」と言って、「これまでのお姉さんも"青色"の"ジーンズ"だったから、"同じ"」ということを確認していました。なんともけなげです。

　さらに、前のお姉さんと、今回のお姉さんを同時に招いた時、そら君は、前のお姉さんをプレイルームの隅に座らせ、「動かないで」というような意思を現しました。「ダブルお姉さんの出現」に困ってしまった彼の対処

法がそれだったのです。

　しかし、これらのお姉さんに関するいずれの場合も、楽しく遊んでもらっているうちに、お姉さんの違いを気にすることもなくなって、どちらのお姉さんにも馴染んで、セッションを終えることができました。

　父親、母親片方ずつ、の来所に関しては、その試みをした結果、「買い物は、母親としか行かない」、「公園は、父親としか行かない」というこだわりが家庭生活においてなくなった、といいます。

　すなわち、『子どもの療育相談室』のような"確実に楽しめる"状況であるならば、多少の変化は乗り越える、ということです。

　したがって、**本人の反応を予測した上で、よく準備をして、楽しめる状況を提供できるならば、大人は自信をもって、自閉症児に新規な物や状況を提示していくことが好ましいと思います**（※次頁の**実践例を参照**）。

　逆に言えば、お子さんの反応も予測せず、何の準備も対策も打たないで、その場しのぎで新規な物や状況に遭遇(そうぐう)させる（＝子どもを大人の都合で振り回す）から、大きな反発や抵抗に遭(あ)うのです。

　そのような場合、大人は「やっぱりダメか」と"懲(こ)りる"。そして、子どもは「なんでそんな辛い目に遭わせるのか」と"痼(しこ)る"。こうした、双方の失敗体験に伴うネガティブな感情（懲りる・痼る）が、実は、自閉症児のこだわりを悪化させていくのです。

③ 日常生活の中に"変化"を取り入れる

　これは、日々の生活の中で、気づかれることもなく、言わば"自動的"に行われている事柄に目を向け、意識的になって、検証する、ということです。

　例えば、朝、お子さんの着替えを行っている時、いつもなら、自動的にサッサと上着のボタン掛けを全部親がやってしまっているのを、立ち止まって、最後の1個は、残しておいて、お子さんに掛けさせてみる。

　訪問先のお宅の玄関で、いつもは口やかましく「お辞儀しなさい」「お礼を言いなさい」とお子さんに命令してしまうことを差し控えて、待ってみる。

実践例

　4歳になるASDの寛斗(ひろと)君も新規な場所がダメで、よく外出先で泣いて抵抗して、家族を困らせ、結局「どこにも連れて行けない…」と家族を諦めさせていました。

　しかし、『子どもの療育相談室』を訪れた初回場面で「泣かず」「抵抗も示さず」「楽しく遊んで」「家路につく」ことができて、次回以降は、毎回の変化に遭遇しても乗り越えられ続けた、という成功体験が積み重なって、本人のみならず、家族にも大きな自信となりました。

　月1回のセッションを1年間続けたある日、母親がディズニーランドの大きな包み紙を「お土産！」と言って持参しました。

　「えぇっ？　もしかすると、行ったの⁉　ディズニーランド？」と驚く私。母親は胸を張って言いました。

　「先生のところに通い出して半年が過ぎた頃から、どこへでも平気で行けるようになって、"先生のように入念に準備をして、大胆に誘っていけば、この子は乗り越えられる！"という自信がもてるようになったんです。実は、半年前からコツコツと準備を進め、本人には何度も写真を見せ、ミッキーを好きにさせ、かつ、父親と姉には1回、下見をさせてきました。トイレ、売店、この子が好きそうなスポット、すべて、家族が頭に叩き込んで行きました。

　その結果、"夢にまで見た"家族旅行ができたんです！　それも、ディズニーランドですよ！　先生を見倣(みなら)った結果、お姉ちゃんは、2回も行けて、もう、先生には感謝感謝！って言ってます」

偏食で「食べない！」と決められている食品でも、加工の仕方や盛りつけ方などを変えて、時には大胆に提供する。

これに関しては、学校給食の食パンを「絶対に食べない」と決めていたお子さんに対して、クッキーの抜き型でくり抜いて提供したら「食べるようになった」例もあります（第5章の「偏食のマネージメント」233頁参照）。

こうした「負荷」を掛けることの少ない変化を与え続けていくことによって、下記のような成果が得られることが期待されます。
　1つは、自閉症児でも「変化に慣れる」ということ。
　もう1つは、「変化に対するイメージトレーニングになる」ということ。
　それは、積み重なって、行事などへの「本番のメンタルリハーサルになる」こと。
　そして、それらは、事態の変化に対する「肯定的な予測」につながる、ということ。
　その結果、日常における些細な変化や行事などの大きな変化に際しても、パニックに陥らず、大騒ぎもしなくなる、ということです。
　ただし、日常の中で与える変化は、例示してきたように、「変化して良い状態になる」ことを見定めなければなりません。変化させたがゆえに、以前よりも窮地に陥った、のでは、意味がありません。
　「冷めたご飯を食べたがらない」ので、「電子レンジで温め直してあげた」ら、それ以来、「ちょっとでもご飯が冷めると"チンして！ チンして！"」というこだわりになった、という例などがそれです。
　つまり、こだわり $1+1=0$　もしくは、$2+1=1$ を目ざすべきで、上記のように $1+1=2$ となってはいけないのです。

3. 情緒・認知課題の実際 ～そら君との関わりから～

(1) こだわり行動と情緒と認知

　ASDのお子さんたちは、例外なく"こだわる"気持ちをもっています。そして、「変わらなければ安心」と思い込んでいます。そのために、ASDのお子さんたちは、「変えない」ための行動を起こす。それが、こだわり行動です。
　こだわり行動は、変化に富むところの対人交流の機会を回避することになり、コミュニケーションや社会性の発達にも当然、悪影響を及ぼします。

逆に、対人交流が希薄だから、あらゆることにこだわって、生きているのかも知れません。

いずれにせよ、「人に応じることができるルートが限られている」もしくは「狭い」ことが問題となり、そのことが様々な学習の機会を奪い、発達や成長を阻害してしまうことになります。

先に私は、こだわり行動が生じるメカニズムを次のように説明しました（73頁）。

『「情緒の働きを調整したり制御すること」がうまくできない脆弱性がまずあって、そのために、具体的に操作可能な事物を「変えない」ようにしている』

したがって、こだわり行動への対処の基本は、「自閉症児の乱れやすい情緒に、情動調律を主眼に置いた〈やりとり〉を通して関わっていき、安定させて、自己コントロールできるように誘っていく」こと。

そのために、認知課題と呼ばれる、見て分かりやすい、操作しやすく達成感も得られやすい、すなわち、「人の求めに応じやすい」「課題」を設定し、対応を求めていくのです。

ちなみに、この一連の意味を込めて、私は、私の実施する「課題」を『情緒・認知課題』と呼ぶことにしています。

さて、2歳6ヶ月にして、たくさんのこだわり行動をもち、それも日々増え続けていったそら君。2年にも及ぶ保育所生活により、一定の安定した毎日を送っているにもかかわらず。

実は、安心、安定のためにこだわっても、なかなか安心と安定は得られない。だから、こだわり続ける。これが、真実でしょう。

要するに、そら君には、「人に応えるルート」がなく、そういうことには応じられていなかったので、大人から情動調律を受ける機会も絶対的に不足していたのです。

(2) 情緒・認知課題の実施

そら君が『子どもの療育相談室』に毎週通うようになって、3ヶ月が過ぎた頃、私は、そら君に「イスにお座り」して「机に向かって」の情緒・

認知課題を提示することにしました。

「何かをさせられる」と瞬時に身構えるそら君。隙あらば、直ぐにでもイスから飛び退けて行ってしまいそうです。そこには、「ナニするの？　どうすればイイの？」といった、「人に応じるための基礎的な動機づけ」がありません。

たとえ、「イスに座り、机に向かう」といった、保育所でもどこでも経験したことのある状況でさえも、「ここ（プレイルーム）では、初めてなので、受け付けない」のです。

この「イス座り」と「机に向かう」こと自体が、そら君にとっては、すでに、「情緒・認知課題」になったわけです。

したがって、私は、「大丈夫、大丈夫、これから、とっても簡単なお勉強をするだけだから、ちょっとだけ、少しだけ、ここに座っていてね」と、そら君の不安で高ぶった情緒をなだめます。

私は、そら君がキティちゃんにこだわっていることを知っていたので、"キティちゃんのハンコ（インク付き）"（**写真 4.6**）を提示して、それを白紙に「押す」という課題を求めたのです。

自分好みのキャラクターが登場したのと、求められた課題が簡単だったこともあり、そら君は「なーんだ、こんなこと！」という表情をして、「バン、バン、バン」となおざりにハンコを押していき、とっとと席を離れて行こうとしました。

そこで私が「ストップ！」をかけます。

「あれ、あれぇ？　せっかくそら君が押してくれたキティちゃんのハンコだけど、どれもちゃんとキティちゃんが押されていませんね。薄かったり、擦れていて、よくキティちゃんが見えないんですけど……」

「もう1回、よいしょ、よいしょ、って、強く押して、ちゃんとキティちゃんをキレイに見せてください」

自分のこだわっているキティちゃんが「ちゃんと見えない」と聞かされて、そら君も「それでは、しかたないなぁ」という表情をして、イスに座り直してくれました。

写真 4.6 キティちゃんのハンコ（インク付き）

　しかし、「なんで、好きなようにやらせてくれないんだ！」というような「怒り」も湧いてきたのでしょう。そら君は、机を一度「ドン」と叩き、前回同様、勢いをつけて、「バン、バン、バン」というようにハンコを押そうと、身構えています。
　そこに私は、情動調律の姿勢で介入します。
　「そら君、怒らない、怒らない。バン、バン、バンって、やりたい気持ちは分かるけど、よいしょ、よいしょ、って、力を込めて、ゆっくり、ゆっくり、ひとつずつ、押していきましょう」
と言って、私は「よいしょ、よいしょ」を反復しました。
　その「よいしょ」に合わせて、そら君は、ゆっくりと力一杯、ハンコを押しました。

第4章　こだわり行動の療育・実践事例　149

「えらいねぇ！ そら君、それでいいんだよ！」「だから、こんなに、クッキリ、キレイにキティちゃんが紙に写りました！」

たったこれだけの「課題遂行」ではありましたが、そら君の中に「人と交わった」という実感が生じたようで、彼はイスから立ち上がろうとしません。「ねぇ、もっと出して。そして、もっと誉めて！」という、期待を込めた表情でいます。

これには、母親も大喜び。「そらが、勉強をする気になっている！」

私は、そら君が10までの数唱ができることも知っていたので、「それでは、1、2、3というように、数えながら、10までハンコを押してみましょう」と提案したのです。

そら君は、ハンコを振り上げて、私が数字を数え出すのを待っています。「いーち（ポン）、にーい（ポン）、さーん（ポン）、しーい（ポン）、ごぉお（ポン）」というように、私のかけ声（数唱）に合わせてのハンコ押しが10まで続きました。

これでそら君は大満足。ニコニコ笑って、自分でも拍手しています。

自分のやり方に修正を求められて、一時、怒りの感情を表しましたが、人を受け容れ、情緒を鎮めて、課題に取り組み、達成感を得たそら君。

小さな「課題」でも、「情緒・認知課題」にすることで、得られるものは大きいのです。

(3) 得意な課題に変化を加え続ける

翌週、私はハンコ課題の紙に、変化を加えて、そら君に提示しました。前回は、"白紙にハンコをつく"課題でしたが、今回は、"紙に記された○の中に、ハンコを押す（図4.1）"という課題です。

つまり、「白紙に好きにハンコを押せる」から「定められた○内にちゃんと押す」ことになり、当然、そら君の抵抗が生じるもの、と予測しての「情緒・認知課題」です。

予想した通り、そら君は「○を見て、○の中にキティちゃんを押していってね」という私の説明を無視して、前回に行ったように「よいしょ、よい

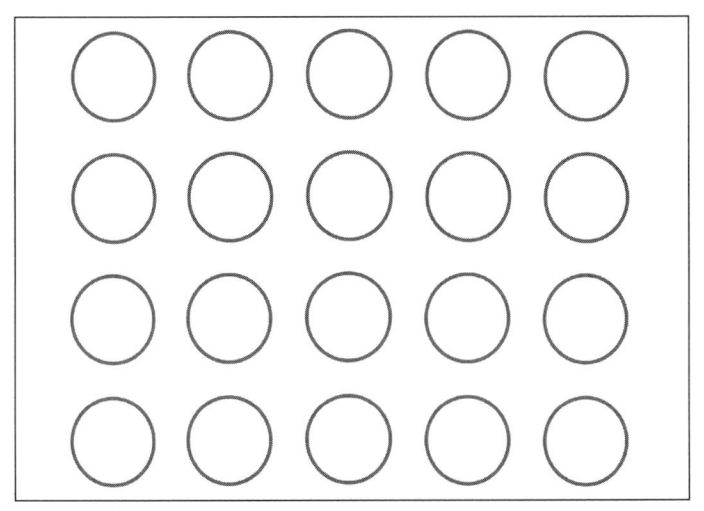

図4.1 紙に記された○の中にハンコを押す

しょ」とは言いながら、○をも無視して、ハンコを押していきました。

私は、「先週は、そうやって押してくれたね」と言ってそら君のとった行動を認めつつ、「今日は、この○の中に、頑張って押してみよう」と誘い直してみて、新しい紙を提示したのです。

一瞬にして表情を曇らせるそら君。

私は、彼の気持ちを察して「○の中、ってどこかな、っていうのは、先生が"ココ！"って、教えてあげるから、先生が"ココ！"と言ったら、"よいしょ"って押してね」と丁寧に言って聞かせました。

私は、○のひとつひとつを指さしていき、彼のハンコ押しを誘いました。このサポートに気を許したそら君は、最後まで、私につき合って、ハンコを押していきました。

「よーく最後まで頑張ったね！」と私も母親もスタッフも拍手喝采。

「ふぅ」と一息つくそら君に、私はもう1つ、提案します。

「今度は、先生が指ささないから、そら君はひとりで、○の中にハンコを押してください」と。

そして、私が新しい紙を机の上に置いていくと、彼は求められた状況を

第4章　こだわり行動の療育・実践事例　151

理解して、ひとりで、○の中にハンコを押していったのです。

「すごい！すごい！」みんな大喜び。そら君も得意になって押し続けます。私がもう1枚差し出すと、彼はそれも押してくれました。

私が「今日は、そら君、いっぱいいっぱい、お勉強してくれました！」と言うと、そら君も笑って拍手してくれました。

その翌週は、「○の中にハンコを押すのが上手にできたから、今度は、お母さんも仲間に入れて、そら君が押したら、次にお母さんが押して、お母さんが押すのを待っていたそら君が、お母さんの次に押す」と説明しての「交替交替に押す」課題を求めました。

これは、それに先だって、私と学生スタッフとで「交替交替に押す」ことの「見本」を示したので、そら君は抵抗少なく、最初から、「母親が押すのを待って」ができたのです。

母親は、「このような"交替すること"のルールに沿うことができなかったので、保育所では集団遊びに入れなかった」と言って、この度の「成長」を真に喜びました。

さらに翌週、私は、紙製のコースター（**写真4.7**）を100円ショップで買ってきて、「コースター1枚に1コ、ハンコを押してください」と求めました。

コースターは、○の形なので、もう、○の印は書いていません。前回行った「○印の中にハンコを押す」の応用編です。

さて、そら君はどう応じるのでしょうか。

彼は、コースターの表面を「白紙」の紙と同様に認識して、以前行ったように、

写真4.7　紙製のコースター

写真4.8　コースターにハンコでキティちゃんのバッジに

「バン、バン、バン」って何回でも押していいんだ、と解釈したようです。
　しかし、私が求めたのは、「コースター1枚につき、押すハンコは1回」。この時は、そら君は怒り出して、ハンコを床に投げつけました。
　それに対して、私は「大丈夫、大丈夫、怒らないでよく、もう1回、先生の話を聞いてね。このコースターは、○だから、ハンコは1回だけ、押してね」と言って、「1回、1回」と連呼して、ハンコを押す度に、コースターを入れ替える、作業の見本を見せたのです。
　「1回、1回」と私が言って、そら君の対応を待っていると、彼も「いっかい、いっかい」と真似をして、冷静にハンコを押していけるようになりました。
　そして、そら君の思わぬ反応が返ってきて、私たちは驚かされたのです。
　それは、コースターに1コ押された状態をまじまじと見て、確認していたそら君が「キティちゃんのバッジ！」（写真4.8）と言ったからです。
　そうです。結果的に、たくさんの「キティちゃんバッジ」ができ上がったのです。そら君は、両手にいっぱいの「キティちゃんバッジ」を抱えて嬉しそうにして、家路につきました。

(4) 紙コップで仕上げ、そして、つなげる

　さて、翌週、そら君は走って『子どもの療育相談室』にやって来て、「ハンコする」と言いました。

　私が「いいかい、今日もハンコを押す場所を変えるからね」と事前説明すると、彼は「ニヤニヤ」と笑いました。彼の中に「変化を予測して、それを楽しむ」という余裕が出てきたのです！

　私が「それでは、いつものように、おイスに座って、待っていてください」と言うと、彼は真っ先にイスに座ります。そして、ワクワクしたような表情をして、私の「提示」を待っています。

　今回、私が用意したのが、これまた100円ショップで買ってきた「小さな小さな一口サイズの紙コップ」（写真4.9）。90mlの容量で、40個も入っていて100円！

　これをどう使うかと言うと、「コップのお尻！」を使うのです（写真4.10）。

　コップのお尻は、お気づきのように、〇。ここに1回、ハンコを押してもらう。

　説明を聞いて、そら君は身体を前後に振っての興奮状態。母親も思わず吹き出して笑ってしまっています。

　ただし、実は、彼らが喜んでいられるほど、生やさしい「課題」ではな

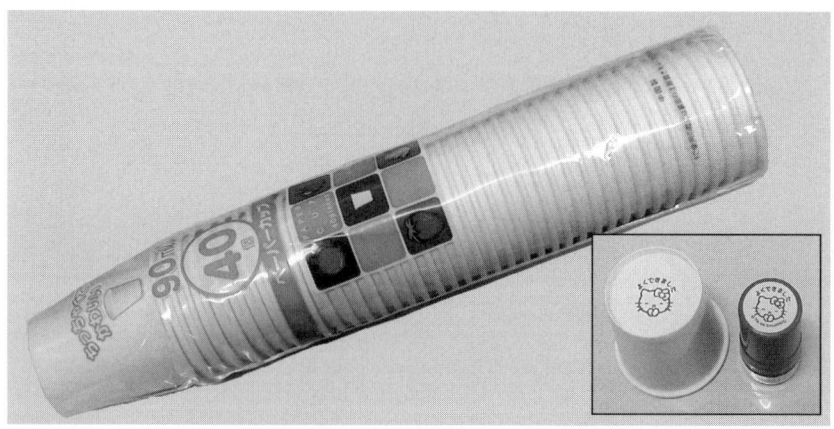

写真4.9　一口サイズの紙コップ　　　　　写真4.10　コップのお尻

いのです。これもれっきとした「情緒・認知課題」なのです。

すなわち、コップは先述のように40個！もある。これらすべて、「押し終えること」が課せられます。

予想した通り、そら君は、10個押したところで、「もう、オシマイ？」と言ってきました。

私は「いやいや、これぜーんぶ、押したら、お終い」と答えます。

一瞬、彼の手が「そんなのいやだぁ〜っ」というように、10個の押し終えた紙コップを払い除けようとしましたが、私が「そら君ならできる！」と励ますと、その手が止まりました。

20個、30個、そして、40個目が押され、心底、みんなで「バンザーイ」三唱。気がつくと、机の上は、コップで埋まっています。

そら君はその光景が気に入って、「ウロコ」と言いました。彼は、絵本で見た、魚のうろこに見立てて、そう表現したのです。

さて、私たちは、この"ウロコ"を処理しなければなりません。でも、そら君が頑張った結果の"作品"ですから、邪険に扱うわけにはいきません。

私は、紙コップのサイズにピッタリと合う、透明な筒の容器（**写真4.11**）

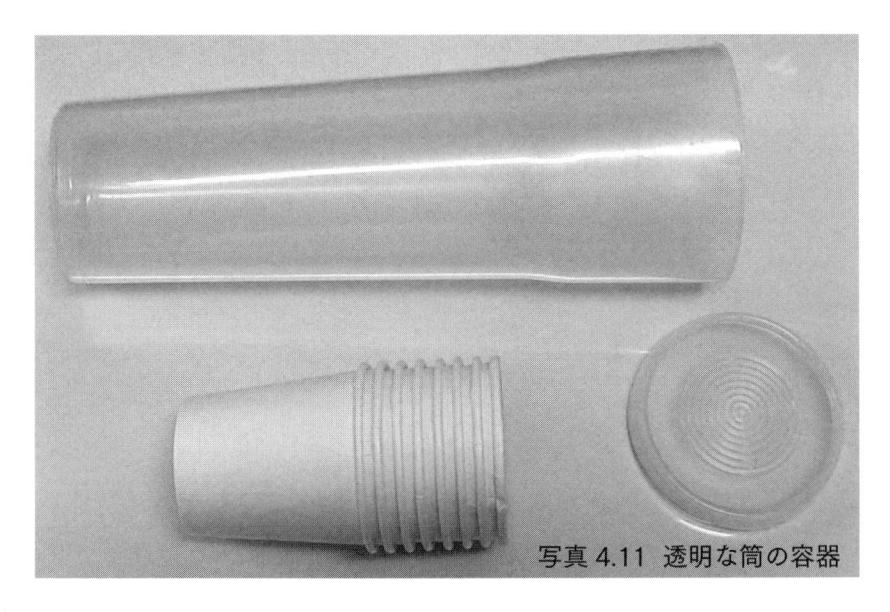

写真4.11 透明な筒の容器

を2本準備してありましたので、そこに、20個ずつ、紙コップを「しまって、お終い」という、フィニッシュの課題を求めたのです。

「スポン、スポン」と気持ち良く、紙コップが筒の中に正しく、収納されていきます。そして、20個ちょうどで、いっぱいになり、しかし、ちゃんとフタも閉まる。

母親が「まるで、この紙コップのために作られた容器みたいにジャストフィットですね！」と言いました。

そうです。この紙コップに合わせて選んで買ってくるのが、実は、大変だったのです！

そら君も40個のハンコ押しの後に、40個もの「後かたづけ」をさせられている、とは思えないほどの「意欲」でもって、スイスイとコップをしまっていきました。

これにて、一連のハンコ課題は、お終い。次回からは、パズルボックスやピクチャーパズルを用いた「課題」に移行していこう、と考えています。

それは、今回行った、円柱の筒に丸いコップを「型はめ」した作業が、次回につながると思ったからです。

4．幼児期のASD：4歳児（保育所年中）の翔君

(1) おとなしいこだわり行動 〜"状況こだわり"と適応〜

両親が共働きで0歳から保育所で育った翔君は、おとなしい性格で保育所や家庭という慣れ親しんだ状況では従順に身をこなし、特段、問題視されることはありませんでした。

しかし、4歳になっても発語が見られず、これまでは「様子を見ましょう」とのんきなことを言っていた保

事例：翔君　保育所4歳児（年中）

◆ 生活とこだわり行動

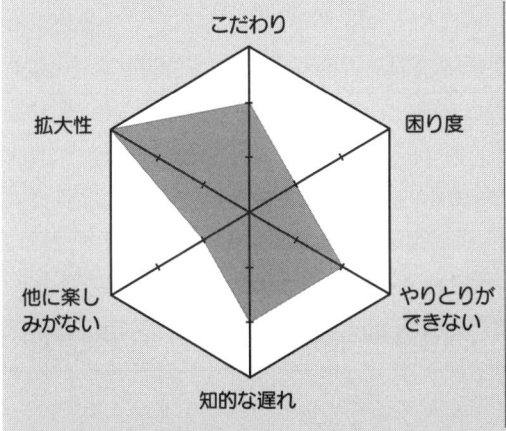

- **こだわり**
  激しく強い・(強い)・時々・少ない
- **拡大性**
  (大)・中・小・ない
- **他に楽しみがない**
  まったくない・1～2つはある・(3～4つはある)・たくさんある
- **知的な遅れ**
  重度・(中度)・軽度・ない
- **やりとりができない**
  ほとんどできない・(限定的にしかできない)・多少できる・できる
- **困り度**
  非常に困る・とても困る・(やや困る)・困らない

◆ こだわり行動の分析《状況こだわり》

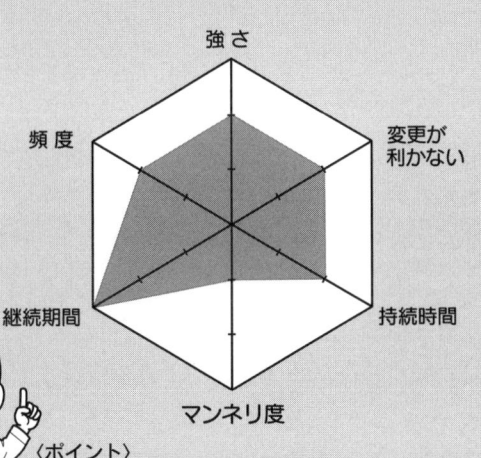

- **強さ**
  激しく強い・(強い)・やや強い・弱い
- **頻度**
  常に・(事ある毎に)・時々・まれに
- **継続期間**
  (何年も)・何ヶ月も・何週間も・最近
- **マンネリ度**
  無理して行っている・飽きている・(平然と行っている)・目を輝かせている
- **持続時間**
  延々と続く・(比較的長く続く)・一定の時間内で終わる・すぐ終わる
- **変更が利かない**
  全く変更が利かない・(元に戻すことを前提にすれば変更が利くこともある)・交換条件がよければ変更が利くこともある・説明すれば変更が利く

〈ポイント〉
状況に対するこだわりは総じて強いレベルにありますが、楽しみが3～4つあることと知的な遅れが中度であることに注目した、遊びで介入。

健師さんもさすがに慌(あわ)てて、私のところに紹介をされた経緯があります。

　保健師さんを交えて、保育士さんとも意見交換をしてきたという両親は、「ことばが遅い、甘えてこない、時折"感電したような手の動きをする"など、気になってはいたのですが、周囲も"大丈夫！平気、平気"って言ってくれましたし、肝心の保育所でも"みんなと一緒にやってますよ"という報告だったもので、私たちも自分たちの仕事優先、ということで、翔の気がかりな面には目をつむって、今日を迎えた、というのが正直なところです」と言って、翔君の状態に対する「受け止め」はある程度されている様子でした。

　その翔君、私が予め送付しておいた、『子どもの療育相談室』の写真入り案内カード（129頁）を見て、この場所と私を事前に知っていましたから、入室の際には不安や抵抗もなく、スムーズに療育相談が開始されました。

　しかし、プレイルームの中に入って、おもちゃをいろいろと物色してから、徐々に、「ここは、いつもの保育所とは全然違う！」と実感したようでした。

　段々と表情を曇らせていく翔君を見て、私は、こう感じました。

　＜ゆっくり、じっくり、マイペースでいくお子さんだな。こちらが焦っちゃいけない＞

　保育所では、周囲のお子さんたちの行動や生活の流れを見て、それに"くっついて"いって、それなりの"適応行動"をとってきたのでしょう。保育所に０歳からいて、４年も経てば、それこそ、普遍的な行動のパターンが完成し、慣れて、安定します。

　この翔君の"安定性"があだになって、周囲の気づきを大幅に遅らせてしまったのです。

　その翔君にとって、『子どもの療育相談室』には当然ながら「行動の見本」となる他の子どもはいませんし、強く場面に引き込んでくれる保育士さんもいません。ですから、徐々に「やることがない！」「何をどうしてよいか分からない」という不安定な気分になって、アシスタントの女性セラピストが声かけしてもそれを回避するようにして、部屋の中をうろうろとしていました。

(2) 穏やかな介入

＜このままじゃ、翔君も身が保てずにイヤになっちゃうな＞

私はそう感じて、発達障害系のお子さんのみならず、子どもなら誰でも喜ぶ、木製の「交通標識パズル」(㈱エド・インター)（**写真 4.12**）を取り出し、翔君に提示してみました。

「わぁっ、大好きな標識だ！」というような翔君の表情。

翔君が標識パズルに飛びつきます。その際、彼は、先に両親が言った「感電したような動き」すなわち、胸の前にかざした両手を小刻みに震えさせて、興奮を表す仕草（常同行動）を見せました。

そして彼は、私が標識パズルのピースを取り外そうとすると、急に、け

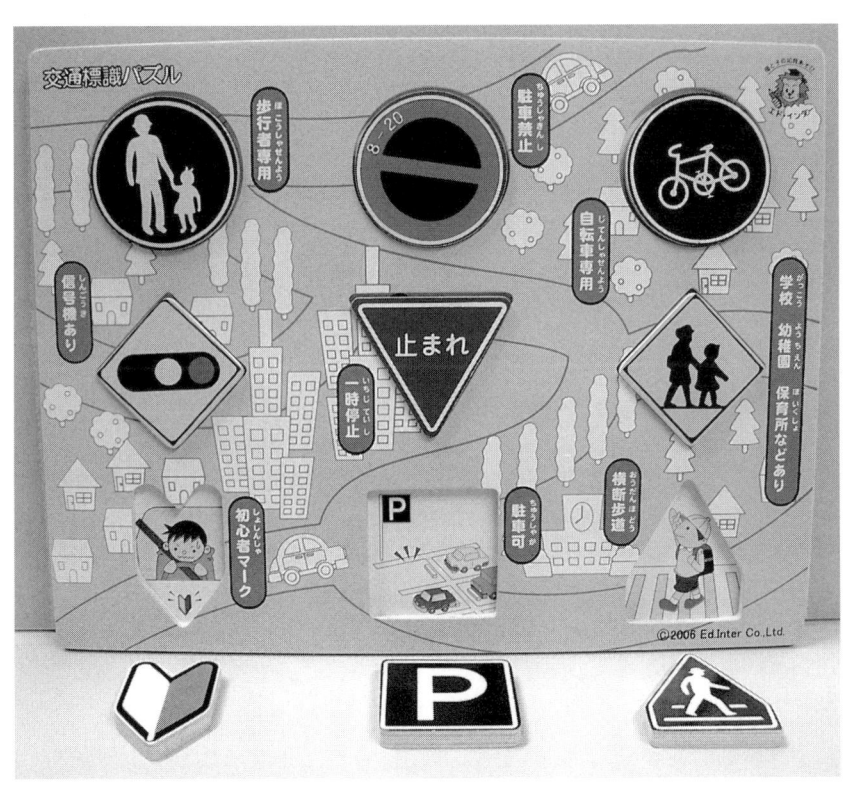

写真 4.12　交通標識パズル

げんそうな顔をして、無言で私の手を押さえにかかります。
　＜パズルが完成された状態で、眺めていたいのだな＞
　私は、「いいよ、いいよ、このままで見て、楽しんでいなさい」と彼にまかせ、一旦は引き下がって、両親のところに帰って再び話を聞きました。
　翔君が自閉症であることは明らかでした。両親も、
　「翔がこれ程までに"新しい場所に戸惑う"ことや"優しく声をかけてくれるセンセイにでも応じられない"ことを改めて知り、"療育"が必要なんだと実感しました」と感想を述べました。
　私は「それでは、翔君が療育を必要としている自閉症であるという認識で話を続けますね」と言って話を先に進めていきました。

(3) 介入したからこそ見えてきたこと

　両親は、翔君が「とても慎重であること」「新しいことを嫌うこと」「偏食が強いこと」を語ってくれました。
　そして、「このように新しい場所がダメな子ですから、今日は、親の方が実は、ハラハラ、ドキドキしてここに来たのです。しかし、事前にカードがもらえて翔に見せることができたし、センセイが無理せず、翔のペースに合わせてくれるので、翔も上機嫌のままでいてくれて、とても感謝しています」と述べました。
　＜この両親は、共働きで育児の時間も限られ、悩みも大きかったろうに、翔君のことを良く分かっている＞と感心した私。
　しかし、言うべきことは言わなければなりません。
　「翔君は、長年の保育所生活で、行動をパターン化し、その流れに乗って安心し、安定することには長けています。ところが、その状況から外れると、本日のように、"どうしてよいか分からない"といった、"お手上げ"の状態に陥ります。これは、"自発性や意欲"を発揮させる機会を失う、ことにつながり、自己主張することにはつながりませんから、将来、ちょっとのことで苛つき、"自傷"するような子どもになるリスクを負います。また、逆に、強圧的な環境だと"指示待ち"になって、後々に問題

行動を増やしていく危険もある」と説明して、
　「だから、キチンと個別の療育を行い、物や状況の流れに沿ってくっついていけばよい、というのではなく、ちゃんと人を見て、"人に応じられる"状態に育てていきましょう」と提案し、
　「次回から、早速、そうした状況を作って、私が療育をしますので、ご覧ください」と誘ったのでした。
　翔君は、しばらく「標識パズル」を眺めたあと、コツを得た女性セラピストが提示するマークの絵本や動物パズルを見て、穏やかに過ごしました。
　彼にとって、『子どもの療育相談室』は、
　「初めての場所だけれど、居心地がとても良い！」
と感じられたようです。
　「さて、お帰りの時間だよ」と帰宅を促されても、彼はなかなか、腰を上げようとはしませんでした。そればかりか、名残惜しそうな顔をして、何度も何度も「バイバイ」と手を振って見せました。
　そのバイバイは、逆さのバイバイでした。

(4) 介入の戦術

　＜もっと遊んでいたかったね＞
と後ろ髪引かれるのは、私たちも同じ。しかし、次の仕事が待っています。
　私たちは、プレイルームの総点検をします。具体的には、翔君が「触れて」「興味をもって」「遊んだ」おもちゃ、本、カード、パズルなどの全部を洗い出し、確認して、その位置をノートに記しておくのです。
　これは言うまでもなく、翔君の「状況こだわり」に配慮してのことで、次回、彼がやって来た時、今回の状況をそのまま再現して、彼を迎えたかったからです。
　このように、彼がプレイルームに安心して足を踏み入れることを前提にして、両親と"約束"した、「個別の療育」を行います。その際、そこで行う「情緒・認知課題」は、すでにひとつに絞られていました。

(5) こだわりのパズルを媒介に"宝探し"のゲームに引き込む

　さて、1週間後。プレイルームの入り口のドアの影から、「そぉーっと」翔君が中を伺っています。プレイルームの変化を恐れているのです。
　＜ははぁ、彼なりに"予測"を立てることができる"力"をもっている子なんだな＞
と私は感心して翔君を見ています。
　彼の目と私の目が合った時、
　「大丈夫！　この前とみーんな同じ！　センセイもシライシ・センセイだよ」
と言いますと、翔君はキョロキョロしながら、プレイルームを眺めて回り、そのうち、ニヤニヤ。
　「ホント、同じだ！」という安堵の表情をして、前回触ったおもちゃを手に取って、盛んにあの"感電したような動き"を見せていました。
　その彼がやっと、前回標識パズルを眺めていた位置にやって来ました。
　「あれっ？　ない！…」
　目が点になる翔君。それまでのルンルン気分が一瞬にして凍りついたことが周囲にもハッキリと見て取れました。
　同時に、両親の顔からも笑みがなくなりました。
　「じゃぁ～ん！　先週楽しんだ標識パズルの標識（パズルのピース）は、この部屋のどこかに、必ずありまーす！」
　そこで私は、元気よくそう説明しました。
　つまり、標識パズルの型枠（盤）は前回同様の場所に置いてありましたが、そこにはめられた標識の形をしたピースたちは、9つのうち、6つが外されて、プレイルームの窓枠の上や壁ぎわ、椅子の下に隠されてあったのです。
　「9つの標識のうち、6個の標識がないねぇ？　どこにあるかな？って探して、翔君、標識を入れましょう！」
　私がそう説明しても、どうして良いか分からない様子の翔君。
　「じゃ、見ててね。標識、どこかな？って探すと…」
　私はひとりで標識探しの探検隊を演じます。

《宝探しゲーム》の始まりです！
　私は、「あ、あったぁ！」と言って、大げさに振る舞って、窓枠の上に"わざとらしく（目のつくように）"置いてあった標識のピースを取り上げて、ゆっくりと標識パズルの型枠に押し込んで見せたのです。
「残りは、あと５個！」
　そう言う私に関係なく、彼は私に向かって両手を差し出して「ちょうだい！」という素振りを見せました。
「そうか、翔君は、"ちょうだい"なのね。でもね、自分でも探して、とってこなきゃぁ」
　そう言って私は再び「どこかなぁ、どこかなぁ？」と探し回ります。
「あ、今度は、こんな所にあった！」
　実は、翔君の後方の壁のフックに標識のひとつをひっかけて置いてあったのです。
　私が彼の後方に手を伸ばすと、意味を察して、翔君も振り返り、その標識を目線で捉えました。
「あッ」と言って、壁に向かって手を伸ばす翔君。
　両親が「翔が"あっ"って言って、標識を見ている！」と興奮気味に言いました。
　私は、翔君を励まします。
「そら、そこにあった！　自分で取ってみなさい！　さぁ、ガンバレ！　さぁ、ガンバレ！」
　両親も思わず、「翔、そこよ、それ、それ、大好きな標識があったね」と言って、意気込みます。
　その私と両親を振り返って見る、翔君。
「そうだ、それでいいんだ！　さぁ、自分で取って、自分ではめてみなさい！」
　私にそう後押しされて、翔君は思いっきり背伸びをして、標識ピースを手にして、半分怒ったような表情をしながらも、ピースを型枠に押し入れたのです。

第４章　こだわり行動の療育・実践事例　163

「やったぁ〜っ！　翔君、バンザーイ！」

翔君を讃えた私は、すぐさま「あと４個。それはどこかな？　どこかな？」と言って、部屋のあちこちに目線を移動させます。

すると、翔君も直ぐに振り返って、私の行動を追い始めました。

「シライシ・センセイを追えば、標識が見つかる」ということが、理解されたのです。

私がそっと動いて、机の下に置かれた標識を見つけると、後からついてきた翔君が「あッ」と言って、私より先に標識を手にしました。

「やったぁ！　翔君すごい！　じゃぁ、標識を入れにいこう！」

翔君は、私が小走りになったのにつられて、走り出し、併せて、「キャッキャ、キャッキャ」という笑い声を上げるようになりました。

(6) 意欲的になる翔君

翔君にとっては、「自分で探して、自分で入れる」という一連の目的に向かって行動を起こすことが楽しくなったみたいです。

彼がそのピースを枠内に押し戻している間にも、私は部屋中を走り回って、「こっちかな、あっちかな？」と身振り手振りで、懸命に探す"フリ"をしています。

翔君も「自分で探すんだ！」という態度になって、私の後に続きます。

しかし、視界が低く、視野の狭い翔君には、実際的には自分で探し出すことは、難しい。私は、「あぁ、あそこにあったぁ」と言って、遠くから、おもちゃ棚の取っ手の上に置いてあった標識を指して、翔君に示します。

その指さしを見て、「あッ」とまた言って、駆け寄る翔君。

それを手にして、型枠に押し入れる彼の姿に「自信」を感じました。胸張っているような翔君の姿。

翔君の父親が「おいおい、翔が自信満々でパズルやってるよ！」と母親に語りかけました。母親はただただ、「すごい！　すごい！」と感動しています。

そうして、翔君は、自ら６個のピースを全部型枠に入れ終えたのですが、

最後の1個、「これで完成！」という時、彼が「フーッ」と肩で息をしたのがとても印象的でした。

(7) 意欲が"人"に向けられる

興味がある物でも、人に提示されると、スーッとそのアプローチを回避していってしまうことが常だった、これまでの翔君。その彼が私の求めにいっぱい応じてくれました。

しかし、その彼を椅子に座らせて、セラピストと向き合って行う「やりとりを主にした課題場面」に誘うことは、まだ難しい状態にありました。

だからこそ、このような"パズルの完成された表面の絵"に"こだわっている"翔君の気持ちをうまく活用（利用）して、「完成させたければ、自分で散らばったピースを探してきて、元の位置に戻しなさい」という、「課題設定」を行ったのです。

＜翔君は、本当、立派に私に応じてくれたね！＞
という感謝の気持ちを込めて、私は、彼を抱っこして、フィットネス用の小さなトランポリンを「やった、やった、やったぁ」と言って何度も跳びました。

この大げさな賞賛が翔君にどれ程伝わったかは分かりませんが、それでも翔君は、私に抱かれたままで、「イヒッ、イヒッ」と笑い続けました。

(8) "人に応じるルート"に乗せる

彼をトランポリンから床に降ろして、お相手をアシスタントに任せ、私は両親にこの療育場面の解説をしました。

「スペースシャトルに喩えて話をします。スペースシャトルは、大気圏を出るまでは、ロケットの上に乗っかって上空を飛んでいきます。そして、宇宙に飛んでいくルートが確保された時、動力だったロケットから切り離されて、今度は、"自力"で進んでいきます。翔君の場合、何をするにも自信がなく、自力で行った経験もないから、自発性も意欲も湧かない。しかし、翔君には、例えば、パズルは最初に"見たままの状態に保っていたい"

というこだわりがあるので、その"意思の力"をうまく利用して、能動的かつ、適応的な行動につなげていってあげることが必要です。ただ、まだ非力なので、途中までは、スペースシャトルのように他の力を添えてあげて、前に押しやってあげないといけません。そうして、うまく彼の気持ちを課題に向けさせていき、応じられるまでのルートにしっかりと乗せてあげることが、現状では大切です。本日の課題は、そういう意味で設定して行ったものです」

さらに、「そのために、まずは安心を得てもらうために、実は、今日のプレイルームは、前回と全く同じに設定してあったのです」と説明すると、両親共に「あっ、そうだったんですか！」と大きく肯きました。

(9) 〈やりとり〉の連鎖

すると、私の狙いと試みを翔君が自ら"実証"してくれるかのように、両親に向かって話している私の背中を引っ張りに来て、何かを求めたのです。
＜トランポリンだね！＞
と私には「ピン」ときました。

私は喜んで彼を抱っこして、再びトランポリンを跳んであげて、彼の気持ちに応えました。

そして、ジャンプを続けながら、

「翔君も"状況を一定に保っていたい"という自分のこだわりの気持ちを私に受け止めてもらい、期待にも応えてもらったから、逆に、私の課題設定に応じてくれた。そして、私は彼の要求に喜んで応えて、また、トランポリンを跳んでいる。こうした〈やりとり〉を丁寧に、何度も何度も繰り返すうちに、"もっと人に応えたい"という状態になって、発達も促され、ことばの促進にもなるんですよ」
と、ちょっと息が上がってきましたが、そう言いました。

彼を床に降ろして、私が吹き出る汗を拭っていると、「もっとやれ！」と翔君が再度、私を誘います。今度は服の背中を引っ張るのではなく、正面から来て、私の手を取って、強く引きます。

私は、また彼を抱っこして跳び続けながら、
「こうして、翔君は、意欲的になってきたでしょう！」と言いました。目を丸くして、大きく肯いている両親。
「さーて、お終い！」
と言って彼を降ろすと、すぐさま、手を引きに来ます。

(10) "人"が設定課題に誘い、求める

今度は、私が求めます。
「それでは、もう1回、お勉強しましょう！」
私の意図を汲んでくれた、アシスタントの女性セラピストが、速やかに机の上に、あの標識パズルを置いて、準備を整えてくれました。さらに、「ここよ、ここにお座りして」と言って、翔君を誘います。
さて、翔君にとって初めての「椅子に座っての課題対応」の始まりです。俄然、両親の注目は高まります。
躊躇する彼を残して、私が先に椅子に座りました。すると、翔君は、自分で椅子を後方に引いて、ちゃんと自分で椅子に座って、正面を向いたのでした。
「それでは、シライシ・センセイが標識のパズルを全部、外しますから、翔君は、それを元あった場所に戻してくださいね」
翔君は、慌てることも怒ることもせず、聞いています。そして、私の説明通り、型枠の傍らに置かれていった9つの標識ピースを、ひとつひとつ、確かめながら枠に押し入れていきました。
父親がしみじみ、言いました。
「翔が自分からパズルをしている。大きく成長したなぁ」

(11) ことばの発達 〜関係が築かれてこそ〜

次回、翔君は、満面の笑みを浮かべ、玄関から真っ直ぐにプレイルームに入ってきて、ひとりでトランポリンを跳びました。
私が呆気にとられて、

「シライシ・センセイは、もう要らないの？」
と聞くと、しばらくしてから、トランポリンを降りてきて、私の身体に抱きつき、私が抱っこの姿勢になる位置まで、よじ登ってきました。
「おぉぉ､､､､何て言う飛躍！」
まさに、大変身の翔君でした。
「スペースシャトルが本当に宇宙に旅立ちましたね！」
と言う私に両親が笑って応えました。
その後、私が翔君に、
「じゃぁ、道路標識のパズルしようか？ どこにあるか、棚を探して、持って来て」と言うと、彼は、サッと標識パズルを見つけ、手に取って、
「アッタ」と言ったのです。
「ついに、ことばが出ましたね！」
感動している私に、両親は言いました。
「そうなんです！ 保育所でも周囲に自分から寄っていくようになって、友だちのことばも真似しているようなんです！ 一時は、もう保育所では無理かな、って諦めかけたんですが、ここに来て、保育所でやってきた意味が出てきました！」

5. 児童期の高機能自閉症：小学校1年生の敏君

(1)「やらない！」こだわり

　先日、「小学校1年生のこの時期（秋）になっても"鉛筆を持たない""字を書かない"と決めてしまい、学校で問題視されている」と嘆く親御さんが、その敏君を連れて、私の『子どもの療育相談室』にやって来ました。
　敏君は、おませな高機能自閉症で、プレイルームに入るなり「ぜったい！べんきょうしないからな!!」と言って、"療育に対する予防線"を張っています。
　両親の困り顔をよそに、私は、
　　＜かわいいもんだ＞
と思って、あえて、お勉強（個別療育）用のテーブルに付属する椅子に座って、黙って、"秘密兵器"を取り出しました。

(2) 楽しい遊びに引き込む

　最近私がはまっている、秘密兵器その1。
　サウンドロップ（SOUNDROP/バンダイ）（**写真4.13**）というガシャポンの景品で、卵の形をした本体の中央を押すと、人気アニメキャラクターの声でワンフレーズしゃべり声が聞こえる、という単純明快なおもちゃです。この他にも人気アニメの『ワンピース』や『ガンダム』などのシリーズがあって、オタク？の間では密かなブームになっています。
　私は、机の下に隠し持ったそのひとつを鳴らしてみました。
　≪「オラとチョコビ食べない？」≫…これは、クレヨンしんちゃんことしんのすけの声。
　「えっ？いま、何の声した？ナニ？えっ？ナニ？ナニ？？？？」

事例：敏君 小学1年生

◆ 生活とこだわり行動

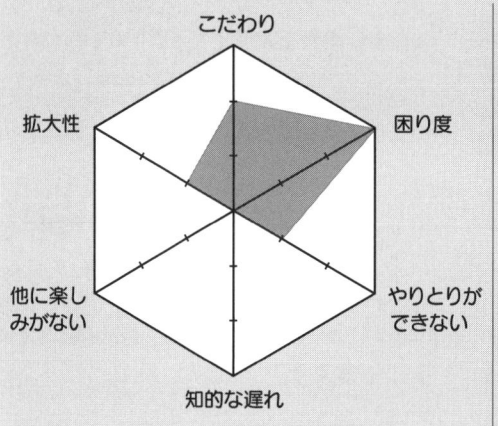

●こだわり
　激しく強い・⦅強い⦆・時々・少ない

●拡大性
　大・中・⦅小⦆・ない

●他に楽しみがない
　まったくない・1〜2つはある・
　3〜4つはある・⦅たくさんある⦆

●知的な遅れ
　重度・中度・軽度・⦅ない⦆

●やりとりができない
　ほとんどできない・限定的にしか
　できない・⦅多少できる⦆・できる

●困り度
　⦅非常に困る⦆・とても困る・
　やや困る・困らない

◆ こだわり行動の分析 《鉛筆持たない》

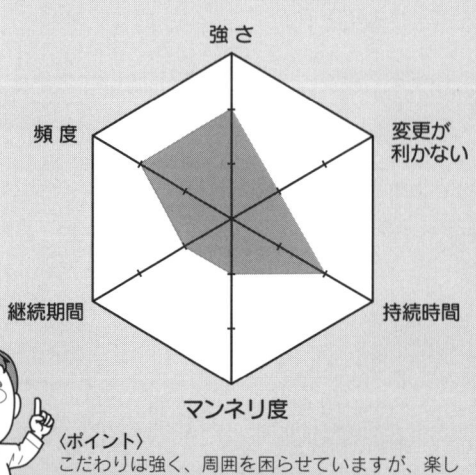

●強さ
　激しく強い・⦅強い⦆・やや強い・弱い

●頻度
　常に・⦅事ある毎に⦆・時々・まれに

●継続期間
　何年も・何ヶ月も・⦅何週間も⦆・
　最近

●マンネリ度
　無理して行っている・飽きている・
　⦅平然と行っている⦆・目を輝かせて
　いる

●持続時間
　延々と続く・⦅比較的長く続く⦆・
　一定の時間内で終わる・すぐ終わる

●変更が利かない
　全く変更が利かない・元に戻す
　ことを前提にすれば変更が利く
　こともある・⦅交換条件がよければ変更が利くこともある⦆・説明
　すれば変更が利く

〈ポイント〉
こだわりは強く、周囲を困らせていますが、楽しみがたくさんあって、知的な遅れはなく、やりとりは多少できるので、知的好奇心をくすぐる教材や玩具の提示が大事です。

170

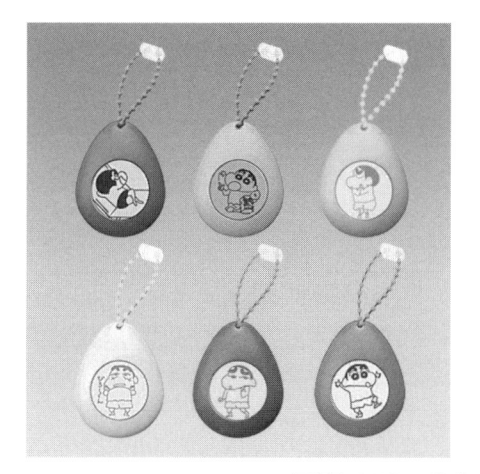

写真 4.13　サウンドロップ

と身を乗り出して興味を示す敏君。
　もう1回、鳴らしてみます。
　≪「オラとチョコビ食べない？」≫
　「おとうさん、おかあさん、何か変な声がしたよ！ ナニ？ ナニ？」
私は言います。
　「敏君、そのナゾを教えてあげるから、ここの椅子に座りなさい」
　「ホント？ 見せてくれる？」
と言って、敏君は私の前に座り、身を正して、私の種明かしを待ちます。
　「じゃぁ〜ん、これがしゃべっていたんです！」
と言って、私はもう1回、サウンドロップを押してみます。
　　≪「オラとチョコビ食べない？」≫
　「あぁ〜っ、かして！ かして！ かしてよ〜っ！！」
と絶叫する敏君。
　「それでは、かして欲しい人は、私のクイズに答えなさい！」
　「うん、イイよ、イイよ」
　「それでは、これから聞こえる声、それは、なんと"クレヨンしんちゃんの声"だったんですが、いったい、なんて言っているのか、当ててください」

第4章　こだわり行動の療育・実践事例　171

「さっきの声は、しんちゃん、だったの？」
「そうです。だから、もう1回聞かせるから、しんちゃんが言っていることばをよく聞いて、なんて言ってるのか、当ててください」
　≪「オラとチョコビ食べない？」≫
「……きっと、しんちゃんは、"オラとチョコ食べない？"って言ってた」
「ブーっ、おしいけれど、ハズレ！」
「ええっ、うそ！　もう1回、もう1回聞かせて！」
「それじゃ、もう1回だけ。よーく、耳の穴をかっぽじって、聞いてください！」
　敏君は律儀にも、自分の耳の穴に指を入れて"栓"をしています。おかしくなって私が言います。
「敏君、耳の穴をかっぽじる、というのは、耳の穴に指を突っ込んでフタをすることではありません。耳の穴をほじくること、つまり、ちゃんと掃除すること、です。君の耳の穴はキレイですか？」
　敏君が母親の方を見て、笑います。すると、母親は「違います、違います」というように、手を振って否定しています。
「そうか、敏君の耳の穴は掃除しないで、汚れている、って、お母さんが言っているゾ！」
「ええっ、そんなこと、ありません！」
　もう、周囲は大笑い。つられて、敏君も余裕で笑っています。
「では、最後の1回。よーく聞いてね」
　≪「オラとチョコビ食べない？」≫
「分かったぁ！　≪「オラとチョ・コ・ビー、食べない？」≫って言ってる！」
「だーいセイカイ！　よく、分かりました！　すごい、すごい！」
　思わず、両親も手を叩いて喜んでくれています。
　このようなサウンドロップを使った「ゲーム」をしばらく続けた後、私は、第2の秘密兵器を登場させます。
　それは、「オモロー！」で人気を博していた（当時）、"世界のナベアツ"の声で、数字を読み上げてくれる"電卓"（吉本倶楽部）（**写真4.14**）です。

電卓の数字を押していくと、「1」「2」「さぁ〜ん」「4」「5」「ろぉく」「7」「8」「きゅうっ」と、例のごとく、3の倍数の時に、変なイントネーションになる、すぐれモノ（電卓の「＝」を押すと「オモロー！」と叫ぶ）。敏君にそれを渡してあげると、ヨダレを拭き取ることも忘れての大喜び。あまりのハシャギ様に、母親の表情が渋くなりました。
　そこで私は、彼に提案します。
　「あのね、敏君。敏君が1、2、3と書いてくれたら、シライシ・センセイがナベアツのように、変な顔して、"さぁ〜ん"って言ってあげるよ」
　「ホント？ ホント？ ナベアツ、やってくれる？」
　「私を信じなさい！」
　「じゃぁ、書く！ 書く！」
　「ええっ!?」と驚く両親。
　しかし、私が机の上に落書き帳を置くと、敏君はすぐさま現実に返って、その表情を一瞬にして曇らせたのです。
　ここで、第3の秘密兵器の登場です。
　百円ショップで買った、ジャンボ鉛筆！（1本100円 / ダイソー）（**写真 4.15**）通常の鉛筆の、なんと、10倍以上の太さ！

写真 4.14　オモロー電卓

第4章　こだわり行動の療育・実践事例　173

「じゃぁ～ん、このジャンボ鉛筆で数字を書いてくださーい！」

これまた、一瞬にして、敏君の表情が変わります。

「書く！　書く！　それで書いてみたい！」

もう、気分はノリノリです。

そこから、私と敏君の「世界のナベアツごっこ」が展開されていきます。

結局、敏君は、落書き帳いっぱいに1～9までの数字をたくさん書き、しかも、「せかいのなべあつ」とか、「へんなかお」「しらいしチンチン」というように、平仮名、カタカナまでも書いていったのです。

折しも、ジャンボ鉛筆の芯がすり切れて、書けなくなりました。私は敏君に課題を与えました。

「さぁ、どうすれば書けるようになるか？　考えてみなさい」

そう言って、席を離れ、両親に解説をしました。

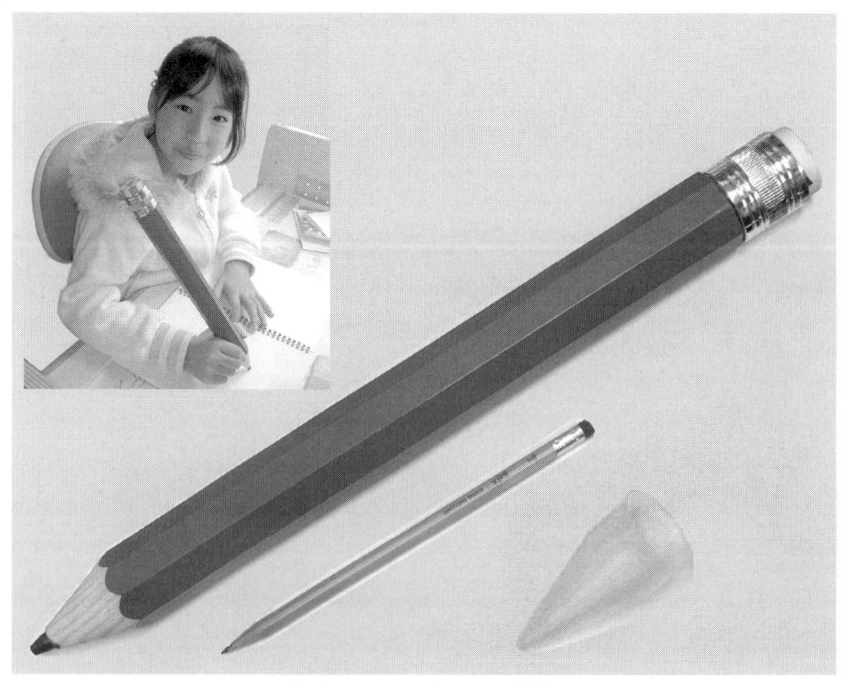

写真4.15　ジャンボ鉛筆

(3) 親へのレクチャー

　「私たちは、"字を書かない"と決めているお子さんに対して、"字を書かせよう"とします。それは、学習のため、発達のために必要ですから、当たり前です。問題は、その方法にあります。敏君のように、"書け！"と命令すればするほど、書かない、となってしまうお子さんの場合、まず、私が行ったように、〈やりとり〉を楽しむことです。これは、"書け""書かない"という〈やりとり〉ではなく、お互いが楽しくなるようなゲームのような〈やりとり〉を展開すること、です。この〈やりとり〉がお互いのコミュニケーションを柔軟に、豊かにさせて、"イヤだ！""面倒だ！""逃げたい"といったネガティブな感情にブレーキをかけ、"ちょっと我慢しても、やってみようかな"といった前向きな感情を引き出してくれます。そのような雰囲気や状況を丁寧に創った上で、大人の要求もぶつけてみる。この、楽しさの中で行われる、＜ギブ＆テイク＞、＜押して、引いて＞、すなわち、〈やりとり〉が何よりも大事なのです」

(4) 療育は、子と親双方に

　物分かりの良い父親が私のことばを引き取って言いました。
　「"書かせること"はひとまず脇に置いておいて、楽しく〈やりとり〉することで"書く"という課題に応じるようになるから、最初は、"書かなくてもいい"んですね」
　「そうです。まず、〈やりとり〉を大事にして、それを発展させること。家でもやってみますか？」
　「ハイ」と父親。
　しかし、母親が笑っています。
　「叱ってばかりのあなたに、できるの？」
　バツの悪い父親。
　私は、「"世界のナベアツ電卓"を売っているお店を紹介しますから、帰りに立ち寄って、是非、買って帰ってください」と言って、敏君のもとに戻りました。

敏君は、律儀に考え込んでいる最中でした。
「さぁ、この鉛筆をどうするか、君の考えを教えてください！　さぁ、どうぞ！」
　敏君の言い訳が始まります。
「えーっ、こんな大きい鉛筆じゃ、鉛筆削りには入らないし…、これを作った工場に持って行って、削ってください、って言っても、工場はどこだか分からないし…、えーと、えーと…」
　そうして出た答えが傑作でした。
「分かった！　これしかない！　CMで見た村田製作所という、機械工場で、このジャンボな鉛筆を削る機械を作ってもらう！」
　父親は思わず、ずっこけていました。私はすかさず、その父親に、
「そうそう、そうやって、敏君独自のユニークさにちゃんと反応してあげると、お互い楽しくなりますよ」
とアドバイスしました。

(5) 設定課題は次々に深まり、進展する

　子どもと、親の双方に「療育のアプローチ」を行う、『子どもの療育相談室』も終わりの時刻。敏君に、それを告げると、
「もっと、ここで、べんきょうしていく！」
　これには、両親も目を丸くしています。そうです。最初は「ぜったい、べんきょうしない！」と意気込んでいたのですから。
　私と両親でいろいろ言い聞かせて、「終わり」を説明しても敏君は「良い返事」をしません。すると、そのうち、敏君の方から「交換条件」を出してきたのです。
「これ、家に持って帰る！」
　すなわち、"しんちゃんのサウンドロップ"を持って帰りたい、と言うのです。
　＜しめたぁ！＞
と私の胸は躍りました。

「それでは、敏君がよーく、センセイにつき合ってくれたお礼に、敏君のお望み通り、"しんちゃん"を貸してあげましょう。ただし、しんちゃんの声を聞く度に、その中の電池が減っていきますから、その電池のお金を先に払っていってください」

「電池？ それいくらなの？」

「100えんです」

「100えん？ お母さん、ボク、100えんって、もってる？」

＜あらあら、敏君は実際のお金を使って、買い物したことがないんだな＞

この会話を真に受けた母親が、自分のお財布からお金を取り出そうとする仕草を見せましたので、私はそれを制止して、

「それじゃ、敏君は、今日はこの"しんちゃん"を家に持って帰っていいから、次に、ここ（相談室）に来る時に"100えんと、しんちゃんを、かえします"と学校のノートに書いて、それを持って来てください」と"宿題"を出したのです。

(6) こだわりからの解放！～お父さんも"ナベアツ"に変身～

それから、1週間後、敏君は廊下を走ってきて、勢いよくプレイルームの扉を開けると、何よりも先に、「100えん　かえすね。ありがと」と書いた"学校のノート"を差し出しました（ちなみに、肝心の"しんちゃん"は、家に置き忘れてきましたが…）。

これまでは、「書字拒否」で真っ白だった学校のノート。しかし、この1週間でいろいろな文字が書き込まれるようになって、"ノートらしく"なっていました。

あとから彼を追ってやって来た父親が、

「お陰様で、文字に関してはノープロブレムになりました」

と言って、笑いました。

またその後からやって来た母親が、こともあろうに、父親の背広の裾を捲りあげて言いました。

「この人、"世界のナベアツ"に成りきる、って宣言して、ほら、白いべ

ルトまで買ってきて、腰に巻いているんですよ」

それを立ち聞きしていた敏君。

「1」「2」「さぁ〜ん」と言って、父親と2人で変な顔して、笑い転げました。

6. 児童期の高機能自閉症：小学校2年生の友和君

(1) 時計のこだわりと家族のこだわり

ある小学2年生の男児の父親から、『子どもの療育相談室』にやって来る前日にFAXが届きました。

「うちの子ども（友和）は、壁掛け時計が嫌いで、訪問する家に壁掛け時計があると、断固、入室を拒むのです。ですから、貴相談室に壁掛け時計がありましたら、撤去しておいてくださいますよう、不躾なお願いですが、よろしくお願い致します」

「壁掛け時計へのこだわり」…私も初めて聞く珍しいこだわりです。

私は、訪問先の家の玄関で、ドアの隙間から屋内をそっと覗き見して、「あるか、ないか」と恐々としている、その子のことを思い浮かべて、悲しくなりました。

＜察するところ、本人よりもお父さんの方が強くこだわって、勘違いしているのかも知れない。その問題の方が大きい＞とも思いました。

(2)「時計嫌い」の真相

翌日、私は、大学の会議室から"ミカン箱大"の壁掛け時計を拝借してきて、あえてプレイルームの入り口正面の床上に置き、この親子を迎えたのです。

事例：友和君 小学2年生

◆ 生活とこだわり行動

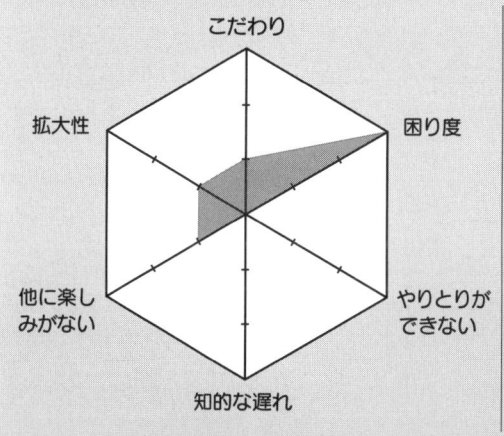

（レーダーチャート：こだわり、困り度、やりとりができない、知的な遅れ、他に楽しみがない、拡大性）

- ●こだわり
  激しく強い・強い・(時々)・少ない
- ●拡大性
  大・中・(小)・ない
- ●他に楽しみがない
  まったくない・1～2つはある・(3～4つはある)・たくさんある
- ●知的な遅れ
  重度・中度・軽度・(ない)
- ●やりとりができない
  ほとんどできない・限定的にしかできない・多少できる・(できる)
- ●困り度
  (非常に困る)・とても困る・やや困る・困らない

◆ こだわり行動の分析 《時計こだわり》

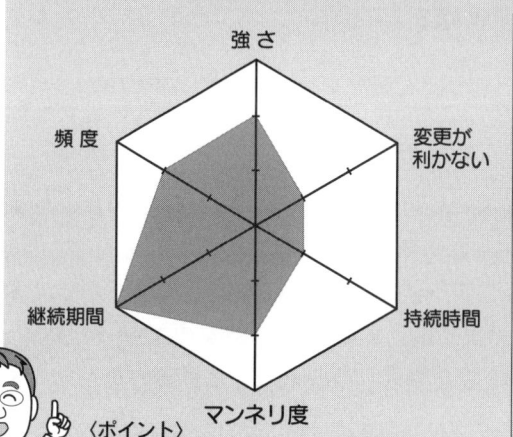

（レーダーチャート：強さ、変更が利かない、持続時間、マンネリ度、継続期間、頻度）

- ●強さ
  激しく強い・(強い)・やや強い・弱い
- ●頻度
  常に・(事ある毎に)・時々・まれに
- ●継続期間
  (何年も)・何ヶ月も・何週間も・最近
- ●マンネリ度
  無理して行っている・(飽きている)・平然と行っている・目を輝かせている
- ●持続時間
  延々と続く・比較的長く続く・(一定の時間内で終わる)・すぐ終わる
- ●変更が利かない
  全く変更が利かない・元に戻すことを前提にすれば変更が利くこともある・(交換条件がよければ変更が利くこともある)・説明すれば変更が利く

〈ポイント〉
時計こだわりは強いレベルにありますが、もう飽きています。他のこだわりも拡大性も小さいのに困り度は非常に大きいのは、周囲に問題がある、と考えられます。

第4章　こだわり行動の療育・実践事例　179

ドングリマナコで驚きの表情を隠せない父親。その後ろからすっ飛んでやって来て、「おとうさん、時計があった！」と言って壁掛け時計に飛びつく友和君。彼は、「これ、セイコーの何年もの？ ゼンマイ？ クォーツ？ 電池何本？」と興奮気味に言って、なめ回すようにして、壁掛け時計をいじくり回しています。

　私が「君は、こうして壁掛け時計を存分にいじりたかったんだよね」と言いますと、「だって、おもしろいでしょ。時計が壁に掛けてあるなんて！」とニッコニコの笑顔で応える友和君でした。

　そして私は、父親に次のように解説をしました。

　「以前、彼はどこかのお宅で、壁掛け時計を見て、興味をもったが、無下に"触っちゃダメ！"とか言われて、驚き、かつ、ひどくこころが傷つけられたのではありませんか？ そのことが"こころの痼り"になって、以来、外出する度に壁掛け時計を気にしてしまう"こだわり"になったのかも知れませんね」

　今度は、目を丸くして聴き入る両親。

(3) 「こだわり防衛隊」もほどほどに

　私はさらに続けました。

　「むしろ、壁掛け時計に"変にこだわって"いたのは、大人の方かも知れません」

　このように、家族が率先して、「こだわり防衛隊」の役割を担ってしまうケースは少なくありません。

　先に、自閉症児のこだわるこころを大切に、と言いました。しかし、過剰に、とか、頑なに、ではいけません。ましてや、大人の思い込みや断定、観念優先の押しつけは、事態を悪化させ、共倒れとなる危険性を大きくするばかりです。

　父親が「こだわりを避け、禁止することばかり考えてきましたが、友和の姿を見て、こだわりに対する見方が変わりました」と感想を述べました。

7. 児童期のASD：特別支援学級3年生の まゆさんのマンツーマンこだわり

(1) 不安はないのに不満はいっぱい

　ある研修会で知り合った小学校の先生からの依頼で、ある地方の特別支援学級を訪問した時の話です。

　その担任の先生は、小学校や特別支援学校を長く経験されたベテランで、構造化や視覚支援の勉強をして、カードやボードなども手作りし、自閉症児の教育にあたっていました。

　その先生の最大の悩みは、マンツーマンで担任するASDと重い知的障害をもつまゆさんについてでした。具体的には、「このお子さんに拘束されてしまい、トイレにも行けません」という訴えでした。

　まゆさんは、多くの生活場面のみならず、先生の声かけにもいちいちこだわってしまって、本人も先生も共に身動きが取れない、という状態なのでした。

　そのまゆさん、構造化の考えに基づく配慮の中で、不安の少ない状況にありながら、手の甲には噛みダコがクッキリと浮き出ています。

　＜あらら、不安はないのに、"不満"はいっぱいなんだ…＞
と察した私。

　先生は、「ちょっとのことで、思いっきり手を噛むので、こちらは、怖くて、何も変えられません」と嘆きました。

　もう1つの悩みが「交流学級」の利用の仕方について。担任の先生は「障害の重いまゆさんが参加できる交流学級での授業は、能力的に言って日増しに限られていくのです。まゆさん自身も"つまらない"のでしょう、交流学級では教室に留まっていられないのです。しかし、親御さんは逆に、

第4章　こだわり行動の療育・実践事例　　181

事例：まゆさん 特別支援学級3年生 ①

◆ 生活とこだわり行動

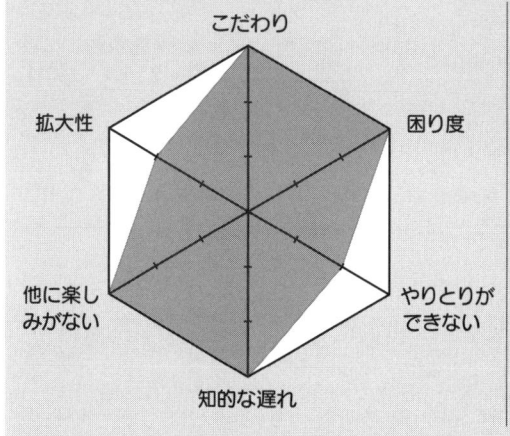

（レーダーチャート：こだわり・困り度・やりとりができない・知的な遅れ・他に楽しみがない・拡大性）

- こだわり
  （激しく強い）・強い・時々・少ない
- 拡大性
  大・(中)・小・ない
- 他に楽しみがない
  （まったくない）・1〜2つはある・3〜4つはある・たくさんある
- 知的な遅れ
  （重度）・中度・軽度・ない
- やりとりができない
  ほとんどできない・（限定的にしかできない）・多少できる・できる
- 困り度
  （非常に困る）・とても困る・やや困る・困らない

◆ こだわり行動の分析 《マンツーマンこだわり》

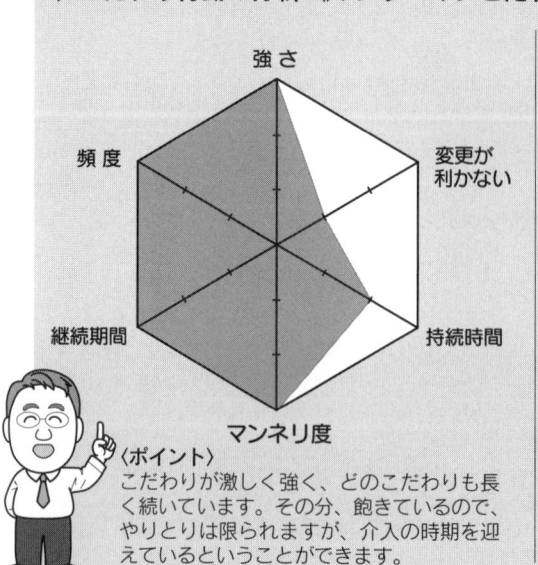

（レーダーチャート：強さ・変更が利かない・持続時間・マンネリ度・継続期間・頻度）

- 強さ
  （激しく強い）・強い・やや強い・弱い
- 頻度
  （常に）・事ある毎に・時々・まれに
- 継続期間
  （何年も）・何ヶ月も・何週間も・最近
- マンネリ度
  （無理して行っている）・飽きている・平然と行っている・目を輝かせている
- 持続時間
  延々と続く・（比較的長く続く）・一定の時間内で終わる・すぐ終わる
- 変更が利かない
  全く変更が利かない・元に戻すことを前提にすれば変更が利くこともある・（交換条件がよければ変更が利くこともある）・説明すれば変更が利く

〈ポイント〉
こだわりが激しく強く、どのこだわりも長く続いています。その分、飽きているので、やりとりは限られますが、介入の時期を迎えているということができます。

事例：まゆさん 特別支援学級3年生 ②

◆ こだわり行動の分析 《ビーズ通しこだわり》

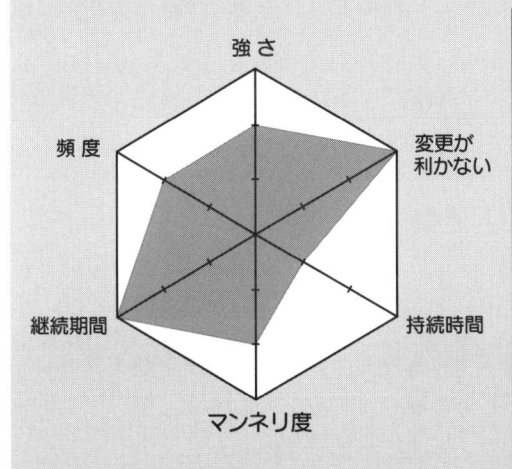

● 強さ
　激しく強い・(強い)・やや強い・弱い
● 頻度
　常に・(事ある毎に)・時々・まれに
● 継続期間
　(何年も)・何ヶ月も・何週間も・最近
● マンネリ度
　無理して行っている・(飽きている)・平然と行っている・目を輝かせている
● 持続時間
　延々と続く・比較的長く続く・(一定の時間内で終わる)・すぐ終わる
● 変更が利かない
　(全く変更が利かない)・元に戻すことを前提にすれば変更が利くこともある・交換条件がよければ変更が利くこともある・説明すれば変更が利く

◆ こだわり行動の分析 《食べ方のこだわり》

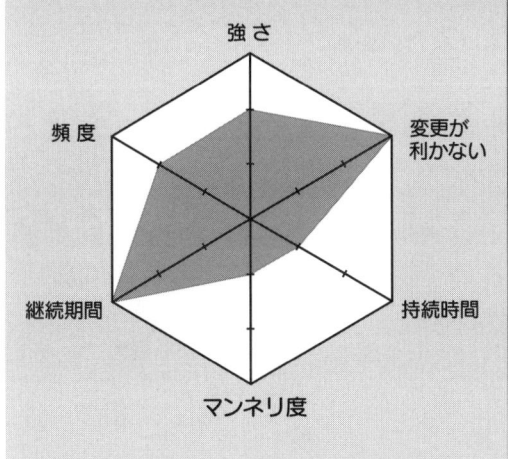

● 強さ
　激しく強い・(強い)・やや強い・弱い
● 頻度
　常に・(事ある毎に)・時々・まれに
● 継続期間
　(何年も)・何ヶ月も・何週間も・最近
● マンネリ度
　無理して行っている・飽きている・(平然と行っている)・目を輝かせている
● 持続時間
　延々と続く・比較的長く続く・(一定の時間内で終わる)・すぐ終わる
● 変更が利かない
　(全く変更が利かない)・元に戻すことを前提にすれば変更が利くこともある・交換条件がよければ変更が利くこともある・説明すれば変更が利く

もっと交流を増やして欲しい、と望まれますし、その板挟みでとても辛いんです」と正直に語ってくれました。

最初に参観した特別支援学級での授業では、まゆさんは小豆くらいの大きさのビーズをヒモに通していく、いわゆる「ヒモ通しの自律課題」に取り組んでいました。

担任の先生は「まゆさんはこの課題が一番好きで、落ち着いて作業に取り組める数少ないものなのです」と解説しました。

(2) "マンツーマンこだわり"と嘆きの課題

２人は教室の中央に敷かれたジュータンの上に置いてある座卓を挟んで向かい合って座っています。

先生は、「以前は段ボールでブースを作って、そこで集中させようとしてきたんですが、まゆさんがいちいち私に"ああしろ、こうしろ"って要求してくるものですから、このクラスは私とまゆさんしかいない"マンツーマン"の学級なので、だったら同じこと、と思って、こうした姿勢で授業をすることが多くなりました」と解説を続けました。

＜それで、結果的に"先生を独占する"という"マンツーマンこだわり"が生じて、身動きが取れなくなったワケかぁ…＞
と納得する私。

まゆさんは、「大好き」なヒモ通しをしながらも、目をつり上げ、鼻息荒く、大変に苛ついている様子があらわでした。少しでも通りの良くないビーズを摘んでしまうと、それを担任の先生に「チェンジしろ！」とばかりに差し出してきます。

それで先生が「ヒモに通らなくてイヤだね。待ってて、イイの探すから…」と応えてビーズ箱を探していると、まゆさんはビーズを摘んでいる右手の甲を噛んで、左腕の肘でドンドンと座卓を叩きます。

「分かった、分かった、早く探すから…」と言う先生。

選んだビーズを先生が差し出すと、まゆさんは、今度は「色が気に入らない！」というように「イーッ」と唸って、その手を払い除けました。

担任の先生が悲しそうに言いました。

「まゆさんは、彼女なりに"色の順番"を決めていて、それを私が"察して"あげて、手渡さないと、いつもこうして手を噛んで、怒るんです」

1本のヒモ通しのために、何度、手の甲が噛まれたか分かりません。それでも時間をかけて何とか1本が仕上がりましたが、ここで驚くべき光景を見ることになります。

まゆさんは、仕上がったばかりのそれを、箱の上にかざしてビーズを外し、ポロポロと落としていくではありませんか！

＜まゆさんは、作業の後で先生が後始末してくれる一連の動作にも"こだわって"しまった＞

そう察しがついた私に、先生は「ビーズを"ケチって"ヒモに通されたビーズを元の箱に直ぐに戻してしまった私が悪いんです…」と言いました。

そうして何度も繰り返されるヒモ通しとビーズ外し。

「完成された作品が残らない」ので、「達成感も得られない」こともあり、まゆさんは、1時間の授業中、ずっとそれを続けていました。

チャイムが鳴って、「次の行動」として担任がまゆさんに示した「写真カード」は、不思議な物でした。それは、この学校の先生とおぼしき、男性の顔写真でしたから。

(3) 先生・学校のこだわり ～理解できない交流学級～

時刻は、給食の時間。しかし、まゆさんは何もせず、ただ座っています。すると、写真に写っていた、"あの"男性教諭がやって来て、お盆に乗せられた給食の一式を彼女に渡して、「交流学級」へと戻って行きました。

＜この変な光景は何だ？＞

事態が飲み込めない私。

特別支援学級の担任が「この子は、給食の当番とか配膳とかはできませんから、給食の準備をしている間、みんなを待てないので、事前に、交流学級の先生から給食の一式をもらって、それから、交流学級に合流するのです」と解説しました。

ちなみに、私は担任の先生に聞きました。「この給食も"交流"にカウントされているのですか？」と。
　担任の先生は「そうです。この給食と体育と音楽が"交流学級"で過ごす時間です」と言いました。そして、先述したように「それだけで、め一杯です！」と言って再び嘆きました。
　まゆさんは、お盆に載せられた給食の一式を落とさぬように、転ばぬようにして、そろり、そろりと廊下を進みました。それだけでも見るに忍びない情景なのに、こともあろうに彼女が向かう交流学級は階段を昇った２階にあるのです！
　＜なんで、わざわざ、こんな苦労を強いられなければならないのか？＞
　私は怒りに近い感情を覚えました。

(4) マイナスだけの交流学級

　さて、交流学級では、まゆさんの机が隅っこに用意されていました。平素からそうなのでしょう。まゆさんは特別支援学級の担任と"ここでもマンツーマンで向かい合って"食事を摂る恰好でした。私は、その"２人の世界"の脇に急遽、机を設えてもらって、今日は、３人で給食を頂くことになりました。
　＜ははぁ…、"交流"って言っても、何の交流もないんだ＞
　と、私はもの悲しい気持ちになりました。
　本日の給食メニューは、カレーライス。それなのに、空のドンブリがまゆさんのお盆にだけ置いてあること、そして、まゆさんがやや肥満気味だったことから、私は"いやな予感"を覚えていました。
　クラスのみんなが「いっただきまぁーす！」と挨拶をする前から、まゆさんだけ、周囲にお構いなく、カレーライスを食べ始めていました。
　それも、空のドンブリにカレーもご飯もぶち込んで、さらに、目の前の担任のご飯も奪い取って、山盛りにして、しかも、"手づかみ"で口にかっ込み、頬張っているのです。
　＜予感はしていたが…それ以上だ＞

「開いた口がふさがらない」とは、このこと。私は、唖然として、しばらく、見入ってしまいました。周囲からは、
　「あいつ、お客さん（私）の前でも、キッタネーっ！」
　「カレーライスの日は、いっつもああだよな」
　「何か、見てるのも恥ずかしい…」という非難の声があがり、突き刺さるような冷たい視線が注がれます。生徒も３年生になれば厳しいことも言います。
　担任も居たたまれないのでしょう。しばらくして、まゆさんに「もういい？おなかいっぱい？　じゃぁ、行くよ」と言って、そそくさと立ち上がって交流学級を後にしました。

(5) こだわりの２人

　特別支援学級に逃げ帰るようにして戻って来た担任とまゆさんは、ここでも座卓を挟んで向かい合い、床に座りました。そして、再び、ビーズのヒモ通しを始める２人。
　担任の先生は「自閉症の子は、休憩時間も何かを設定してあげないと時間を過ごせないんです。だから、こうして、私は四六時中、彼女につきっきりでいるのです。トイレにも行けない理由が分かりました？」と暗い表情で言いました。

(6) ちょっとの介入で効果は大

　「今は（給食後の）休憩時間ということですし、それでは、私がまゆさんの"お相手"を替わりましょうか」と私が言いますと、担任の先生は「いいんですか？」と前向きな反応。
　私は、「それでは、私の関わりをちょっと見ていてください」と言って、場所の交換を担任と行いました。
　すると、まゆさんは、すかさず先生の方に腕を差し出して、「行くな！」という意味で「いいーッ」と大声をあげました。
　私は担任の先生に「色のついた折り紙がありましたら、ワンセット、持っ

て来てください」とお願いしました。そして、まゆさんには、
「大丈夫、大丈夫、先生は今、お勉強の折り紙を取りにいってくれただけ。だから、平気なの」と言って、安心を取りつけました。
　折り紙が座卓に置かれたので、私は、赤、青、黄色、緑、白の折り紙を1枚ずつ、横1列にして並べてから、
「さぁ、これからシライシ・センセイと、普段とは違うやり方でビーズをやりましょう」とまゆさんに声をかけました。
　私はビーズ箱から赤、青、黄色、緑、白の順にビーズを取り出しては、その都度、同じ色の折り紙の上に置いていきました。
　すると、最初は「何をするんだろう？」とけげんな表情をしていたまゆさんですが、
「赤いビーズは赤い折り紙に置いて、青いビーズは青い折り紙に置く！」と元気よく、私が楽しそうに作業を進めると、彼女はそれを見て、ニヤニヤと笑みを浮かべながら、私と同じようにビーズを摘んでは、折り紙の上に置いていくようになったのです。
「まゆさんが自分の行動パターンを変えてまで人に応じて、しかも、人の行動を真似するなんて、信じられません！」と驚く担任の先生。
　私が手を休めて、「まゆさんは、相当、これまでのヒモ通しに飽きていましたね。こうして、誰かが"変えてくれる"ことを待っていたのかも知れませんよ」と話している間も、まゆさんは自分で"ビーズの仕分け"をしていきます。
　ズンズン、ドンドン、自分で仕分け作業をしていくまゆさん。その様子はまさに、"自律課題"です。
　あっという間にビーズ箱からは、赤、青、黄色、緑、白のビーズがなくなりました。そして、箱に残された「それ以外の色のビーズ」たち。
　私が、折り紙の束をまゆさんに見せつけて、「残ったビーズも、同じ色した折り紙の上に置いていこうか？」と誘いますと、まゆさんは私の意図を理解して「アイ！」とうなずきました。
　ここから、これまでの作業が変わります。すなわち、私が折り紙の束か

ら抜き取ったその色に合わせて、まゆさんがビーズを選んで、その上に置く、という手順が加わったからです。

　水色の折り紙には、水色のビーズ、オレンジの折り紙には、オレンジのビーズ、と進んでいけばよいのですが、時には、赤い折り紙が出てくる時もある。しかし、箱にはもう赤いビーズは残されていない。
「さて、どうしましょうか？」
と私が尋ねると、まゆさんはニヤニヤしながら、そぉ～と、という仕草で、先に赤紙の上に積まれていった赤いビーズに手を伸ばし、それを拝借して、「えへっ」と笑って新しく示された赤い折り紙の上に置いて見せたのです。
「まゆさんの"適応力"って、すごい！」
と再度驚く担任の先生。

(7) こだわりをゲームに引き込む

　折り紙の束から1枚を引き抜いてまゆさんに提示していくうちに、「肌色！」などという、それに対応するビーズの色がない紙も出てきます。
　＜これには、困った！＞
　とっさに私は、「ゴメンナサイ！　この肌色はビーズにありません。ブブー！でバツです」と言って、座卓に両手をついて頭を下げました。
　この私の言動を見て喜んで笑うまゆさん。
「まゆさんがこんなに喜んでる‼」と言って、担任の先生も大喜び。
　さて、ここから、またこの作業の性格が変わります。
　まゆさんは、私が折り紙の

図4.2　折り紙の情緒・認知課題

束の中から「何色の折り紙を抜き出すのか？」興味津々。それを感じて、私ももったいぶって、わざと時間をかけ、大げさに「じゃぁ～ん！」と言ってから、あえて折り紙を"裏返し"にして、座卓に置いたりします。

　ご存じの通り、折り紙の"ウラ側"は、一様に白い（ちょっと濁った感じの）。

　するとまゆさんは、「コイツ、わざと間違ってる！」という表情をして、ニヤニヤ笑いながら、私の手を摘み上げ、「ちゃんとした色がついている方を見せなさい！」というように「ウゥン！」と声を出して指示してきます。

　「こりゃぁ、まいったぁ！ バレちゃったぁ」
と言って、私が折り紙をひっくり返すと、「その色は何？」と凝視するまゆさん。

　それで出てきた色が「黒」だったりすると、当然、ビーズに黒はありませんから、まゆさんは私の「ゴメンナサイ」を予期して、もう、大笑い。後方にのけ反って、床に手をついて笑っています。

　そうです。こうなると、一種のゲームが成立している、ということなのです。担任の先生は「まゆさんとゲームして遊べるなんて、知らなかった」と感想を述べました。

(8) 個別の療育が効くワケ

　最近の脳科学研究では、光トポグラフィー[※1]やfMRI装置[※2]の開発によって、簡単に人の脳活動の様子が画像で見られるようになりました。

　「脳トレ」の本やCMその他でよく用いる、あの脳の画像（脳の一部が赤くなったり青くなったりする）がそれです。

　そうした一連の研究で分かってきたことのひとつに、対面式のゲーム、例えば将棋や囲碁、オセロゲームをしている最中の人の脳は、前頭前野を中心に活発な動きが見られるようになること。すなわち、人とのコミュニケーションが、前頭前野を活性化させているということがリアルタイムに、しかも画像で分かるようになったのです。

　周知の通り、前頭前野は「脳の中でも司令塔の役割を担う」ところで、

感情の制御もつかさどっています。この感情は、扁桃体という中枢神経のネットワークから生まれることも分かっており、それは、人との間に生じる「心地よい関係」によって育まれることも明らかになりました。

つまり、豊かな感情の発生も、それを制御する働きも、「人と人とが織りなすコミュニケーション」が基本にある、という、いわば、誰もが知っていたことが科学的に証明されたということなのです。

したがって、私が強調したいのは、自閉症児に対する「個別の療育」はやはり大切で、その中でも特に、「課題を媒介にした〈やりとり〉」＝コミュニケーションが重要である、ということなのです。

先に紹介したまゆさんとの「ゲーム」場面に、光トポグラフィーやfMRIを導入したならば、きっと、まゆさんの前頭前野は"真っ赤"に変化（活性化）していたことでしょう。

ちなみに、こうした私の自閉症児との〈やりとり〉する場面は、傍らで担任の先生や親御さんに直接見てもらうことを常とします。それによって、先生や家族の態度も関係も変わるからです。

※1　光トポグラフィー：近赤外光を頭部に照射することによって脳の血流の変化を記録し、大脳皮質の活動を画像化する検査方法。ゲームや読書を行っている最中でも簡便に計測ができ、安全である点が大きな特徴です。
※2　fMRI（機能的磁気共鳴画像法）：核磁気共鳴現象を利用して、脳の血流の動きを視覚化する方法です。

(9) こだわりの連鎖

折角のマンツーマン体制で運営されている特別支援学級。まさに、すべての時間を「個別の療育」に充てられる恵まれた環境。これを活かして、1年間、みっちりと個別に〈やりとり〉を展開し、深めていけば、相当、ASDのお子さんは変わりますし、成長もします。

しかし、先の担任の先生が陥ったように、そこには大きな落とし穴もあります。それは、マンツーマン体制であるがゆえの「巻き込まれ」現象、すなわち、先生が自閉症児の「マンツーマンこだわり」の対象になってしまう、ということ。

裏を返せば、自閉症児が先生からの強い"拘束"によって、「指示待ち症候群」に陥る可能性も高いのです。
　大きな利点と高いリスクを有する、マンツーマンでの特別支援学級。
　まゆさんの担任は、ベテランの先生でこれらのリスクを充分に承知していたと思いますし、それらを防ぐ試みもされてきた、と考えます。だからこそ、ブースを用いて自律課題を導入するなどの工夫もしてきたのでしょう。
　しかし、ひとつの落とし穴（マンツーマンこだわり）に、まんまと"はまって"しまったのです。
　その原因は、次のように考えられます。
　ひとつは、担任の先生も含めて、この小学校全体がまゆさんに対する"変なこだわり"をもっていて、それが連鎖したこと。

⑩ 関係者の"交流学級こだわり"の弊害

　その顕著な例が、「交流学級」の捉え方と運用の仕方にありました。
　小学校における通常学級と特別支援学級の「交流」は、言うまでもなく、子ども同士が「交流」し、「相互に理解」し合って、「人間関係」を深めていくことを目標にするものだと思います。
　それは、ただ"一緒に居る場所を提供しさえすれば達成される"などという、生やさしいものではありません。そんなことぐらい、先生方は充分に知っているハズです。
　私は、子ども同士が互いに、自分の長所や得意なことを見せ合って、相手にアピールをしていかなければ、「交流」そのものが生じない、と考えています。
　したがって、そのお膳立てをし、環境を整え、双方のアピールやアプローチを促していく、大人の働きかけが必須なのです。ひいて言えば、「だから学校がある」のでしょう。
　それなのに、しかし、この学校は、それに逆行していました。まゆさんが一番乱れやすい「給食場面」をわざわざ、「交流」の場に選び、さらに、

「体育」や「音楽」というこれもまゆさんが苦手とする活動をあえて「交流学級」でさせてきた。

実際、まゆさんは、「体育」の時間における集団行動が取れないで、いつも砂場に逃げ込んでいましたし、「音楽」では"音過敏"を起こして、ずっと耳をふさぎ、手の甲を噛んでいました。

その結果が先に紹介した、交流学級での非難と冷たい視線に凝縮されています。

こんな状況に置かれれば、誰だって"目の前のヒモ通し"に没入したくもなりますし、担任を「動くな！」と拘束したくもなるわけです。

担任の先生や学校自体に生じていた、強固なこだわり（思い込み）が、まゆさんのこだわりを増長させ、悪化させた、と結論づけることができるのです。

(11) 不満と噛みダコの本当の理由 〜〈やりとり〉不足〜

さて、原因はもう1つ、考えられます。それは、担任の先生がまゆさんと〈やりとり〉を行うことができなかったこと。

冒頭に私がまゆさんの"噛みダコ"を見て察した通り、彼女は「"いつも変わらない"一定の状況を用意されて"安心"はしていたけれど、人との交流が実質的になかったので、それから得られる満足感や達成感を感じられず、いつも"不満"な状態にいた」のです。

正直に言います。まゆさんは、人との〈やりとり〉、すなわち、情緒的なコミュニケーションにとても"飢えて"いました。担任の先生がマンツーマンで自分についてくれているにもかかわらず。

喩えは適切ではないかも知れませんが、高齢者の自殺環境に共通すること、それは、家庭内孤立です。

家族が身近にいてもコミュニケーションがない。頼りにされない、頼りにできない。この孤独感が高齢者を自殺に追い込んでいきます。

まゆさんの手の甲の自傷行為は、それによく似ています。まさしく、学校内、教室内孤立です。

だからこそ、まゆさんは、初対面であっても、〈やりとり〉する私に、気持ちを許してくれたのです。

⑿ こだわり行動が"人気者のネタ"に

さすが、ベテランの先生でした。まゆさんの担任の先生は、私の学校訪問１回だけで、この因果関係をよく理解してくれました。

そして、私の勧めに従って、"ケバケバのモール"に"ジャンボビーズ（なんと１cm角！：大倉トーイ）"を通すという、「失敗のない」かつ「達成感も大きい」ヒモ通しを導入してくれました（写真4.16）。

さらに担任の先生は、休憩時間になると周囲の生徒を特別支援学級に呼び込んで、まゆさんの前に座らせて、ジャンボビーズの色を好きに指定させ、まゆさんにオリジナルの"ブレスレット"を作ってもらう、という企画を始めたのでした。

生徒たちは、これまで見たこともない大きくてキレイなジャンボビーズに大喜び。あっと言う間に、評判となって、子どもたちが特別支援学級に群がるようになりました。

まゆさんは毎日、毎日、休憩時間は大忙し。それでも、対面した生徒の「次は赤」「その次は青いビーズにして」という要求に添ってビーズをモールに通し、感謝され、ある時は誉められて、大きな満足を得られるようになりました。

そのうち、ビーズ以外の興味でもって、特別支援学級に遊びに来る生徒も現れ、まゆさんとの本当の交流も芽生えていきました。

この光景を見て、まゆさんの両親は涙を流して喜んだ、と聞きました。

したがって、無理矢理の

写真4.16　ジャンボビーズのモール通し

とってつけたような、給食と体育と音楽での「交流」の意味は無くなって、まゆさんが得意とするものをアピールする場としての「交流学級」の利用となりました。

実際、交流学級でまゆさんが過ごす時間は減りましたが、内容が濃くなった分、もう、両親は文句を言いません。

担任の先生の「板挟み」という心労も解消されていきました。

8. 児童期のASD：特別支援学校6年生の芳郎君

(1) 芳郎君のこだわり〈新聞・ケーキ・指さしなど〉

重度の知的な遅れを伴うASDの芳郎君は、遠方より、当時私が勤めていた相談機関に電車を乗り継いで、月1回、母親と通ってきました。

家を出てからそこに到着するまで、2時間半！という長丁場。母親は芳郎君の機嫌を保つためにアレコレとサービスをして来なければなりませんでした。

そのひとつに、電車の乗り換えごとに「売店（キヨスクなど）に立ち寄って、箱入りのお菓子を買うこと」がありました。

これは、以前、母親が慌てて駅で購入した「手土産」が芳郎君のこだわりになってしまったものでしょう。

相談機関に到着する時には、3つの"菓子折"と、最後に降りた駅の駅ビル内で購入したショートケーキを持参する、のが芳郎君のパターンになっていました。

そのケーキは、芳郎君自身が食べる物で、菓子折は事務所用。

もう何年にもわたって続けられていることなので、芳郎君自身も実際はこの一連のこだわり行動に"飽き飽き"しているようでした。

駅ビルで買うショートケーキは、全種類食べ尽くされていましたから、最近ではわざわざ、"食べもしない"ウサギやパンダの砂糖菓子を乗っけて"デコレーション"するようになっていました。

事例：芳郎君 特別支援学校6年生 ①

◆ 生活とこだわり行動

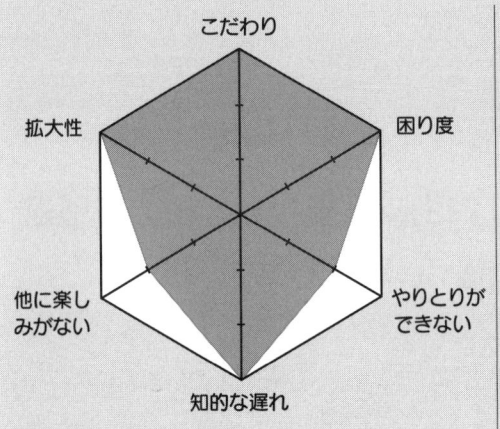

- ●こだわり
  (激しく強い)・強い・時々・少ない
- ●拡大性
  (大)・中・小・ない
- ●他に楽しみがない
  まったくない・(1〜2つはある)・3〜4つはある・たくさんある
- ●知的な遅れ
  (重度)・中度・軽度・ない
- ●やりとりができない
  ほとんどできない・(限定的にしかできない)・多少できる・できる
- ●困り度
  (非常に困る)・とても困る・やや困る・困らない

◆ こだわり行動の分析《新聞こだわり》

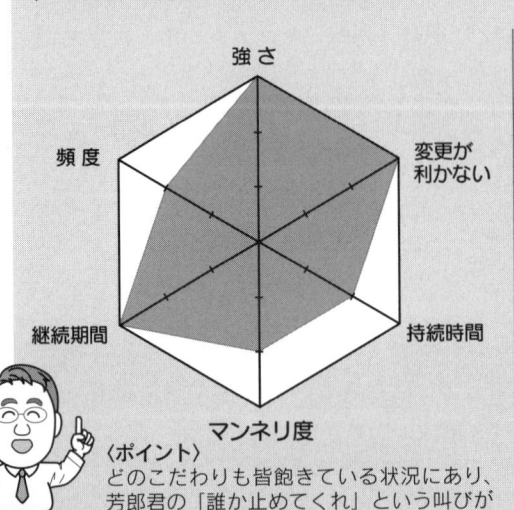

- ●強さ
  (激しく強い)・強い・やや強い・弱い
- ●頻度
  常に・(事ある毎に)・時々・まれに
- ●継続期間
  (何年も)・何ヶ月も・何週間も・最近
- ●マンネリ度
  無理して行っている・(飽きている)・平然と行っている・目を輝かせている
- ●持続時間
  延々と続く・(比較的長く続く)・一定の時間内で終わる・すぐ終わる
- ●変更が利かない
  (全く変更が利かない)・元に戻すことを前提にすれば変更が利くこともある・交換条件がよければ変更が利くこともある・説明すれば変更が利く

〈ポイント〉
どのこだわりも皆飽きている状況にあり、芳郎君の「誰か止めてくれ」という叫びが聞こえそうです。やりとりがちょっとできるので、介入してあげましょう。

事例：芳郎君 特別支援学校6年生 ②

◆ こだわり行動の分析 《ケーキこだわり》

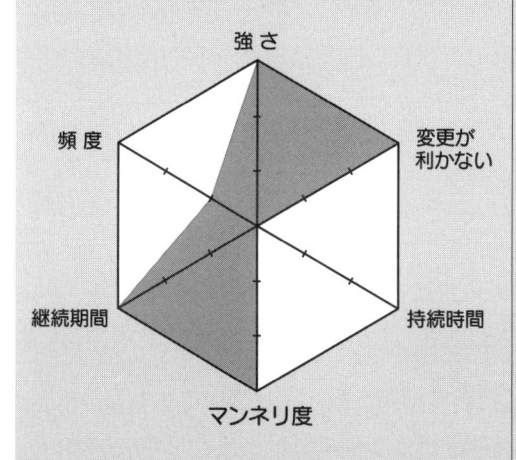

- 強さ
  (激しく強い)・強い・やや強い・弱い
- 頻度
  常に・事ある毎に・(時々)・まれに
- 継続期間
  (何年も)・何ヶ月も・何週間も・最近
- マンネリ度
  (無理して行っている)・飽きている・平然と行っている・目を輝かせている
- 持続時間
  延々と続く・比較的長く続く・一定の時間内で終わる・(すぐ終わる)
- 変更が利かない
  (全く変更が利かない)・元に戻すことを前提にすれば変更が利くこともある・交換条件がよければ変更が利くこともある・説明すれば変更が利く

◆ こだわり行動の分析 《指さしこだわり》

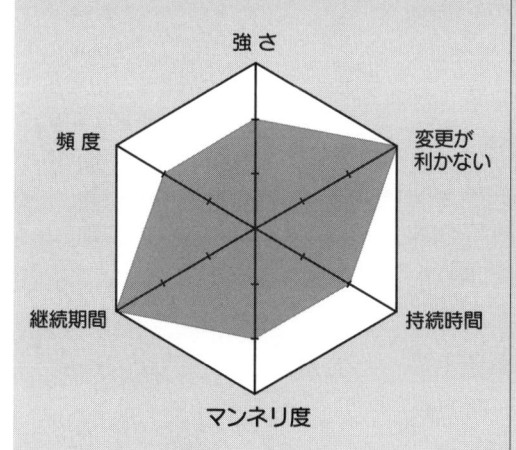

- 強さ
  激しく強い・(強い)・やや強い・弱い
- 頻度
  常に・(事ある毎に)・時々・まれに
- 継続期間
  (何年も)・何ヶ月も・何週間も・最近
- マンネリ度
  無理して行っている・(飽きている)・平然と行っている・目を輝かせている
- 持続時間
  延々と続く・(比較的長く続く)・一定の時間内で終わる・すぐ終わる
- 変更が利かない
  (全く変更が利かない)・元に戻すことを前提にすれば変更が利くこともある・交換条件がよければ変更が利くこともある・説明すれば変更が利く

菓子折に至っては、なおざりに事務所に放り投げられていく、が慣わし。

誰もが「そんなこと、とっとと止めればよい」と思うことでしょう。しかし、母親からすれば、「目的地に時間通りに着かなければいけない」と考えると、「芳郎の要求を叶えないといけない」となります。

(2) 本人も辟易

母親のこころの"隙"と"弱み"につけ込んだ、芳郎君のこだわり要求でしたが、先述したように、彼自身も一連のこだわり行動に縛られ、辟易していたのです。

でも、当事者では「止められない」のが、こだわり行動です。そして、「うまく止めさせないと」増殖の一途を辿る。こだわり行動が恐ろしいというゆえんです。

ご多分に漏れず、芳郎君のこだわり行動も増え続けていきました。彼は、父親と来所した時に体験した「新聞読み」にこだわって、当初は自宅から新聞紙を持って来て、到着後にそれを机に広げ、しばし、眺めるということを続けていました。

彼は、知的障害のために文字を読んだり書いたりすることはできません。彼に付いた支援員が新聞内の企業マークを指さして「三越ね、サンヨーね、ソニーね」と言ってあげたことにこだわって、以来、執拗に、傍らにいる大人に向かってこの「指さし」を求めるようになりました。

そして、自宅から持参した新聞1紙では飽き足らなくなって、菓子折を届けに行く事務所に突進して、新聞ホルダーごと、古紙を"失敬"してくるようになりました。

図 4.2 新聞へのこだわり

さらに、欲求は収まるところを知らず、新聞紙を探し回って相談機関内を彷徨(さまよ)うようになっていきました。支援員室の棚や事務机にまでも手を伸ばし、「制止されれば」パニックになって大騒ぎ。見かねた事務長さんが「彼のために」と1ヶ月分の新聞紙を取り溜めしてくれて、段ボール箱で「ドン！」と提供してくれるようになって、"一時"は、この騒ぎは収まりました。

　しかし、それは、"見せかけの安定"に過ぎません。数ヶ月後、「段ボール箱1つでは足らない！」ということで、芳郎君の徘徊(はいかい)は再開されたのでした。

　延々と新聞探しに時間を費やし、大量の新聞紙を床一面に広げ、いちいち支援員にマークを指さしさせる。この一連のこだわり行動が終えられるためにかかる時間は、ゆうに1時間半。

(3) 本人も嫌々(いやいや)

　それから芳郎君は、買ってきたショートケーキを言わば、「嫌々」食べることになります。自分で決めたことですから、やめられず、かと言って、新鮮味もとうに失われていますから、途中でケーキをもてあそび、ジュースに浸したり、グチャグチャにかき回したりして、状況は散らかし放題の惨状と化していきました。

　そんな事態になるまで30分。合計2時間。そうです。芳郎君は何ら"指導"を受けずに、自分のこだわり行動を遂行するだけで「お帰り」の時間を迎えるのでした。

　本来は90分の指導時間。しかし、以上の全部を経なければ「帰る気持ちになれない」こと、つまり、"区切りが付かない"ことを母親も含め関係者は知っていましたから、みな悠長に時間を過ごしていました。

　私は端(はた)からいつも彼を見ていて、「なんて不自由な過ごし方をしているんだろう」と思っていました。そして、機会があれば「彼に関わって、こだわりに"介入"しなければならない」と考えていました。

第4章　こだわり行動の療育・実践事例　199

(4) やっと担当に

　芳郎君が小学6年になった4月、とうとう私が彼の担当になりました。6年間にもわたり、彼と母親とそして、前任者との間で築き上げられた"こだわり"に挑む時がやっと訪れました。

　芳郎君親子に初めて挨拶(あいさつ)した時の母親の一言。

「これまで培ってきた芳郎の"楽しみ"や"安定"を是非、継続してください」

　そして、芳郎君の私を無視する態度にも触れ、

　＜こりゃぁ、"こだわり"の巣窟(そうくつ)だ！＞と改めて実感した私でした。

(5) 介入して、人間関係を築くために

　私の療育方針は、端的に言って「こだわりに介入して、人間関係を築くこと」を一番にしています。

　ただし、多種多様にある芳郎君のこだわり行動に、あれもこれもと介入するのでは、ただの"いじめ"になってしまいます。

　私は、緊急対応の必要性の高さと介入のしやすさとを考え合わせて、次のように介入する順番を決めたのでした。

　それは次の通りです。

　　① ショートケーキのこだわり
　　② 新聞紙のマーク指さしのこだわり
　　③ 新聞紙集めのこだわり
　　④ 菓子折買いのこだわり

(6) ケーキに介入

　私との指導開始日（初日）、芳郎君はこれまで通り、こだわり行動の遂行に1時間半を費やして、やっとケーキを食べるところに行き着きました。

　ここまでは、母親の希望通り、芳郎君の"楽しみ"と"安定"を保障したのです。したがって、「担当者が変わった」影響もなく、彼は平素と変わらず、過ごしています。

本日は、「ここからが"勝負"」です。
　これまでの芳郎君は、ケーキが納められた手提げ箱を開けるやいなや、そのままフォークを突き刺して、食べる姿勢をとっていました。私は、そこから介入しました。
　予め紙皿数枚と子ども包丁を用意しておき、彼に「お皿の分だけ、ケーキを取り分ける」ように提案したのです。
　ケーキはショートケーキで、二等辺三角形。私は、頂点の"小さく尖った箇所"を指さして、「ここの"ちいさい所"を"ちょっとだけ"僕にくれる気持ちはない？」と聞きました。
　そんな「提案は初めて！」とばかりに目を丸くする芳郎君。私の指さすその指を片手であしらうように払い除けました。「ダメだ！」という意思。
　「じゃぁ、もっと"ちいさく"ここんとこだけ、ねぇ？」と食い下がる私。
　その指もサッと払い除ける芳郎君。
　「それじゃぁ、お母さんにだったら、ちょっとだけでもあげられるかな？」と方向転換。彼は考えて、動きを止めています。
　「そうか、君はお母さんになら、ケーキをあげてもいいと思ってるのね！」と私。
　すかさず、「これくらい？」とケーキの先端を指さします。
　彼はその大きさに慌てて、「ちがう！　これくらいだよ」と言わんばかりに、私の指先を取って、小さくなるように誘導して見せました。
　＜しめた！　彼の気持ちが、私の働きかけに伴って動いてきた！＞
　私は、彼が示したケーキの箇所を子ども包丁で切り取って、紙皿に置いて見せました。そして、「それでは、お父さんにはどれくらいあげられるの？」と尋ねました。
　彼は「そうくるか」という表情をして、ぶっきらぼうに「ココ」というように指さしました。
　それが端っこで、あまりにも小さい箇所でしたから、私が「芳郎君のお父さんって、大きな人で、たったこれだけじゃ満足しないよ」と言いますと、彼はニヤニヤ笑い出しました。

第4章　こだわり行動の療育・実践事例　201

(7) 人で気持ちも身体も動く

　たったこれだけの〈やりとり〉で、気持ちに余裕を示し始めた芳郎君。
　私は、大胆に「お父さんの大きさを考えて、"半分！"切って、あげちゃいましょう！」と言いました。
　「ぇぇっ、そんなに!?」という表情をして慌てる芳郎君。私の子ども包丁を持つ手を制止します。
　＜気持ちも身体も動いてきた！＞と喜ぶ私。
　私は彼に手を制止されたのを幸いに、ケーキの半分以上の線の所に子ども包丁を誘導します。すると、懸命になって、それを引き戻し、より小さい箇所に子ども包丁を降ろそうとする芳郎君。
　この＜押して―戻して＞が具体的な〈やりとり〉になって、もう、お互い笑ってしまっています。
　「分かった！　芳郎君！　良い提案がある！」と言って、彼を制止させ、子ども包丁をかざす私。
　私は、これまでのケーキを横に切って２等分する、というやり方をやめて、"縦に細長く切って" "２等分する" 方法を示したのです。
　「じゃぁーん！ 細長いケーキになりました」と、そう切ってしまって宣言する私。
　「なんてこったぁ」という表情をする彼。
　「でも、食べられるんだから、いいじゃない？」と慰める私。
　芳郎君は「ウンウン」と肯いています。
　＜私の言うことをキチンと耳に入れ、応答もするようになった＞と状況の進展を実感する私。
　しかし、ここで〈やりとり〉は止めません。さらに私は、彼に提案します。
　「芳郎君は、実は、もうケーキに飽き飽きしてるでしょう？本当は、もう、"こんなケーキ、食べたくない！"って思ってるでしょう？」と尋ねてみたのです。
　「えっ？」という表情を一瞬浮かべながらも、しらばっくれる芳郎君。

「飽き飽きのケーキだからさぁ、先っぽをちょっと食べて、今日は帰ろう」と私は言いました。

そして、彼に新しいフォークを差し出すと、彼はなんと、私の言った通りにして、ケーキの端っこを掬（すく）って食べた後、「ごちそうさま」のポーズをとって、席を発ったのです。

「偉い！　もうケーキは要らない！」と彼を励ます私。

芳郎君はニヤニヤ笑いながら、母親の所にケーキを運んだ後、家路につきました。

(8) 成果はその日のうちに顕（あらわ）れる

翌日、私は、親面談担当の上司に呼ばれました。開口一番、その上司は私に聞きました。「昨日、あなたは、芳郎君に何をしたの？」と。

私はいささか不安になって、「帰りの電車で暴れました？」と逆に尋ねるのでした。

上司は「なに言ってんのよ！　その反対よ。もう芳郎君は上機嫌で、終始にこやかにして、家に帰ったそうよ。彼の母親が、"こんな状態で家に帰るのは初めて！"と言って、お礼の電話をよこしたものだから、一体何があったのか、聞いてるんじゃないの…」と不思議そうな顔をして言いました。

私は安心して、「ケーキを食べさせなかったんです」と言いました。

「えぇっ？　彼のケーキを止めさせた？　…だから、昨日、帰り際に、芳郎君は母親にケーキを持ってきたのね！　ケーキにずっとこだわってきた芳郎君だから、"どこにあったケーキを持ってきたんだろう？"って、母親とも不思議がってたのよ。アレ、芳郎君のケーキだったのね!!　こりゃぁ、驚き！」と大興奮の上司。

(9) 蓑（みの）が剥（は）がれて楽になる

翌月、私は駅で彼を出迎えました。「なんで、ここにいるの？」と目を丸くする母と子。私は芳郎君に「約束、覚えている？」と尋ねます。「な

第4章　こだわり行動の療育・実践事例　203

に？」って顔する芳郎君。

私はわざと小さい声で、彼に耳打ちします。「ケーキは買わない」と。

「あっ！」と思い出したような顔をする芳郎君。

「さぁ、一緒に行こう！ 目指すは"○○相談所！"で、今日は駅ビルには入りません！」

そして、母親に言います。

「もう、ケーキ、買いませんから」

そう宣言されて、芳郎君も母親も気持ちを切り換えました。芳郎君は「何も無かったかのような顔」をして、駅ビルを通り過ごして行きます。

母親は、"先月の一件"で私を信用してくれた様子。何も言わず、こだわらず、共に歩きます。

＜こだわりの"蓑(みの)"がひとつ剥(は)がれて、楽になったね＞と思いながら、私もズンズン歩いていきました。

⑩ 芳郎君の焦りと私の余裕

芳郎君としては、「ケーキはやめにしたけど、新聞はやめさせない！」と思ったのでしょう。相談所が間近に迫ってくると、私の方を意識してチラチラと見た上で、小走りになってきました。彼の心情を察して「いいよ、いいよ、事務所で事務長さんから新聞紙もらってきなさい」と言う私。

彼はいつもの菓子折を事務所に放り投げ、そそくさと事務長から段ボールを受け取ると、一目散に２階のプレイルームに駆け上がり、いつものように、新聞紙を床に並べていきました。

"いつものように…"。しかし、今日は「いつものようには」新聞紙を探し回りません。「とりあえず、段ボール１箱を確保した」ことで「満足」し「安心」したようです。

⑪ 「指さし」こだわりに介入

さて、これからが"長い"「指さし」の始まりです。私は、先述したように、今日からこの「マークを指さす」こだわりに介入する、と計画を立ててい

ましたので、実は、前回の指導場面で"前振り"を済ませてありました。

それは、「私は前任者と違って、マークに詳しくない」という態度を示してあったのです。

それでも彼を苛立たせたり、不安に陥れたりはしない程度に、「マークの呼称」を行いましたが、時折「これは、分かんないから、パス！」「なんだろうね、このマーク？」という言動を示しておきました。

それがあるので、本日からは、彼に「私の言ったマークを探して、指さす」ことを反対に求めたのです。

「さぁさぁ、いいかい、先生はマークが分からないから、芳郎君が先生にマークを教えてね」

そう言って、私が新聞紙をのぞき込みますと、彼も新聞に視線を落としました。

「それでは、三越のマークをたくさんある新聞紙の中から探し出してください！」という指示で、ゲームが始まりました。

とは言っても、マークこだわりの彼は、指示された「三越マーク」を探さないで、目に付いた別のマークを指さして、「マーク名を言ってくれ！」という要求を私に出してきます。

その度ごとに私は、「いやいや、それは"三越"ではありませーん！ブーッで、間違いです！」とおどけて反応していきました。

⑫ 情動の調律 ～怒りと「ブー」～

「指しても指しても」「ブーッ！」と言われ、観念した彼は、「もう、いい加減にして！」と言わんばかりに、新聞紙を放り出し、床にあぐらをかいて座り込んだのです。

実際、新聞紙はチラシではありませんから、特定のマークが絶えず載っているものではありません。特に「三越」と決めて探した場合、たやすく見つけ出せるものではないのです。私はそれを知っていますから、わざとらしく、「ない！ ない！ "三越マーク"はない」と言いながら、彼の目の前で新聞紙を捲っていきました。

第4章 こだわり行動の療育・実践事例　205

「ない、ない、全然なーい！」と苛立つようにして、私が大声を張り上げると、「えぇっ？ そうなの？」という顔をして、彼が笑っています。
　＜芳郎君の気持ちが切り替わったな＞と見て取った私は、彼に提案します。
「こんな"三越マーク"が載っていないダメ新聞紙は、事務長に突き返してやろう！」
　そして、私が「さぁ、段ボールにダメ新聞紙を仕舞って、仕舞って！」と言うと、彼も立ち上がって、新聞紙をかき集めます。
　私は彼を引き連れて、事務所まで下っていき、"怒ったフリ"をしたまま、「事務長さん、もうこんなダメ新聞紙、要りませんから！ 二度と私たちに新聞紙を見せないでください！」といきり立って言いました。
　そして、私は芳郎君に「もう段ボールは"ブーッ"って言いなさい」と言いました。私の勢いに押されて彼は「ブー」と言いました。事務長が「もう、新聞紙はブーですね」と念を押します。「ブー」「ブー」「ブー」の連呼におかしくなって、ここでも芳郎君は笑い出しています。
「じゃぁ、新聞は、これでお終い！」
　実際、次回から、芳郎君の新聞集めとマーク指さしは姿を消したのです。

⑬ こだわりからの解放

　さて、新聞集めも、マーク指さしも、ケーキもなくなった芳郎君の指導場面。彼にしてみれば「やることが無くなった」のかも知れませんが、私にしてみれば、逆に「指導時間が増えたこと」になり、万々歳！です。
　私たちは、指導時間の前半を文字学習や書道などをして過ごし、後半はゲームや身体遊びをして興じることにしました。
「人の存在が入ってくることで、こだわりから解放され、楽な生活ができるようになった」芳郎君は、母親や家族の言うことも耳に入れるようになって、柔軟に家庭生活を送れるように変わっていきました。
　現金なもので、事務所に新聞紙をもらいに行くことがなくなったので、母親が「もうお土産は要らないでしょう」と言うと、彼は素直に応じたそ

うです。
　したがって"菓子折"3つを失った事務長さんは、「白石先生には怒られるは、菓子折はなくなるはで、"泣きっ面に蜂"とは、このことだ」と言って笑っていました。
　その後、このケースは月1回の指導から、隔週の指導へと回数を増やすようになりました。それは、本人、芳郎君が「相談室に行きたい！ 行きたい！」と家族に強くせがむようになったから。そして、母親からも「ここに来て白石先生の指導を受けると、良い状態が家でも学校でも2週間は持続するんです！ だから、隔週で指導を受けられれば、完璧です！」という申し入れがあったから。
　以来、すっかり"手ぶら"でやって来るようになった芳郎君を事務所からただ"眺めるだけ"の人になった事務長さん。「本当に大損だ」とずっと嘆いていました。"お菓子のこだわり"は、実はここにもあったのです。

⒁「変化することへの恐怖」に立ち向かう

　認知行動療法の分野では、各種の「恐怖症」に対して、エクスポージャーいう方法が用いられるようです。「曝露反応法」という厳めしい訳名が付けられるこの方法は、「恐怖の対象に直面させる」体験をさせて、「恐怖を克服する」こと。
　もう少し詳しく言えば、忌み嫌う事柄を避け続けるのではなく、逆に「立ち向かっていって」、「大丈夫だ！」という成功体験を植えつけていくこと。
　これは、人が人に支えられて行う「共同作業」＝〈やりとり〉によってのみ得られる成果だと思いますし、これを経ることで、お互いに生じる「信頼感」は絶大なものになる、と考えます。
　ASDの人たちの「飽きられながらも拡大するこだわり行動」に悩む関係者の皆様、どうぞ彼らを支え、一緒に「変化することへの恐怖」に立ち向かってください。大事なことは、「共に」堪え忍ぶこと。怖いこと、嫌なことでも、我慢して耐えていると、必ず、一瞬「大丈夫かな？」という心境が拓ける時がやって来ます。そこで臆せず、背中を押してあげること。

「ほうら、大丈夫！できるじゃないか！」

そんな光景を覚えていませんか。誰もが経てきた、成功体験のワンシーンです。

第1章の冒頭で紹介した、スーパーのお菓子にこだわる自閉症児の明人君（19〜21頁）。彼が図らずも遭遇した「ハプニング」は、今から思うと、この変化に耐えることを教える良いチャンスだったのかも知れません。

9. 青年期のASD：施設で暮らす暁子さん17歳

(1) 驚き 〜こだわり行動の蓑虫状態〜

私が働いていた自閉症児・者の入所施設には、多種多様なこだわり行動がありました。まさに、そこは、こだわり行動の展覧会のようでした。

なかでもひときわ目を引くこだわり行動を現していた利用者に暁子さんという女性の方がいました。

彼女はことばのない、知的な障害が重度クラスの自閉症者で、左の小脇にマンガ雑誌数冊を抱え、右手には数種類ものヒモが巻かれ、それらの端が足下までダラダラと垂れ下がっていました。そうした"不自由"な両手であっても、自傷の際には頭を強く叩くので、ケガ防止のためにタオル地のヘアバンドが額を覆っていました。さらに、視点を上げていくと、彼女の頭頂には、厚手の表紙からなる小学生用の絵本が真ん中から開かれた状態で乗っかっているではありませんか！

その本をその状態で維持して歩くためには、そぉっと、摺り足をして、バランスをとって慎重に進まなければなりません。したがって、彼女は、足のケガや障害はないのに、利き足でない左足を引きずって歩く姿勢にこだわるようになっていったのです。

正直、彼女の様子はことさら、異様に思えました。

私の勤務地とは別棟で暮らしていた暁子さん。毎日見かけることはありませんでしたが、月に数回、会う度ごとに、身にまとう"こだわりの品"

事例：暁子さん 17歳 ①

◆ 生活とこだわり行動

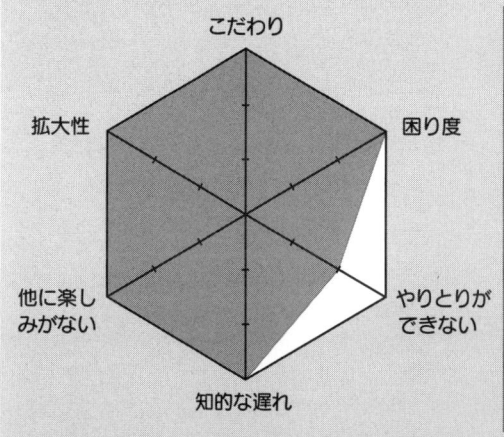

（レーダーチャート：こだわり／拡大性／他に楽しみがない／知的な遅れ／やりとりができない／困り度）

- ●こだわり
  （激しく強い）・強い・時々・少ない
- ●拡大性
  （大）・中・小・ない
- ●他に楽しみがない
  （まったくない）・1～2つはある・3～4つはある・たくさんある
- ●知的な遅れ
  （重度）・中度・軽度・ない
- ●やりとりができない
  ほとんどできない・（限定的にしかできない）・多少できる・できる
- ●困り度
  （非常に困る）・とても困る・やや困る・困らない

◆ こだわり行動の分析 《足をひきずる》

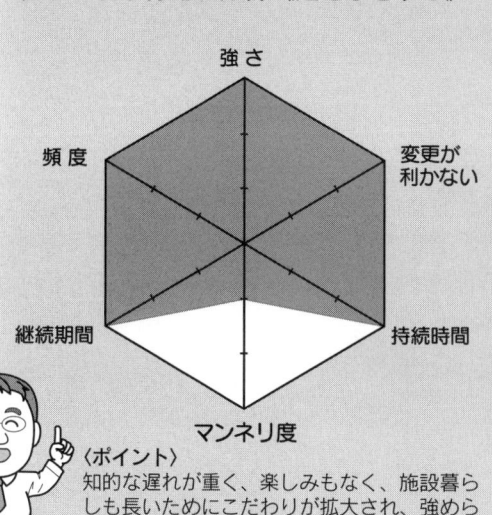

（レーダーチャート：強さ／頻度／継続期間／マンネリ度／持続時間／変更が利かない）

- ●強さ
  （激しく強い）・強い・やや強い・弱い
- ●頻度
  （常に）・事ある毎に・時々・まれに
- ●継続期間
  （何年も）・何ヶ月も・何週間も・最近
- ●マンネリ度
  無理して行っている・飽きている・（平然と行っている）・目を輝かせている
- ●持続時間
  （延々と続く）・比較的長く続く・一定の時間内で終わる・すぐ終わる
- ●変更が利かない
  （全く変更が利かない）・元に戻すことを前提にすれば変更が利くこともある・交換条件がよければ変更が利くこともある・説明すれば変更が利く

〈ポイント〉
知的な遅れが重く、楽しみもなく、施設暮らしも長いためにこだわりが拡大され、強められていきました。限定的ですが、やりとりができることを頼りに関わりましょう。

事例：暁子さん 17歳 ②

◆ こだわり行動の分析《身にまとうこだわり》

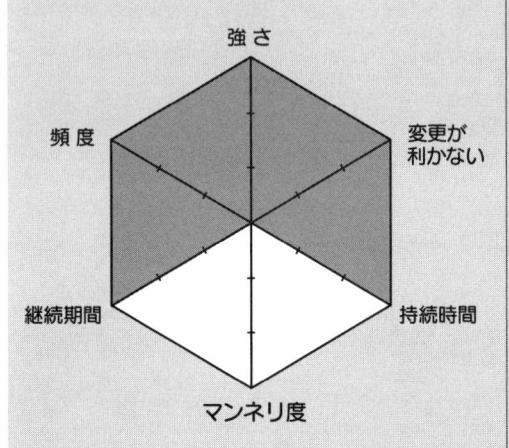

- ●強さ
  (激しく強い)・強い・やや強い・弱い
- ●頻度
  (常に)・事ある毎に・時々・まれに
- ●継続期間
  (何年も)・何ヶ月も・何週間も・最近
- ●マンネリ度
  無理して行っている・飽きている・平然と行っている・(目を輝かせている)
- ●持続時間
  (延々と続く)・比較的長く続く・一定の時間内で終わる・すぐ終わる
- ●変更が利かない
  (全く変更が利かない)・元に戻すことを前提にすれば変更が利くこともある・交換条件がよければ変更が利くこともある・説明すれば変更が利く

◆ こだわり行動の分析《偏食/こだわり》

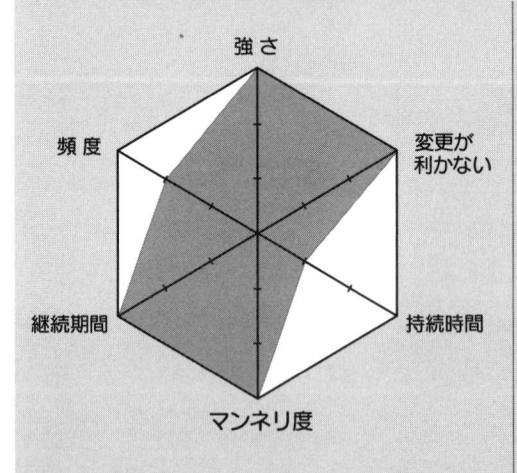

- ●強さ
  (激しく強い)・強い・やや強い・弱い
- ●頻度
  常に・(事ある毎に)・時々・まれに
- ●継続期間
  (何年も)・何ヶ月も・何週間も・最近
- ●マンネリ度
  (無理して行っている)・飽きている・平然と行っている・目を輝かせている
- ●持続時間
  延々と続く・比較的長く続く・(一定の時間内で終わる)・すぐ終わる
- ●変更が利かない
  (全く変更が利かない)・元に戻すことを前提にすれば変更が利くこともある・交換条件がよければ変更が利くこともある・説明すれば変更が利く

が増えていることに気づかされました。

　左に抱える雑誌が増え、右手のヒモも増えている。さらに、肩にはバスタオルが掛けられるようになって、次に見た時は、それが両肩から、に増えている。

　私は思わず、「こだわり行動の"みのムシ"状態！」（図4.3）と言ってしまったほどです。

(2) 慣れと中毒

　恐ろしいのは、慣れです。先述したように、自閉症児・者の入所施設は、こだわり行動のオンパレードですから、それらに"かかずらってはいられない"という雰囲気があり、ある種、それで"安定して暮らせるならいいではないか"という、惰性と言うか慣れが生じてしまい、特段、誰も問題にすることがなくなってしまう傾向にあります。

　入所施設は、そもそも措置費制度によって財政的にも人員的にも強固に

図4.3　こだわり行動の"みのムシ状態"

守られてきた、どこよりも"安定した生活"が保障された時空間でした。自閉症児・者にとって、一日の流れのみならず、年間行事だって見通しがもちやすい、至って分かりやすい状況の毎日です。

しかし、自閉症児・者のこだわり行動は治まるどころか、暁子さんのように増殖していくのです！　繰り返しますが、周囲の慣れによって、それが気づかれない。

朝昼晩と利用者と一緒に食事を摂る支援員たち。習慣で多くが"食後の一服"と称して、コーヒーを飲み、わずかな安息のひと時を過ごします。知らず知らずのうちに、その習慣が利用者にも伝染して、こだわりに化していく。

ある時、コーヒー用のポットが壊れて、コーヒーが飲めない日がありました。支援員は気にせず、「じゃ、冷たい麦茶で我慢しよう」となりましたが、ある利用者は代替えが利きません。

普段はとても大人しい、問題行動も別段ない、と目されていた利用者でしたが、「コーヒーが食堂にない！」と思ってしまって、急激に不安に陥ったのでしょう。支援員の詰め所の扉を打ち破って突進し、予備に買ってあったインスタントコーヒーの瓶をこじ開けて、その粉末を口に流し込んだのです。

支援員からの報告を聞いて彼の父親が嘆き言いました。「家ではそんなことはしない。だって、家族にコーヒーを飲む習慣はないから…」

(3) 危険　〜こだわり行動の鎧甲〜

さて、私が「みのムシ状態」と称した暁子さん。家族の県外への引っ越しに伴い、施設を退所し、別の施設に移ることになりました。

後日、その移転先の施設から連絡があって、私たちを驚かせました。

「嘱託医の診察によって、暁子さんの左足にマヒがあることが分かったので、引きずる左足の手術をする」

慌てた私たちは、即刻対応しました。

「とんでもない！　暁子さんの左足は、こだわりによって"引きずられて

図 4.4 こだわり行動の鎧甲

いる"のであって、外科的な手術が必要なのではない！」
　間一髪、無用な手術は止められましたが、改めて、こだわり行動に潜む恐ろしさを知らされました。
　後日談ですが、暁子さんの移転先の施設では、暁子さんの"引きずる足"について詳細に調べようとしたそうです。すると、その対人接触に大きな抵抗を見せた暁子さん。大声を張り上げ、騒いだとのこと。それを医師は「足の痛みに耐えかねている」と診たんだそうです。
　「こだわり行動の"みのムシ"状態が悪化して、人を寄せ付けない"鎧甲"になってしまった」（図 4.4）と私は、反省を込めて思いました。

(4) 暁子さんのその後

　施設を転園して1年、暁子さんは18歳になり、成人施設に再度転園していました。この度重なる環境変化で状態を悪化させた暁子さんは、自傷行為をさらに強くしたために、新しい施設において両腕の「拘束」を受け

第4章　こだわり行動の療育・実践事例　213

たのでした。
　しかも暁子さんは、この「腕の拘束状態」にこだわってしまい、自傷せず落ち着いている時でさえも「両手を縛ってくれ！」と執拗に求めてくるようになった、といいます。
　残念ながら、障害者の成人施設には、昔あった「身体拘束」の負の遺産としての「手縛りのこだわり」状態にある利用者が少なからずいます。
　それを聞いて、私は同僚の女性支援員と２人で、暁子さんに会いに行くことにしたのです。
　後ろ手に手縛り状態にある暁子さんは、着替えもできなければ、洗面も排泄の始末も、食事も自分ではできない状況にありました。したがって、まさに、"全面介助"の状態に甘んじて生活を送るようになっていたのです。
　私は、暁子さんの惨状を知って、直ぐさま、彼女の腕を"縛り"から解き放ちました。「手縛りのこだわり」は、そうすることで利用者を急激に不安にさせ、強い自傷行為を呼び起こします。暁子さんも手を解いた瞬間、血相を変えて自分の頭を叩こうとしました。
　「やめなさい！」と私は叫んで、彼女の両腕を抑えます。そして、申し合わせ通りに、同僚の女性支援員が暁子さんを強く抱きしめ「大丈夫、大丈夫」と言って、荒ぶる暁子さんの気持ちをなだめていきました。
　その後、まる３日間、その女性支援員が付きっきりで暁子さんの相手をしました。洗面、歯磨き、排泄、食事、入浴場面にすべて寄り添い、「人にやってもらうのではなく、自分でやった方が気持ち良いでしょう？　私がちゃんと、見ていてあげるから」と優しく、丁寧に言って聞かせて、そのように導いていったのです。
　「人が寄り添ってあげて、言って聞かせると、暁子さんは自傷もしないし、身の回りのことも全部自分でやっている！」
　施設の支援員たちは、暁子さんの劇的な変化に、驚きを隠せません。
　４日目の朝、私たちは施設の支援員と支援員室で引継ぎをしていました。私は支援員に「私たちも暁子さんに対する反省があったから、今回のような関わりができたのだと思います。要は、ちゃんと暁子さんを見て、しっ

かりと関わって、"人に関わってもらった"という満足を得てもらうこと、です」と伝えました。

「あっ！」と支援員の1人が声をあげ、廊下を指さしました。なんと、そこには、暁子さんがいて、私たちに会うために、そこで待機していたのでした。

私は、暁子さんの両手を強く握り締めてお別れの挨拶をしました。同僚の女性支援員が「暁子さん、シライシせんせいの握手を覚えているんだよ。つぎ来る時も、握手できるように、腕なんか縛ったらいけませんよ」と最後に言って聞かせました。

後日談ですが、それ以降、暁子さんの手縛りは起こされていません。

10. 成人期の自閉症フレーバー：居住地とネットカフェにこだわるある男性

(1) 自閉症フレーバー（自閉症に極めて近い人：スペクトラム）

「日雇い派遣労働者＝ネットカフェ難民の厳しい現実」と題した報道番組の取材に、30歳代後半の男性が駅前の公園で答えていました。

「ネットカフェに寝泊まりしていますが、費用はひと月、7万5千円です。それをどう思われようが勝手ですが、"テレビとパソコンが常に見られる"ことだけが私にとっての必要条件ですから、満足なんですね。自分的には。だって、テレビとパソコンを見るために、家借りて、電気代やパソコン用のケーブルなど引き込んだら、そりゃぁ、あなた、月々7万5千円じゃやれないでしょう!? 第一、○○（首都圏）駅という一等地のうえに、それも、駅前徒歩0分！なんてそれこそ、最高の立地条件で暮らせるんですから、"安い出費"じゃぁありませんか！」

そう言って、彼は、お気に入りのスポーツ紙をいっぱいに広げて、駅前の公園のベンチで読みふけり、ご満悦。

番組名が「厳しい現実」ですから、それでは「いけない！」と取材者は思っ

たのでしょう、「それでも生活は楽じゃないでしょう？」と食い下がります。

すると彼は、几帳面に記載し続けてきた「家計簿（兼・生活記録）」を取材者に見せ、「UCCのミルク缶コーヒーと松屋のカレーはやめられませんね！ 甘い物と辛い物。それ以外は、切り詰めていますからぁ（…大丈夫）」とあっけなく答えたのです。

そして、こう付け加えました。「もともと、物に埋もれる生活がダメなんです。メチャクチャになるのは、経験的に分かっていますから、こうして、物を持たず、ネットカフェで必要最低限の物の中で暮らすことが、私に適しているんです」

"こだわりの一等地"に住み、"こだわりのスポーツ紙"で情報を得て、"こだわりの缶コーヒー"を飲み、"こだわりの松屋カレー"を3食食べる。日雇い派遣の仕事は辛いでしょうが、夜は"刺激を排したブース"でひとり見る、"こだわりのTV番組とインターネットサイト"がこころを癒してくれる。

あれあれ、「厳しい現実」どころか、反対に"合理的"で"満足のゆくこだわり生活"がそこにあるではありませんか。

「厳しい現実」を取材しようとして、叶わなかった取材者は、もう苦し紛れに「この状況では遊びにも行けないじゃないですか？ それでは、楽しくないでしょう？」と"誘導尋問(ゆうどうじんもん)"のような質問を彼に浴びせました。

しかし、彼は"誘導"されません。「イッヒッヒッヒ」と身体を前後に揺すりながら笑って、こう言ったのです。

「もともと、遊びになんか興味はありませんね。私には、テレビとパソコンがあればいいんですから。日雇いの仕事がない日は、こうして、この公園で（このベンチの上で）、この新聞を読んでいるのが最高です。だから、この○○駅前から、仕事以外で出ることはありませんね」

取材シーンはここで終わり。報道番組のキャスターは、困惑した表情で「ネットカフェ難民は、日雇い派遣労働に疲れ果てて、遊ぶ余裕さえ失っているようでした…」と、無理矢理にまとめて、番組を終えたのでした。

彼に「自閉症フレーバー」を感じたのは、私だけではないでしょう。そ

の彼を見ていたら、「自分の"こだわっている"駅名」で進学する学校を決めてしまった、あるアスペルガー症候群の青年のことを思い出しました。

(2) やはり、療育が大切

　さて、先の男性は、「駅前で一等地！」とそこを称していましたが、埼玉県育ちでその場所をよく知る私から言えば、その駅名には「なんら、魅力は感じない」し、その地は言わば、「へんぴ」なところなのです。

　なのに、彼は「一等地！」とそこを称して、そこにこだわって、暮らしているのです。

　私は、彼が何かの原因で、その地に「痼って」しまっているんだと推測しました。こころの「痼り」が「こだわり」を生む。

　結果的に、その痼りを癒す「人間関係」がなかった彼。

　「できないなら、要らない」「文句言うなら、来るな」と突き放されてしまう日雇い派遣の仕事。励まされ、誉められ、時に慰められることも少ないことでしょう。

　しかも、途絶えがちなその仕事の形態では、「情緒・認知課題」にはなりません。

　彼を見ていて、改めて、療育の大切さを考えた次第です。

第5章

こだわり行動のマネージメント

1. こだわり行動のマネージメントとマネージャー

(1) マネージメントとは

　変化の著しいストレスフルな現代社会、人々を襲うストレス源を断つことはできません。よって、そのストレスと正面から向かい合って、「操縦、管理して、上手につき合っていく」ことが最善の策であると考えられるようになっています。それを「ストレスマネージメント」と言います。

　同じように、ASDの人たちがもつ同一性の保持への強い欲求は、枯渇することはありませんし、こだわり行動もなくなることはありません。

　だったら、ASDの人たちのこだわり行動も「操縦、管理して、上手につき合っていく」という、マネージメントの観点から対処していくことも賢明なる選択肢の1つだと思うのです。

　こだわり行動のマネージメントとは、こだわり行動を無理に止めないで、計画的に上手く導き、活用して、周囲や社会が認める方向や分野に、そのエネルギーを集約させていくことです。そのことによって、おのずから、こだわり行動の増殖は止まっていきます。

(2) 発想の転換

　ASDの人たちが現す様々な問題行動や周囲の人々との間で引き起こされる数々のトラブル。自傷、パニック、他害等々、それらは指導の的になり、

219

撲滅の対象として捉えられています。

こだわり行動もそうしたネガティブな意味で捉えられる行動の代表ですが、しかし、こだわり行動だけが、ポジティブな側面も注目されるという、両面をもっています。

そもそも、自傷、パニック、他害などは、周囲との関係が影響して起こされる"二次障害"であるのに対して、こだわり行動は、最初から"備わっているもの"なので、本質が異なります。

ASDという障害自体、「治すもの」という捉え方ではなく、「軽減」したり「克服」するもの、として捉えることが定着している現在、このこだわり行動も同様に捉えることが必要です。

つまり、「ASDの人たちは"何かにこだわる"」ということをまず認める。そして、「こだわり行動を消滅させる」という発想から、その人とその行動に「どのようにつき合っていけば良いのか」という視点に切り換える。このように私たちの思考と態度を最初に「変更」することが求められていると思うのです。

(3) 徹之さんと洋子さん、豊治さんと幸子さん

明石徹之さんは、神奈川県川崎市で公務員として働いています。彼は、お母さん（洋子さん）の「自閉症のこだわりは、いくら止めても止められるものではないので、逆に、利用しよう」という発想と態度の大転換の結果、水やトイレに対するこだわりが「トイレ掃除」や「風呂掃除」に転換（発展）されて、現在の地位を獲得する契機となりました（明石洋子著『自立への子育て～自閉症の息子と共に②～』（ぶどう社）より）。

上田豊治さんは、山口県萩市で切り絵作家として活躍しています。彼は、小さい頃より物づくりに際しての「細部へのこだわり」が周囲から評価され、プラモデルや絵画の領域でその個性が大いに認められてきました。それが切り絵の繊細美とマッチして、豊治さんの芸術性が大きく花咲かすことになりました（263頁参照）。お母さん（幸子さん）は、言います。

「自閉症を治そうとするより、几帳面、こだわりを個性として生かし伸

ばしてやり、できないことが見えない生き方（マイナスをプラスに考えて）の方が、楽しく生きられると思います」（上田幸子共著『個性的に生きる ～自閉症児成長の道すじ～』（日本文化科学社）より）。

(4)「活かす」こと「活きる」こと

　この2人は、こだわり行動を撲滅の対象とせず、逆に「活かすこと」の道を選択した結果、大成した事例の代表です。

　ただ、ここで強調したいことがあります。それは、2人とも「一夜にして大成したわけではない」ということです。

　そこには、長い道のりと周到な準備、多くの工夫や多くの人々からの協力がありました。上田幸子さんは、それを次のように表現しています。

　「人と人との出会いは切り絵のよう、ずっと続いて切り離れていません」

　すなわち、いくら才能に恵まれようとも放任したり、唯我独尊（ゆいがどくそん）の状態で人から離れてしまっては、成功を収めることはない、という意味が込められています。

　「人と共にあること」を基軸にしてこそ、こだわり行動は活き、ASDの人たちの人生を豊かにしてくれるものなのです。

(5) 洋子さんのマネージメント

　明石洋子さんは、その著書（前掲）の中で「"こだわり"が、初対面の方とのコミュニケーションに役立つことがあります」と述べられています。私も実際、徹之さんと初めてお会いしたとき、それを体験することになりました。

　「あなたのおなまえは、シライシ…マサカズさん、です」

　徹之さんがいきなり、私のネームプレートを読んで言ったのです。

　彼の隣で洋子さんが「これは、失礼しました！　私の息子の徹之と申します。徹之はこうしてちょっと珍しいお名前を見つけると、お読みしないといられない性格で、お宅様のお名前の"雅一"さんが気になったんだと思います。お許しくださいね」と笑顔で説明をしてくれました。

私は、洋子さんが述べた「"こだわり"が、初対面の方とのコミュニケーションに役立つ」とは、こうした「解説」という"人の仲立ち"があってこそ成り立つもの、と理解しました。また、洋子さんの"徹之さんを人とつなげていく"ための不断の努力に、深く感銘したことを覚えています。
　私たちは、その後、多くの関係者と一緒に食事を共にすることになったのですが、レストランに入ってからも徹之さんは、先の本で紹介された幾つかのこだわり行動を現しました。
　例えば「外出先でのトイレ確認」や「読み捨てられた新聞の後始末」などのこだわり行動です。ですから、食事が始められるまで、徹之さんはパタパタと動き回って落ち着きません。
　それでも洋子さんは動じず、それどころか逆に笑顔で、徹之さんの行動の１つひとつを周囲に明瞭かつ丁寧(ていねい)に「解説」してくれました。
　徹之さんは、小さい頃からたくさんのこだわり行動を現し、たくさんの問題を引き起こしてきました。水のこだわりでは、他人の家に上がり込んで水を撒いたり、排便場所のこだわりで他人の家のベランダを汚してしまったり、トイレのこだわりでは外出先のトイレを詰まらせたり等々、その都度、洋子さんは、平身低頭、謝り続けてきたのです。そして、その度に、「説明」と「解説」をして、「理解者」と「支援者」とを増やしてくることに成功したのでした。
　それが基になって、「地域にもっと知ってもらおう」ということで徹之さんの紹介とその日常を報告し、彼の特性を解説する目的の「明石通信」という新聞配りが始められます。
　ASDの人たちのこだわり行動がポジティブな側面を発揮するためには、社会からの評価が不可欠です。単刀直入に言えば、社会に受け容れられ、認められる行動や作品を伴うことです。
　明石洋子さんは、徹之さんの水やトイレに対する強いこだわりを"媒介"にして、お風呂掃除やトイレ掃除を教え、誉める、お小遣いを与えるといった"報酬"をキチンと用意することで、"人の役に立つ"ための"お手伝い"行動を自覚させ強化させてもいきました。それが洗濯の手伝いや台所の手

伝いにつながって、さらには、買い物の手伝いとなって、徹之さんを地域社会に向かわせていくのです。

その地域は、洋子さんが配り続けた「明石通信」によって、"下地"ができていますから、徹之さんに向けられるまなざしは暖かさを増していきました。みんな率先して徹之さんに励ましのことばや労(ねぎら)いのことばをかけてくれるようになります。

その買い物には、お金が必要であること、そのお金は「働いて得るもの」、さらには「働くことで人生が充実すること」を洋子さんは徹之さんに計画的にかつ、丹念に教えていきます。時に商店街の店主たちの協力を得て、時に、自ら地域にお店を出して。

そして、徹之さんの「社会人としての自立」が成し遂げられていきます。

多くの人に迷惑をかけ、非難の対象であった「水へのこだわり」が、長い年月をかけて、「公務員として清掃事業に従事することで"地域社会に貢献する"」という志(こころざし)にまで発展したわけです。

(6) 幸子さんのマネージメント

上田豊治さんの場合も、お母さんの幸子さんが上手に「社会からの評価」を活用していきます。

地域の作品展や展覧会への参加、出展を積極的に行う、がその一例です。その甲斐あって、豊治さんは自分の作品を多くの人たちに見てもらうことと、「感動した！」という評価が返ってくることに「喜びを覚える」ようになって、作品づくりにより精を出すようになっていきます。

この芸術活動も「お仕事」である、と豊治さんに納得させた幸子さんの努力は大きいものでした。豊治さんはすでに工場で働いていましたが、一定の安定的な収入よりも高い価値観として、「人に喜ばれること」の尊さを教えていったのです。

豊治さんが書いています。

「きりえの仕事がうれしい。みんなに見てもらうとき、もっとうれしい！！」

（上田幸子著『こんにちは、上田豊治です。』（樹心社）より）

(7) こだわり行動のマネージャー

　私は、明石洋子さんと上田幸子さんは、「こだわり行動の名マネージャー」だと思います。

　野球部やサッカー部の選手たちが気持ち良く練習し、持てる力を存分に試合で発揮できるよう、身の回りの世話や気配りをする、部活動のマネージャー。

　歌手や俳優のスケジュールを管理、調整して、時に売り込みをかけ、新曲や新作のプロデュースも手がける、芸能界のマネージャー。

　高齢者の生活実態や障害を把握して、ケアプランを立て、関係機関の調整を行い、介護サービスの実施につなげ、その内容を吟味、評価する、ケアマネージャー。

　私は、これらのマネージャーの役割（マネージメント）を全部引っくるめて、その洋子さんと幸子さんが担っている、と考えています。

2. こだわり行動のマネージメントの実際

(1)「行進」でこだわり行動を柔軟に

　日常的な生活の中で、「自閉症児のこだわり行動を悪化させないようにコントロールする方法はないか」と思案に暮れている関係者は多いと思います。

　ここでは、年齢的に幼い自閉症児や重度の知的障害をもつ自閉症児に適している、そのやり方を紹介します。

　それは、「行進」です。具体的には、居間やホール、体育館などの場所において、その真ん中に座卓や椅子を置いて中心点にして、その周りを「行進曲（マーチ）」にあわせて歩いて行くものです。

　「行進」ですから、大人は元気よく、手と足を大きく振って、ドンドン、ズンズン進んで行き、自閉症児の行進を促します。

　"自立"行進を目指すものではありませんから、自閉症児が大人を頼って、

手を握ってきてもそれを振りほどいたり、拒否したりはしません。最初は、とにかく、行進曲にあわせて、ひたすら、行進すれば良いのです。

　ここで使用する行進曲は「ミッキーマウス・マーチ」です。

ミッキーマウス・マーチ
　　　　　　　　　　　Jimmie Dodd 作詞・作曲　さざなみけんじ 日本語詞
ぼくらのクラブのリーダーは
ミッキーマウス　ミッキーマウス
ミッキー　ミッキーマウス
強くて明るい元気者
ミッキーマウス　ミッキーマウス
ミッキー　ミッキーマウス　　…＜略＞

　この行進曲は、昔から多くの保育園や幼稚園で運動会などに用いられてきた定番です。したがって、いろいろなバージョンがありますが、お勧めのものは、
　　① 日本語の歌詞で歌われているもの
　　② 曲の長さが２分ちょうどか２分弱のもの
　　③ 効果音やミッキーのナレーションなどは入っていないもの、です。
　この２分間の行進曲にあわせて、中心点の周りを行進しながらグルグルと何周か回ります。
　１曲終えたところで、幼児でも知的障害が重くても、子どもは「自分が行うべき行動」を例外なく、理解します。
　したがって、この１曲では終わりにしません。同じ曲を最低でも３回繰り返して、行進を続けます。
　そこで大事なのが、１曲終わった瞬間に、リピートをかけて、最初からまた曲を始めること。20秒くらいのイントロがありますから、そこで、リーダー役の大人（親御さんや保育士さん）が１回目に回った方向（右回りか左回りか）とは、反対の方向に回ることを指示します。
　「さぁ、まだまだ、行進を続けますよ！　今度は、反対回りの右回りに行

進しまーす！」という具合に。
　この「方向転換」を求めることが、この行進の最大のポイントです！
　多くの自閉症児は、2分間の左回りなら左回りの行進の形態に「慣れ」、「行進を続ける」と言われた瞬間、「惰性」で「これまでと同じ方向」に進もうとします。それなのに、「反対に回る！」と言われて、ほとんどの自閉症児には多少の差はあっても「抵抗」が生じます。
　しかし、その抵抗を具体的に示す間もなく曲は進行し、周囲の人々の行進が始まっていきます。「あれあれ？」という間に、状況が変わり、しかもみんなは一様に進んで行ってしまう。
　自閉症児は、抵抗を大きくすることなく、当然、パニックに陥ることもなく、自然と皆の行進にあわせて、歩き出すのです。
　2回目の行進が終わったとき、「ワタシのこだわる気持ちはどこ行ったの？」という表情をして、ポカンとしている自閉症児もいます。
　そして、間髪を入れず、3回目の行進が最初から繰り返されます。
　ここで、リーダーが「2回目とは逆」に方向を決めるか、「そのまま同じ方向にする」かは、その時々の判断に任せます。
　いずれにしても、自閉症児の内面には「えっ？　また反対なの？」とか、「えっ？　今度は同じ！」という、ちょっとした「余裕の反応」が見られるようになります。それは、たいがいの自閉症児がニヤニヤとし出すことからも伺えることなのです。
　この「行進」は、自閉症児の「こだわる気持ち」を引き出しながらも、「変化」に対する抵抗を強く感じさせない状況の中で、自然と「こだわる気持ち」を収めさせる「トレーニング」として位置づけています。
　まれに、体調が悪かったり、気分が荒れた状態で行進に参加したために、「ギャーギャー」と奇声を上げたり、走り出してしまう自閉症児もいますが、行進という大変に分かりやすい状況でしかも、内容は「歩くだけ」という極めて簡単な運動ですから、声をあげながらでも走りながらでも、結果、周回してくれて、そのうち気持ちが鎮まっていきます。
　この短時間のうちに、みんなの行動にあわせながらでも、興奮が治まっ

た、という経験は、何にも増して貴重です。

　この行進、周回する回数を固定しないで、日によっては、3回から5回ほどの周回を繰り返して行うこと。そして、毎日、毎朝、集団で行い続けることを是非、お勧めします。

　したがって、保育所や幼稚園にはもってこい、の活動です。「自閉症児に何をしてあげたらよいか分からない」と悩んでいる保育士さん、まずは、このミッキーマウス・マーチをご用意ください。

(2)「カッチンコ」とカウントダウンで"おしまい"を教える

　大人が2人ひと組になって、手製の布ブランコ（写真5.1）にお子さんを乗せ、童歌の「♪この子は、どこの子、カッチンコ♪」を歌いながら、それにあわせて、ゆっくりと左右に大きく揺らしてあげる遊びを、「カッチンコ」と称しています。

　これは、家族で行うのが一番良く、お子さんの体重がかかるお尻の方を力のあるお父さんが持ち、お子さんと向かい合う前方の位置をお母さんが担います。

　そうすることで、お子さんの喜びと笑顔とをお母さんが真正面から受け止めることができて、母と子のこころの交流を促し、深めることができると考えられています。

　そうは言っても、最初からこの遊びがうまくいくとは限りません。夫婦

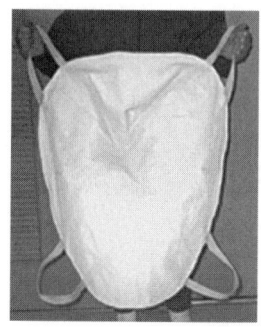

写真5.1　手製の布ブランコとカッチンコ

の息が合わずに、歌と揺らし方がずれてしまったり、自閉症児の場合、「何されるんだろう⁉」と警戒し、身を固くしてしまったり。

　そこで私たち、セラピストが両親の行動を微調整したり、励まして、お子さんへのサービスが向上するように仕向けていきます。お子さんには、「大丈夫だよ！　すぐに楽しくなるよ」と言って、しばらくは両親から提供されている"揺れ"に身を任せるように促します。すると、「♪この子は、どこの子、カッチンコ♪」の童歌を2回歌い終わる頃には、ほとんどの自閉症児が歌と揺れの感覚を楽しめるようになって、「えへへへ」と嬉しそうに、楽しそうに笑い出してくれます。

　警戒から布ブランコの端をギュッと握り締めて、口をへの字にして渋い顔をしていたお子さんの様子が180度変わるものですから、両親も大喜び。

　この「カッチンコ」は、歌が2回終わると、「どっ、シ〜ン」という合図で床にブランコごとお子さんを降ろす手はずになっています。

　しかし、これで「おしまい」と言って、すんなりと終わりにできる自閉症児は、まず、いません。

　ほとんどすべてのお子さんが、ブランコから降りようとはせず、ブランコの中央に陣取ったままの姿勢で、ことばのない子は「ウゥーン」と唸って抵抗し、もしくは首を左右に激しく振って見せて「終わりはイヤイヤ」という意思表示をします。ブランコの端っこを摘み上げ上下に振って「もっと！　もっと！」と催促する子もいます。ことばのある自閉症児だと「もっとぉやって！」とか「おわり、しないっ」と言ってくれて、これまた、可愛いこと。

　たった1回のサービスで「区切りをつけよう」などという大人の考えは、甘く、「ここで諦めさせる"しつけ"をしよう」などというのは論外です。

　セラピストは、お子さんの視線に立って、両親に命じます。「もっとやってください」

　私は、若くて、体力もあって、お子さんの療育へのみなぎるパワーを感じ取った親御さんには、「お子さんが飽きるまで、何回でもお子さんの要求を受け容れて、カッチンコを続けてください」と言います。

しかし、先に述べたように、2曲ぶんをワンセットにして、それを10回も行っていきますと、元気な大人でも相当疲れます。大人のための休憩が必要になりますから、どこかで一旦、カッチンコを止めなければなりません。

そこに来て初めて、大人側からの「終わりの提示」が許されるのです。

9回目の「どっ、シ〜ン」でお子さんを床に降ろした時、お子さんも結構満足げな顔をしていれば、「それじゃぁ、あと1回で終わりにして、休憩しよう」と提案し、「もっと」という意思表示であれば「あと、3回ね」というところで折り合うようにします。

すなわち、カウントダウンをして、「終わり」を着実にお子さんに伝え、分からせ、納得してもらって、ひとまず終わりにするのです。

このような楽しい「興奮」と、カウントダウンによる理性的な「興奮の制御」という体験を遊びの中で繰り返し与えることで、自閉症児の中で「感情をコントロールする」力が育まれていきます。これは、最近の脳科学者も注目する「じゃれつき遊び」※の実践にも共通する効果なのです。

論より証拠。覚悟して、お子さんと「カッチンコ」遊びを行ってみてください。多くは、10回くらいで「おしまい」を受け容れてくれるようになります。

ただし、それは、「休憩のため」の「区切り」であって、お子さんたちは、即座に「もう1回！」と求めてきます。

そうしたら大人は、今度は最初から「3回ね」とか「本当に1回だぞ」と回数を明示して、お子さんにつき合うようにします。

こうした、やりとりによって、ことばのなかった自閉症児が「もう、イッカイ」と言えるようになった事例はたくさんあります。

「やめられないこだわり」や「しつこいこだわり」への対処は、日常の"遊び"から始まるのです。

※じゃれつき遊び：詳しくは、正木建雄・井上高光・野尻ヒデ著『脳をきたえる「じゃれつき遊び」』（小学館）をご覧ください。

(3) 水遊びのマネージメント
～水こだわりの「代替(だいがえ)」を用意する～

　自閉症児が示す水へのこだわりは、すさまじいものと関係者ならば誰もが知っています。止めさせる方法までは望まないにせよ、せめて、水に代わる物を何とか探したい、と願っている関係者も多いことでしょう。

　先に紹介した明石徹之さんは、お母さんの洋子さんのマネージメントによって、水へのこだわりが「トイレや風呂場の清掃」へと導かれ、台所の掃除、洗濯や料理の手伝いへと発展していきました。

　それに倣(なら)って、水こだわりをいろいろな清掃場面に使えるように導いて行く際は、是非、明石洋子さんの著書（先掲）や論文をご覧ください。

　私は、もう少し、水遊びに近いレベルの「代替(だいたい)方法」を提案したいと思います。それは、家庭において毎日、毎晩、欠かすことのできない「お米とぎ」です。

　多少の準備物と手順がありますから、そこから説明します。

① お米とぎの準備物
　　1) 電気炊飯ジャー家族4人用（通常サイズ）1台
　　2) 米びつ
　　3) お米用の計量カップ1コ

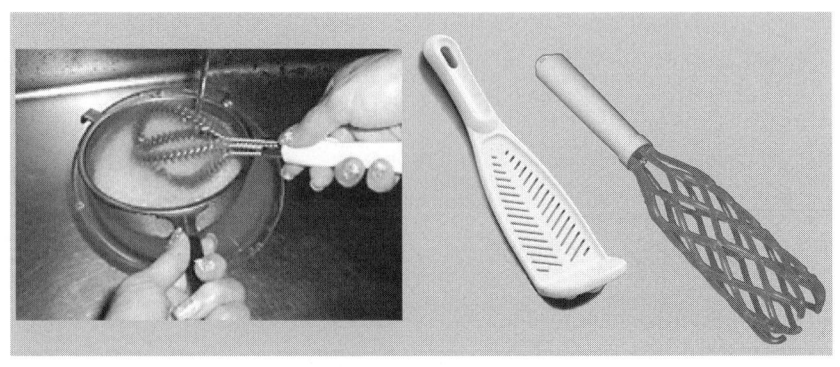

写真 5.2　米とぎ棒

4) とぎ水用として、予め「水の入った」1リットルのペットボトルを8本用意

5) とぎ汁の色見本として、予め「白く濁った米のとぎ汁」「まだ濁っているとぎ汁」「透明になったとぎ汁」をそれぞれ350mlのペットボトルに入れて合計3本用意する。そして「おこめとぎ4かいぶんの　みほん」「おこめとぎ　3かいぶんの　みほん」「おこめとぎ　さいごの　みほん」という説明書きをそれぞれに添えて、並べておく

6) といだ「お米に見合う分量の水を予め計って」、炊飯ジャーの鍋に入れておく

7) ステンレスのボール1つ〈写真5.2〉

8) そのボールにすっぽり収まる一回り小さい、取っ手付きのステンレスのザル1つ〈写真5.2〉

9) 米とぎ棒（各種メーカー〈写真5.2〉から）1つ

10) 上記2)〜9)までの道具が納まるカゴ1つ

② お米とぎの手順

1) 家族4人で一度に3合のごはんを炊く場合、計量カップに予め3合のお米を入れておく。

2) ステンレスのザルにお米を移し、そのままボールに被せて、1リットルのペットボトル1本ぶんから、水をかけて、水に浸す。

3) 米とぎ棒を使って、もしくは、素手で、米をとぐ。

4) 米とぎで水が濁ったら、①の5の「色見本」と照らし合わせて、似た濁り具合になったら、ボールの水だけを捨てる。

5) 水の注入は、合計8回、1リットルのペットボトルの水だけを使い、米をといで、その都度水を捨てる。

6) 上記の繰り返しで、ほぼ水の濁りはなくなる。

7) ザルの中のお米を炊飯ジャーのお鍋に移し、フタを閉めて、スイッチを押す。

8) 以上で使用した道具をカゴの中に収納して、終わり。

③ お米とぎの配慮とポイント

1) このお米とぎに集中してもらうために、最初は、水道の「元栓」を閉めておく。お米とぎの仕事に慣れたら、それは不要になる。

2) お米とぎに使える水の量は、ペットボトルの本数分であることを理解させること。

3) とぎ汁を捨てる基準は、色見本に照らしても良いし、「とぐ（かき混ぜる）」回数を指定しても良い。また、1回の米とぎにつき、1曲の童謡を歌って、それを目安にとぎ汁を捨てる、というルールを作っても良い。

　　例えば、「おさかな天国」（作詞：井上輝彦／作曲：柴矢俊彦／編曲：石上智明）の替え歌は、お米とぎにピッタリである。

> ♪おこめおこめおこめー
> おこめをと〜ぐと〜
> おこめおこめおこめー
> お水がしろくなる〜
> おこめおこめおこめー
> お水がしろいうち〜
> お水お水おみずー
> お水をすてましょお〜♪

※ちなみに、350ミリリットルの色見本は、放っておくと底に沈殿するので、使う度に良く振って、「濁り」を再生させておく。そのこともあり、かつ、この水を米とぎに使われてしまうと困るので、栓はビニールテープで封印しておくこと。

4) お米をといでいる最中に、水の感覚やお米をとぐ感触に浸っていても、作業が遂行されていれば注意せず、大目に見る。

5) 「米とぎ棒」は、お仕事への動機づけを高めるために幾つか用意しておく。水の冷たい冬場は特に重宝する。ただし、使わなければそれでも良い。

6) 自分で使った道具は自分で収納させると共に、徐々に、自分でも作業のセッティングができるように導いていく。

7) 炊きあがったごはんを家族みんなで「美味しく」頂きながら、

　　　　仕事をしたお子さんを大いに誉める。
　　　8) お米とぎの仕事に慣れ、自信をもってきたら、徐々に、別の台所周りの仕事にも挑戦させていく。

　明石洋子さんも述べられていますが、家庭における日常生活の中で、ASDのお子さんに「お手伝い」を学ばせることは、その後の人生に大きな影響を与えます。そのきっかけ作りのためにも、最初の第一歩として、お米とぎを教えます。毎日欠かせない重要なお仕事ですし、手順も簡単で分かりやすく、何よりも、水こだわりの「代替」としては、最適だと思っています。是非お勧めします。

(4) 偏食のマネージメント
① 偏食の悲惨さ
　　　特定の物しか食べない、しかも少量。特定の物だけを食べ続けようとする、それも大量に。普段見かけない食べ物は受けつけない、絶対に。好きな物と嫌いな物は、容器を変えてカモフラージュしても分かってしまう、確実に。好む物と避ける物とが別れている、ハッキリと

　こうした、ASDの人たちが現す"偏食"が関係者を悩ませています。
　偏食は、こだわり行動の一種であり、早い子は、離乳食を始めた頃からその傾向を示し、長引く子は、成人しても続きます。
　ある人は、栄養不足から定期的に通院しなければならない状態に陥り、またある人は、栄養失調で入院を余儀なくされました。
　反対に、栄養過多に陥って肥満傾向を増し、いろいろな疾病を併発して、食事制限のみならず、行動制限も強いられて、パニックの毎日を送っている人もいます。
　先述したように、ASDの人たちのこだわり行動は、その人とその行動をよく知る人がマネージメントすることによって、周囲や社会からも評価される領域にまで達する場合があります。
　しかし、この偏食に限っては、"伸ばす"とか"評価の対象になる"とい

う肯定的な捉え方からのアプローチは意味をなしません。端的に言って、健康上、発達上その他どのような分野から見ても"百害あって一利なし"の行動であるわけです。

人生の超早期から始まり、何十年にもわたって継続され、時に拡大され、強められもして、食経験のみならず、他の体験や学習の機会にまでも影響を及ぼしかねない、そして、健康にも悪い、"諸悪の根源"でもあります。

ある政治家が「職を賭してこの任務にあたりたい」と言って、不退転の決意を表明したことがあります。

ASDの人の場合、「命を引き換えにしても"こだわり行動"は遂行したい！」という強い意思でもって、偏食に臨んでいることがあります。

その頑なな態度を前にして、家族も「食べなければ健康に悪い」とか、「病気になったらどうしよう」とこころが揺れ、対応も一貫性を欠きやすいので、どうしても最後は屈してしまって、偏食を許容してしまう傾向にあります。

② 幼児期のASD：5歳児、大希君の偏食

特定のメーカーの鮭フレークを醤油にまぶしてご飯と混ぜ合わせた、いわゆる"ねこマンマ"だけしか口にしない自閉症児がいました。大希君と言います。

家族にとって、この大希君は以前、何も口にしない状態の著しい偏食の持ち主だったものですから、「何も食べないより、マシ」という捉え方でありました。

しかし、気がつくと、ご飯茶碗やスプーン、フォークにまでこだわりが拡大して、それらが決まってワンセットでなければ、食卓にも向かわない状態となりました。

そこから、家族団らんの場である食事の時間が壊れていきました。皆が食事をしていても彼だけそこに加わらない。そのうち、沈んでしまった雰囲気を和ませようとして父親が流したCDの音楽にこだわってしまい、その曲が流れないと食事をしない、1曲終わるごとにその曲をリピートする、

それを何度も繰り返す。そうこうしているうちに、彼だけ、一度の食事にかける時間が長引いて、たった一膳のご飯を食べ終えるのにも、2時間も3時間もかかるようになった、という日が続くようになりました。

当然、外食は一切できません。2歳年下の妹さんがいつも泣いて訴えるようになりました。

「私の家だけだよ！ファミレスに行ったことないの！」

「お兄ちゃんはそれでいいかも知れないけど、私は外でハンバーグを食べたい！」

障害児枠で入園した保育所からは、「お給食も一切食べない、だから、午睡もしない、では"特別に過ぎる"ので、彼の保育は"午前中のみ"とさせてください」と言われました。

保育所の野外活動でお弁当が必要になった時、家族は意を決して、彼に両親が同行しました。自家用車に電子ジャーと専用バッテリー、そして、いつもの食器類を積み込んで。

大希君はこの頃、"ねこマンマ"の温度にもこだわるようになって、ちょっとでも冷めると「新しく暖かいそれをお茶碗によそってくれ！」といちいち要求してくるようにもなっていました。したがって、保温機能付きの電子ジャーが当日も必須だったわけです。

動物園の広場でみんながお弁当を広げ、楽しく食事をしている時、大希君の家族だけ、駐車場に停めた車の中での食事となりました。

その家族の苦労も報われず、大希君は些細なことにこだわって、一口も食べてはくれませんでした。

小学校への就学を間近に控え、両親の悩みや不安は増大するばかりでした。

このように、偏食は悪化すると本人にとっても家族にとっても非常に大きな負担となります。

よって、偏食の芽は早く摘み、早いうちから「家族みんなで楽しく団欒を囲み、美味しく食事を摂る」習慣を身につけさせていかなければなりません。

そのためのキーワードは、「楽しく」「美味しく」そして、マネージメントなのです。

③ 偏食のマネージメント ～抜き型の利用～
1) アニメのキャラクターを好きにさせる
よく、「うちの子、ポケモンにはまってしまって、どこに行っても、何を見ても、"ポケモン、ポケモン"ってうるさいんです！」と嘆く親御さんがいます。

しかし、うるさくても「好きなアニメキャラクターがある」と、「好きなアニメキャラクターさえもない」とでは、その後の育ちや生活のあり方に大きな"差"が生じます。

それは、「好きなキャラクター」があれば、その活用方法は、無限大に広がるからです。

外出をしたがらないお子さんには、「大好きな〇〇のキャラクターが出演するから□□自然公園に行ってみよう！」と誘うきっかけを作ります。

また、指さしてもそちらの方向を見てくれないお子さんには、「ほら、ここに、〇〇ちゃんの好きな□□のキャラクターが載っている」と指し示して、それを注視させるという、「観ること」の練習にも使えます。

集中できないお子さんには、アニメのキャラクターをスクラップブックにたくさん貼って見せて、「ずっと眺めて、楽しんで、結果、集中することができた（そして、「できたね！ えらいね」と誉められる）」という、成功体験を積ませていくこともできます。

「水泳帽は絶対にかぶらない！」と決めて、頑(かたく)なにそれを拒否するお子さんでも、水泳帽に大好きなキャラクターがプリントされたり、刺繍(ししゅう)されれば、上機嫌になって自ら「かぶる！」と言ってくれるようになることもあります。

ぶつぶつと独り言ばかり言って、会話にならない状態の自閉症児でも、一緒に出かけた際に、見かけた丘陵(きゅうりょう)のラインが「ポケモンの背中に見えるね」とか、流れる雲の形を示して「ポケモンの顔に似ているね」と話しかけることで「会話する」きっかけを作る可能性もあります。

要は、率先して、大人もキャラクターを好きになること。そして、楽しげにそれを提示して、楽しさと喜びを共有して、子どもも「キャラクター好き」にさせること。そうなったら、さらに、一緒になって、キャラクターで楽しむことです。
　キャラクターは、人との接点や関係を広めて、深めるための「材料」となります。したがって、あえて自閉症児に「アニメのキャラクターにこだわってもらう」ことが必要になるのです。
　「人と共にある」こだわり行動は、変更が利かなくなることはありません。ここが重要なポイントです。

2) キャラクターの抜き型をたくさん用意する

　自閉症児は、意外と「白米のごはん」好きが多いものです。そして、こだわりも強い。「白米のごはんしか食べない」と決めて「パンは食べない」という偏食もあります。それは、幼稚園や保育所の給食でもみられ、関係者の悩みのたねです。
　これらの状態を予防し、改善するのに役立つのが、スーパーの調理器具売り場で売っている、クッキーや食パンに用いる「抜き型」です(**写真5.3**)。星形、動物型、キティちゃんやアンパンマン、ミッキー、スティッチとい

写真5.3　ローマ字と動物の抜き型

うキャラクターの型、加えて、ローマ字の型をした「抜き型」もあります。

私は、偏食防止の策として、これらの「抜き型」を使って、キャラクターの形をした食パンを早くから食べさせていくことを勧めています。

また、文字や数字に興味をもったお子さんになら、ローマ字の型をお勧めします。

それらの抜き型でくり抜かれたキャラクターの純白の食パンが並べられただけでも、嬉しさと喜びが湧き起こります。その感動的な状況を利用して、「食べてもらう」ことを勧めていく。

「白米のごはんしか食べない」とか、「給食は食べない」と決めているお子さんでも、この「キャラクター食パン」なら、受け容れてくれる確率は高くなります。

そして、「ごはんとパン」を交互に出していくことで、偏食の予防ができるのです。

3) キャラクターの「ふりかけステンシル」を使う

「ごはんの上に白米が見えなくなるまで大量に、しかも特定のメーカーと味にこだわった、"ふりかけ"をかけないと食べない」といった、"複合的"なこだわり行動を現す自閉症児も多いものです。

この予防策は、最初から「安易にふりかけを与えないこと」ですが、「どうにかして食べさせたい」と願った親心から、ふりかけを用いてしまうことは、仕方ありません。

それで、上記のようにこだわってしまった場合、「ふりかけステンシル」（**写真5.4**）を用います。

これは、手芸の「ステンシル」と同じ原理です。ふりかけをその上にかけても、ボードの部分がふりかけを弾いて、そこからこぼれたふりかけだけが白米の上に模様を作る、という仕組みです。

よって、ふりかけの「量の調節」が可能となるわけです。

この「調節」という意図的な働きかけを「受け容れさせる」ということが大切なポイントです。

写真 5.4　アンパンマンとスティッチのふりかけステンシル

　最初、自閉症児は「もっともっと、白米の"白"が見えなくなるまでふりかけをかけて！」と要求するでしょうが、「今日は、アンパンマンの白い顔を見ながら、楽しく食べましょう」と言い聞かせて、納得させていきます。
　それができたなら、徐々に振りかける量を微調整して、量を減らしていく。そして、さらに、「今日は、アンパンマンさんがお休みなので、ミッキーさんを食べちゃいましょう！」と言って、ステンシルのキャラクターをチェンジしていくことが時に大事になります。
　要するに、ふりかけの量が変わっても、キャラクターの絵柄も変わっても、「ごはんは美味しく食べられる」ことを"楽しい雰囲気の中で"実感させることが大切なのです。

4) 調理やトッピングを楽しむ
　先に紹介した、抜き型を用いた食パンは、ちょっと焼きを入れて、こげ目をつけたり、チーズや野菜、ジャムなどをトッピングすることで、楽しさを増すとともに、「食べることに変化を加える」ことになりますから、こだわり行動の防止にも役立ちます。
　さらに、台所での"お手伝い"を促す良い機会となりますから、是非、挑戦してみてください。

第5章　こだわり行動のマネージメント

このような一連の工夫と試みを続けていきますと、**写真5.5**にあるような「ピングーのおにぎり」が入ったお弁当などを受け容れてくれるようになります。
　そうなれば、「ごはんの温度こだわり」も「外食拒否のこだわり」も軽減され、周囲と"折り合える"線で留まることができる状態に変化していきます。

④ 大希君のその後
　さて、大希君は、早くからローマ字に興味をもっている自閉症児でした。それを知った私は、家族に「ローマ字の抜き型」を勧めました。
　小さな小さなローマ字が抜かれてできる、ローマ字の食パンに、最初は焼きを入れて、パリパリの状態にして大希君に差し出し、「食べてみない？」と誘ってみたのです。
　大希君は、「A、B、C！」と言って、ニコニコ笑いながら、ちょっとずつ、それらを味見してくれたのです。
　「やったぁ！　大希が食パンを食べた！」
　次の日から、大希君に「ローマ字食パンのお弁当」を持たせて、保育所に向かわせました。給食の時間、今日は、大希君は"早退"しません。
　周囲の園児たちが驚いて見守る中、大希君が開いたお弁当箱は「ローマ字」だらけ！
　「いいなぁ！　いいなぁ！　大希君のパンがおいしそう！」
　羨ましがる園児たち。
　大希君は面と喰らって、思わずローマ字食パンをひとつかみ、隣の友だちに差し出しました。
　「ありがとう！　大希君！」
　大希君は、生まれて初めて、他児に誉められ、感謝されたのでした。
　ニコニコの大希君。彼は、皆にローマ字食パンを配って回りました。
　「それでは大希君の食べる分がなくなってしまう」と危機感を覚えた保育士さんが、適当な所で、割って入ってくれました。

その後、保育士さんの計らいで、大希君からローマ字食パンをもらったお子さんと大希君とに「かんぱーい！」と挨拶をさせて、みんな一緒の昼食が始まりました。

この「みんなで楽しく食べる雰囲気」を知った大希君、そして、それを保育士さんから報告されて涙した母親。次の日から、もっとたくさんのローマ字食パンを携えての登園になりました。

そして、トッピングのパンも受け容れるようになって、ついには、ピングーおにぎりも大丈夫になりました。これには、妹さんが大喜び！ だって、これにより、外食ができる可能性が出てきたからです。

家族にとって、保育園生活の後半になってやっと訪れた、感動の体験でした。

それでも家族は、小学校に上がってからの給食が何よりも心配でした。

そのため、学校給食が始まるまでの間、毎日、大希君に言い聞かせました。「学校に行ったら、食パンもピングーおにぎりも、保育園と一緒に"卒業"です。学校では、給食を食べます」

父親が笑ってつけ加えました。「ドライブや公園に行くときは、食パンもピングーおにぎりも食べます」

その甲斐あって、大希君は現在、皆と一緒の学校給食を食べています。

外食では、ファミレスでのメニューには気に入る物がないので、彼だけ、そっと、ピングーのおにぎりを食べています。

それでも、「やっぱり、家族で食べる外食は最高だね！ 特に、ここのハンバーグはとってもおいしいよ！」と大喜びする妹さんに圧倒されて、ファミレスの店員さんは誰も文句を言いません。

写真 5.5 「ピングーのおにぎり」入りのお弁当

第5章 こだわり行動のマネージメント　241

3. 福祉施設でのこだわり行動マネージメント

(1) 青年期のASD：19歳 信男さん

　信男さんは、中度の知的障害をもつ自閉症者です。特別支援学校を卒業して、福祉作業所に就労してきましたが、彼にはたくさんのこだわり行動があって、作業（箱折りなどの単純作業）が手に付きません。

　作業所の職員を悩ませた、困り度が高い彼のこだわり行動は、次の通りです。

- 朝作業所にやってくると、いの一番にゴミ箱をあさって、紙くずを拾い集めること。
- その紙くずで紙縒りを作ることに専念する。
- 作業が始まると床を這い回って、落ちている髪の毛を拾い集めては口に入れてしまう。
- 他の利用者や職員の腕まくりが気になって、直して回る。
- 1時間のうちに何度も水を飲みに行き、何回もトイレに通う。
- 作業を終えようとする際、職員全員に生年月日と住所と、家族構成を聞かなければ気が済まない。

　さらに職員を困らせたことがあります。それは、他の利用者が信男さんが作った紙縒りに手を出すと、信男さんは過剰に反応して取り乱し、時に自分よりも障害の重い利用者を探しては他害（噛みつきや髪の毛を引っ張る）に出ることでした。

(2) 信男さんのレーダーチャート

　そのような信男さんについて、相談を受けた私は、早速、この施設の支援員に信男さんの「生活とこだわり行動」のレーダーチャートと、「個々のこだわり行動」のレーダーチャートをつけてもらいました。

　その中で、信男さんの指導の方針を策定するのに有用と思われたレーダーチャートを2種類掲載します（243頁参照）。

_____信男さん_____ のレーダーチャート

〇〇年 〇月〇日記録

◆ 生活とこだわり行動

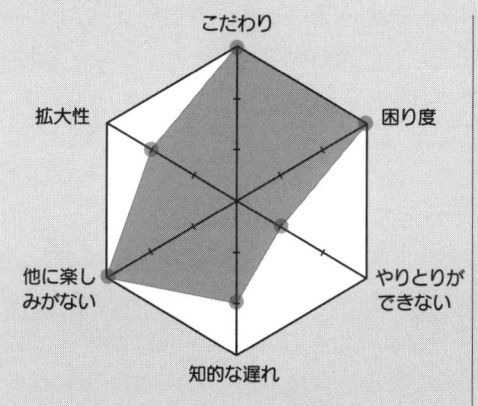

- こだわり
  [激しく強い]・強い・時々・少ない
- 拡大性
  大・[中]・小・ない
- 他に楽しみがない
  [全くない]・1〜2つはある・3〜4つはある・たくさんある
- 知的な遅れ
  重度・[中度]・軽度・ない
- やりとりができない
  ほとんどできない・限定的にしかできない・[多少できる]・できる
- 困り度
  [非常に困る]・とても困る・やや困る・困らない

◆ こだわり行動の分析 《 紙縒り作りのこだわり 》

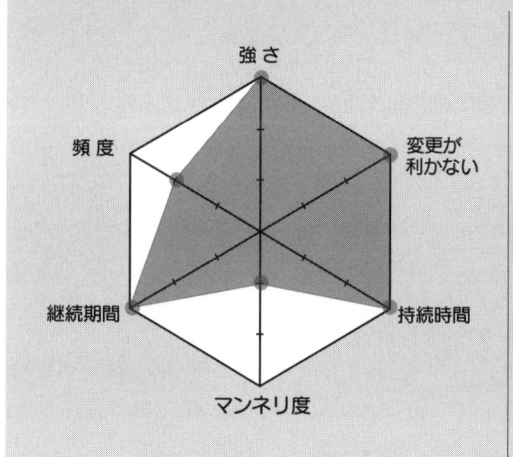

- 強さ
  [激しく強い]・強い・やや強い・弱い
- 頻度
  常に・[事ある毎に]・時々・まれに
- 継続期間
  [何年も]・何ヶ月も・何週間も・最近
- マンネリ度
  無理して行っている・飽きている・[平然と行っている]・目を輝かせている
- 持続時間
  [延々と続く]・比較的長く続く・一定の時間内で終わる・すぐ終わる
- 変更が利かない
  [全く変更が利かない]・元に戻すことを前提にすれば変更が利くこともある・交換条件がよければ変更が利くこともある・説明すれば変更が利く

信男さんのレーダーチャート

(3) 信男さんのレーダーチャート分析
① 「生活とこだわり行動」のレーダーチャート

1) こだわり：＜激しく強い＞にチェックが入っていました。彼のプロフィールからすれば、まさにその通りだと思います。

2) 拡大性：＜中＞にチェックが入っています。作業所に入ってきてから、「水飲みとトイレ通い」「職員の生年月日と住所などを訊く」こだわり行動が増えたのだそうです。

3) 他に楽しみがない：＜全くない＞にチェックが入っていました。彼は事実、休憩時間もテレビやビデオを見ることもなく、音楽も聴かず、黙々と紙縒りを作って時間を送るのでした。

4) 知的な遅れ：＜中度＞です。具体的には、田中ビネーでIQが40でした。したがって、重度に近い状態と言って良い、と思います。

5) 〈やりとり〉ができない：＜多少できる＞にチェックが入っていました。実際彼は、紙縒りに専念したり水飲みに走ったりなどのこだわり行動の最中でも、それを邪魔したり阻止したりしなければ、受け答えはできる状態にありました。

　私が作業所を訪問した際、床に腹ばいになって髪の毛を拾っている信男さんに「拾った髪の毛を食べていると、まるで"化け猫"みたいだから、食べずにこうしてガムテープに貼り付けて、そしてゴミ箱に捨てな」と提案しますと、彼は「化け猫？化け猫？ニャァーッて襲ってくる？」と言ってニヤニヤしながら、私に倣って髪の毛をガムテープに貼り付けて、ゴミ箱に捨ててくれたのです。

　私は思いました。「〈やりとり〉ができる」のこの項目は、＜できる＞の最上位にチェックを入れても良い、と。ただし、職員の方が彼のそうした力を引き出せないから、＜多少できる＞に格下げになった、と思い残念な気持ちになりました。

6) 困り度：言うまでもなく、＜非常に困る＞というのが職員の見解でした。

②「個々のこだわり行動」のレーダーチャート
《紙縒り作り》

1) 強さ：＜激しく強い＞にチェックが入っていました。
2) 頻度：＜事ある毎に＞にチェックが入っていました。これは、最強から２番目の位置で、＜常に＞というわけではないからです。信男さんは、彼なりに、「作業の合間」とか「休憩時間」に紙縒り作りに勤しもう、と思っているようですが、そちらの方が作業よりも主になってしまったので問題視されました。
3) 継続期間：最上位の＜何年も＞にチェックが入っていました。実際、彼の紙縒り作りは、支援学校の小学部時代からずっと続いている、大変年季の入ったこだわり行動なのです。
4) マンネリ度：＜平然と行っている＞という評価ですが、それは、マンネリがない、という＜目を輝かせている＞というレベルに近い状態、と私は見ました。
5) 持続時間：当然ながら＜延々と続く＞にチェックが入っていました。
6) 変更が利かない：この紙縒り作りにかける彼の気持ちは大変に重く、これを「やめろ！」と言っても止めることはありません。他に切り替えることもできないと思いました。

(4) 信男さんの指導方針

以上のようなレーダーチャート分析から、私は、次のような指導方針を策定しました。

① 「紙縒り作り」というこだわり行動を活かす作業を考え、編み出す。その際に、信男さんの知的なレベルに配慮する。
② 〈やりとり〉が「できる」状態にある利用者なので、新しい作業をよく説明して、手順も丁寧に教え、適宜励まし、作業への応対をキチンと誉め、意欲につなげていく。
③ 紙縒り作り以外のこだわり行動に関しては、当面、静観しつつ、新しい作業での達成感や自信、やり甲斐が波及して、好転するのを期待して待つ。

(5) 具体的な取り組みと成果

「信男さんは、紙縒り作りしかやらない」というネガティブな見方を根本から改め、「信男さんは、紙縒り作りを喜んで行い、長く続けることができる」という、ポジティブな評価をすることにしました。

そして、「箱折り」などの単純作業を一律に利用者にあてがうのではなく、個々人の好みやこだわりにも配慮した、個別対応型の作業を導入することとしました。

当然、信男さんには、紙縒り作りがベースとなる作業が考案されました。その結果、午前中に紙縒りを30本以上作り、午後は、その紙縒りを用いて籠を編む、という作業に切り替えたのです。

職員たちは、信男さんが午後の作業への切り替えができるかどうか心配だったそうです。しかし、支援員が信男さんに「信男さんがせっかく一生懸命に作ってくれた紙縒りを、放っておかずに、大切に編んでいって、籠を作って、お母さんやお父さん、おばあちゃんやおじいちゃんたちに喜んでもらおう」と説明すると、信男さんは、「うん、分かった！ 喜んでもらおう！」と言って、籠の編み方を教わるようになったといいます。

この一連の作業が定着した翌週の終わりには、信男さんのゴミ箱あさりがなくなりました。それは、もう紙くずを拾っての紙縒り作りの必要がなくなったからです。

また、作業に集中することで手持ちぶさたの状況がなくなって、髪の毛拾いもなくなりました。

気が向かない箱折りなどの単純作業を強いられる、というストレスからも解放された信男さんは、頻繁な水飲みも頻尿も起こさなくなりました。

職員へのしつこい聞き回りも「信男さんがコミュニケーションを求めているんだ」という理解がなされることによって、職員からの積極的な声かけ、励まし、賞賛がなされ、問題性が消失しました。

このように信男さんが作業に専念するようになると、他の利用者からの注意や非難も減って、信男さんからの他害も減っていきました。

支援員は「こだわり行動をマネージメントすることの重要性を知りまし

た」と言った後、「信男さんのレーダーチャートによって、われわれ職員の理解のなさや至らなさが浮き彫りになって、反省させられたし、やるべきことがハッキリ見えたので取り組みやすかった」と感想を述べてくれました。

(6) 事例のおわりに
～こだわりのおかげ、マネージメントのおかげ～

　アスペルガー症候群の当事者で動物行動学者になり、大学で教鞭を執っているテンプル・グランディン女史は、「自分の成功はこだわりのおかげだ」と言い切ります。
　そのテンプル女史に、著書が「すばらしい本だ」と評価された、ジョン・エルダー・ロビソンさんは、ランドローバーやメルセデス・ベンツ、ロールス・ロイス、BMWといった高級車の修繕に特化した会社を興して成功したアスペルガー症候群です。
　その彼が「成功の秘訣」を明かしてくれているので、少々長いですが、それを引用して本事例を締めたいと思います。

　「第1の秘訣は、自分は何が得意で何にこだわりがあるかを知ることだ。在学中は、自分の弱点をつきとめ、それを改善することに大きな重点が置かれる。その弱点があなたの成長を阻んでいるなら、それを改善することは重要だが、それは大きな成功につながるものではない。成功するのは、あなたならではの強みを見いだし、それをさらに積み重ねていくときだ。弱点を集めていては、無能より少しましになれるだけでしかない。強みを積み重ねていけば、世界の頂点に立つこともあるかもしれない。どちらがいい？　独特の能力に気づけば、達成できることに限界はない。
　人生の途上や育った環境にいた大人たちのおかげで、僕は自分の好きなことや得意なことを見つけたのだと思う。両親がプレゼントしてくれたコンピュータ・キットは、電子工学への道を開いた。母方の叔父のビルは僕に工具一式を貸し、おもちゃの足こぎ自動車の分解を手助けして、車の世界を教えてくれた。祖父のジャックがフェンダー・ショーマンのアンプとベー

スギターを買ってくれたおかげで、僕は音楽を始めた。いったん、大人たちにきっかけを与えられるとあとは自力で進んだが、始まりは、すべて大人とともにあった」

（ジョン・エルダー・ロビソン著、藤井良江訳『変わり者でいこう』東京書籍、233-234頁）

4. 犯罪防止のマネージメント

　ASDの特徴である"こだわり"が不適切な指導で被害意識の増大につながったり、未治療（未療育）や放任という悪い環境の下でエスカレートして、犯罪行為に発展してしまうケースがあります。
　ここでは、それを未然に防いだアスペルガー症候群の例を紹介します。

(1) 青年期のアスペルガー症候群：
　　職場での覗き行為の晃君18歳

　夜間の高校（4年制）に通う晃君は、昼間の空き時間を利用して、ある福祉施設の厨房で手伝いをする仕事に就いていました。
　厨房では、彼の父親くらいの年齢にある調理人と、祖母のように接してくれる栄養士さんの配慮によって、晃君はリラックスした状態でその2人の手伝いに勤しんでいました。
　しかし、福祉施設で働く若い女性職員が雑用で厨房に訪ねて来たり、栄養士さんとの打ち合わせで長居したりすると、晃君の態度が急変し、ブツブツと文句を言ったり、わざとらしく食器を落として物に当たるような態度に出ることが次第に問題となっていきました。
　そのような晃君は、普段から女性を過剰に意識して距離をおいて過ごしてきたのですが、ある時期から思春期の衝動を抑えきれなくなって、この施設の女性更衣室に忍び込んでは、女性職員のロッカーをのぞき見るようになったのでした。

(2) 誤った対応

　その噂は瞬く間に広まったのですが、女性職員たちは彼との関わり合いをもたないように、あえて「無視する」対応に出たのです。

　それが裏目に出て、彼の行為は、"こだわり"となって頻発するようになりました。晃君は、「ちょっとトイレに…」といった口実でロッカー通いを続けるようになって、厨房の仕事も手につかなくなりました。

　福祉施設の長は、「彼の両親やジョブコーチからは、晃君は"女性が苦手"と聞かされていたものだから、まさか、このような事態になろうとは夢にも思わなかった」と言って、頭を抱えました。

(3) 対話

　その晃君のジョブコーチからの依頼で、私も一緒に晃君と面接をすることになりました。初回の面接ですから、あえて今回の問題には触れず話していった過程で、私がとても気になった彼のことばがありました。

　「僕は、拡声器ってやつが大の大嫌いなんですね。あの、人の人格を無視する卑劣な機械を持ち歩いている人たちというのは、やはり、僕としては信用できないっていうか、近くからお払い箱にしたい、っていう気分ですね」

　＜それには何かの重要な意味が隠されている＞と思った私は、彼の自宅に電話をして、母親に「拡声器の件」についての心当たりを聞いてみたのです。

(4) 聞き取りと痼り

　すると、母親は次のようなエピソードを聞かせてくれました。

　晃君が小学校の6年生の時、避難訓練があって、クラスの代表委員だった彼は、持ち前の責任感から避難誘導がかかってもひとりクラスに引き返して、頭巾を忘れた女の子のために、その子のロッカーを探していたといいます。そこに拡声器を持った新任の女性教員が血相を変えて現れて、「お前はこの緊急事態にいったい何をしてるんだ！ この変態！」とまで言って、

彼を罵(ののし)った、といいます。

　しかも、彼の首根っこを押さえながら校庭に引きずり出して、全校生徒が待機しているその場所に向かって、拡声器で「これで全員が避難しました！」と言い、わざわざ「この子は、本来なら焼け死んでいたでしょう」とつけ加えたのです。

　母親の記憶では、そのあたりから晃君の「若い女性嫌い」が始まった、といいます。

　＜そうか、晃君はその事件がトラウマになって、女性に対する独特の"痼(しこ)り"ができてしまったんだな＞

(5) カウンセリングと晃君の内面

　私は次回の面接から、晃君に絵を描いてもらうように勧めました。晃君は自分の"痼り"に触れる話題になると異常に興奮して、収拾がつかなくなる傾向にありましたから、その辺りは描画で表現してもらおうと思ったからです。

　最初は「やだな、絵は下手だし…」と難色を示していた彼ですが、ヤッターマンという女性盗賊(とうぞく)が失敗を繰り返すマンガを見せてあげると、俄然(がぜん)彼の意気込みが変わりました。

　晃君は、女性に関して話していると次第に脈絡がなくなるほど乱れてくるのに、絵を描いている最中は、とても理路整然として物語を続けました。彼が描く世界は、空想のストーリーなのですが、いつもひとり悪役の女性がいて、決まって、みんなに袋叩きの目に遭います。

　しかし、これも決まって、最後に正義の味方の刑事が現れ、周囲を取りなして、悪役の女性も諭(さと)して去っていく。

　週に１回、連続で３週行ったこのような面接で、晃君は「とてもスッキリした！」と感想を述べました。

　私が思いきって「昔、晃君は女の子のために、危険を承知で頭巾を取りに行ってあげたんだって？」と聞いてみますと、晃君は素っ気なく「それが級友ってやつの務めじゃありませんか」と言ったのです。

(6) 求めているのは、人との触れ合い

　私は、晃君が今求めているのは「人との触れ合いである」と判断して、福祉施設の女性職員が彼を無視する対応は改めるよう、職員会議で提言しました。

　これを機にジョブコーチが晃君と職員との仲立ちを積極的に行い、晃君の言いたいことや思いを職員に代弁したり、職員の話の意図を晃君に解説して聞かせました。

　さらに、女性職員の好みに合うクッキーを焼かせたり、ハーブティーを配らせるなどして、晃君にも努力をさせました。

　それによって厨房内での彼の信用も回復し、職員とのコミュニケーションも円滑になり、晃君は女性職員との会話も楽しむようになって、思春期のモヤモヤした気分を解消していけるようになりました。

　そして、晃君自ら「職員の皆様に嫌われるから、もうロッカーは開けない」と私に打ち明けてくれたのです。

　ASDの人たちは、社会性の障害のために社会のルールが理解できない、とか身にもつかない、と考えるのは大きな間違いです。

　この事例のように、問題が生じた時にキチンと向かい合い、じっくりと話し合って、時に諭し、時に教えていくことで問題を克服し、一歩ずつ前進していくことができるのです。

　その際に肝心なことは、彼らの自尊心を傷つけないこと。そうした努力によって、奇異な痼りやこだわりから、彼らを卒業させることができるのです。

第5章　こだわり行動のマネージメント　251

まとめ

　時に、こだわり行動は、自閉症児とその親の間に生じた"関係のズレ"や"関係の障害"が原因であるかのような解釈がなされることがあります。「子育てがうまくいかなかったから、子どもがこだわるようになった」とか「子どもを放任して、好き放題させたからこだわりが生まれた」等々と親やその育て方を責める趣もあります。その結果、自責の念にかられてしまう親御さんも多いことでしょう。

　しかし自閉症児は、その親との関係を形成させる以前から、すでにこだわりをもっています。

　親にとって大切なことは、出生直後から少しずつ広がり、強められていく方向性のある自閉症児のこだわり行動に、どう向き合い、どう関わっていくか、という「これから」にあるのです。

　自閉症児にとって、こだわり行動は最初からあるものと捉え、それを抑え込もうとか撲滅しようとするのではなく、《関わりの間口を広げられる材料》とするのが良いと思います。

　本書では、ASDの人たちの様々なこだわり行動とそれへの取り組みを紹介してきましたが、以下のようにまとめることができます。

こだわり行動にこだわる価値

① こだわり行動には、自閉症児の強い意思が込められている
　　意思表示が弱い子、自発性や意欲が乏しい子でも、こだわり行動のためには、強い意思を表す、ということ。

② こだわり行動は、他人を巻き込む
　　人を避ける、人からのアプローチには応えない、というまさに、自閉の

状態を強くしている自閉症児でも、こだわり行動の多くは、人を巻き添えにしなければ目的が成就できません。目的は何であれ、人に《気持ちを向ける》機会となるこだわり行動は、《関わりをもてるチャンス！》です。しかも、私たちがその要求にキチンと応えてあげていけば、〈やりとり〉を行うきっかけも生じます。

③ こだわり行動だからこそ、自閉症児は《見て》《待ち》《我慢》し《大きな喜び》を得ることができる

　自閉症児のこだわり行動にかけるエネルギーは大きなものです。こだわり行動のために、自閉症児は神経や意識を集中的に注ぎます。最も脳が覚醒している状態にある、と言っても過言ではないでしょう。この研ぎ澄まされた状態を利用・活用しない手はありません。こだわり行動を保障してあげることを確約した上で、《よく状況を見せ》、《時には、待たせて》、《さらに、我慢もさせて》、自己の有能感を味わってもらった上で、《達成感という大きな喜び》を得てもらうことができます。

④ こだわり行動だからこそ介入しやすく、深い〈やりとり〉ができる

　人を巻き添えにするが、その代わり、こだわり行動のためになら多少の《我慢もいとわない》状態にあるASDの人たち。逆説的で突飛な発想かも知れませんが、ASDのこだわり行動は、《人が関わるための間口が開かれた状態》にあるわけで、《介入がしやすい》のです。自閉症児のこだわり行動に込められた意思は《真剣そのもの》ですから、関わる側が用意周到準備をして臨めば、真に深い〈やりとり〉に発展することが可能です。

⑤ こだわり行動への介入だからこそ、人間関係が深まる

　生まれたばかりの赤ちゃんを想像してみてください。見る物、触る物、匂いを嗅ぐ物、口に含む物すべてが初めての体験で、赤ちゃんの脳は、常にフル回転の状態。状況の中で生きるために必死です。まだ社会性も人とのコミュニケーション手段ももたない状態ですから、なおさら、"ひとりで健気に必死に生きている"という印象なのです。

　その赤ちゃんを"あやす""授乳させる""ゲップさせる""寝かしつける""排泄の世話をする""入浴させる"など、新米の親にとっても、これらの状況は、《真剣そのもの》です。このような赤ちゃんの《必死さ》と親の《真剣さ》が実は協応して、愛着という人間関係の土台が作られるのだと思います。

　自閉症児のこだわり行動への介入も、お互いにとって、《真剣勝負》です。だからこそ、深い人間関係が生まれます。ちょっと、仰々しい表

現にはなりましたが、育児を経験してこられた親御さん、大丈夫！あなたには、「"必死の赤ちゃん"を育ててきた」経験があるのですから。

⑥ 関係のなかで、調整・管理（マネージメント）が利くようになる

こだわり行動の本質を誤解して、「好きにやらせておけば、そのうちに"開花"して、芸術家や博士になれる！」と思ってのんきに構えている方もあります。しかしそれは誤りで、逆に大きなリスクを負うことになります。その理由は、もう言うまでもありません。こだわり行動が長じて、人から認められる結果（作品）や状態（社会的地位）を得るに至った自閉症児・者のケースに共通することは、

1) 自閉症児・者のこだわり行動をキチンと《調整・管理》するマネージャーの存在があったこと
2) そのマネージャーは、自閉症児・者からの信頼を得るために、多くの工夫と努力を積み重ねてきたこと
3) 自閉症児・者自らも《人や社会を意識して、それに応えたい》という気持ちを育んできたということ

の３点であり、いずれも欠かせない必須条件だと思います。

さて、30年間、絶え間なくASDの人たちへの療育と支援を考え続けてきた私も、相当、物事にこだわる人間だということが分かります。事実、一度のめり込むと「やめることができない」タイプです。その私を心配して、家族が"あえて"よく声をかけてくれます。「もうこの辺で、一息ついたら…」と。そこで「うるさい！邪魔しないでくれ！」と言ったら、何もかもが「お終（しま）い」です。

「情動調律」という働きを知ってから、私は、"あえて"そう言ってくれる家族の気持ちに添うようにして、「ありがとう！」と努めて言うようにしています。すると、自分も気持ち良いし、家族も気持ち良いのです。会話も弾み、実に良い気分転換がもたらされます。私も、自分のこだわりに関するマネージメントの一部を家族に担ってもらっています。

そのような関係をASDの人たちと築いていきたいと思います。そのためには、やさしく介入し続けること。それに尽きると思っています。

まとめ　255

_____ のレーダーチャート

　　　　　　　　　　　　　　年　　月　　日 記録

◆ 生活とこだわり行動

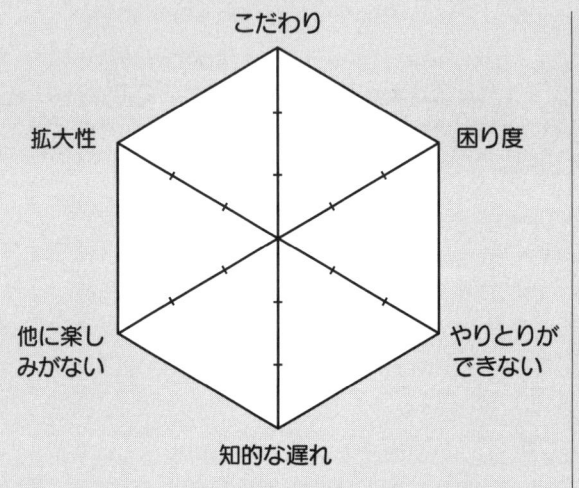

（六角形レーダーチャート：こだわり／困り度／やりとりができない／知的な遅れ／他に楽しみがない／拡大性）

- ●こだわり
  激しく強い・強い・時々・少ない
- ●拡大性
  大・中・小・ない
- ●他に楽しみがない
  全くない・1～2つはある・
  3～4つはある・たくさんある
- ●知的な遅れ
  重度・中度・軽度・ない
- ●やりとりができない
  ほとんどできない・限定的にしか
  できない・多少できる・できる
- ●困り度
  非常に困る・とても困る・
  やや困る・困らない

◆ こだわり行動の分析 《　　　　　　　》

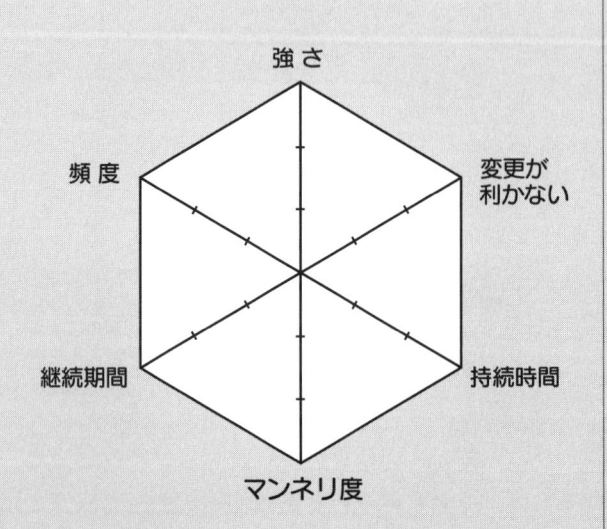

（六角形レーダーチャート：強さ／変更が利かない／持続時間／マンネリ度／継続期間／頻度）

- ●強 さ
  激しく強い・強い・やや強い・弱い
- ●頻 度
  常に・事ある毎に・時々・まれに
- ●継続期間
  何年も・何ヶ月も・何週間も・
  最近
- ●マンネリ度
  無理して行っている・飽きている・
  平然と行っている・目を輝かせて
  いる
- ●持続時間
  延々と続く・比較的長く続く・
  一定の時間内で終わる・すぐ終わる
- ●変更が利かない
  全く変更が利かない・元に戻す
  ことを前提にすれば変更が利く
  こともある・交換条件がよけれ
  ば変更が利くこともある・説明
  すれば変更が利く

この見開きは複写使用が可能です

◆ こだわり行動の分析 《　　　　》──────

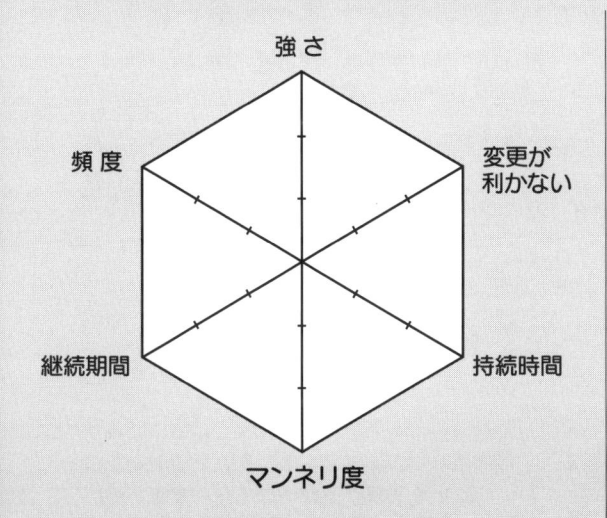

- ●強 さ
  　激しく強い・強い・やや強い・弱い
- ●頻 度
  　常に・事ある毎に・時々・まれに
- ●継続期間
  　何年も・何ヶ月も・何週間も・最近
- ●マンネリ度
  　無理して行っている・飽きている・平然と行っている・目を輝かせている
- ●持続時間
  　延々と続く・比較的長く続く・一定の時間内で終わる・すぐ終わる
- ●変更が利かない
  　全く変更が利かない・元に戻すことを前提にすれば変更が利くこともある・交換条件がよければ変更が利くこともある・説明すれば変更が利く

◆ こだわり行動の分析 《　　　　》──────

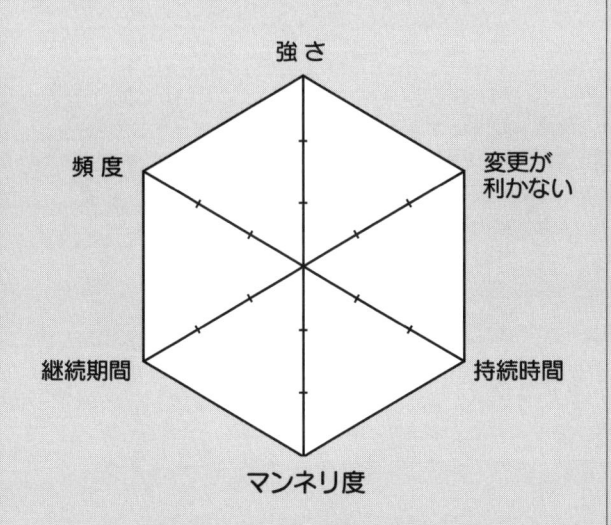

- ●強 さ
  　激しく強い・強い・やや強い・弱い
- ●頻 度
  　常に・事ある毎に・時々・まれに
- ●継続期間
  　何年も・何ヶ月も・何週間も・最近
- ●マンネリ度
  　無理して行っている・飽きている・平然と行っている・目を輝かせている
- ●持続時間
  　延々と続く・比較的長く続く・一定の時間内で終わる・すぐ終わる
- ●変更が利かない
  　全く変更が利かない・元に戻すことを前提にすれば変更が利くこともある・交換条件がよければ変更が利くこともある・説明すれば変更が利く

解説●生活とこだわり行動のレーダーチャート

　このレーダーチャートは、こだわり行動を基本的な日常生活の実態に照らして、他の状況との「関係」を見ながら、捉えるためのものです。

① **こだわり**　個人がもつ幾つかのこだわり行動を想定して、こだわり行動全体のイメージを＜激しく強い・強い・時々・少ない＞の強さの順に評定します。個別のこだわり行動については、右頁のレーダーチャートにて、個々に別項目で評定します。

② **拡大性**　ASDの人々のこだわり行動は、1つの事物だけに集中することはほとんどなく、増大する傾向にあります。特に、放任、放置していけばそれは強まるばかりです。反対に、無理矢理抑え込んだり、禁止ばかりしていると、これまたこだわり行動が分散して、増えていきます。この項目は、周囲の関わり方をチェックする意味も含まれています。

③ **他に楽しみがない**　こだわり行動だけが楽しみである、という状況では、こだわり行動だけが強まっていきます。逆に、他に楽しみがあるのなら、それを活用して強め、徐々にこだわり行動を減らしていく、という対処の方針が立てられます。他に楽しみがない場合、こだわり行動への対処よりも、他に楽しみを見つけてあげたり、一緒に創り上げていくという方向の関わりが、まず必要になります。

④ **知的な遅れ**　ASDの人々には、知的レベルに関係なく、こだわり行動が見られます。ただし、③に関連して、知的障害が重度の場合、他に楽しみをもつことは難しい状況にあることは否めません。ですから、知的障害が重い場合でこだわり行動も激しく強い時は、療育の原点に立ち戻って、発達全体を底上げしていくことから始めます。時間はかかりますが、それが着実な対処法になります。そして、知的な遅れがない、高機能自閉症やアスペルガー症候群の場合は、説明や言い聞かせによって、約束や誓いを取り付けて、意識的にこだわり行動を我慢させたり、克服させることも可能です。

⑤ **やりとりができない**　たとえ高機能自閉症やアスペルガー症候群であっても、普段から人とのやりとりを苦手にしているようでは、変更の説明も言い聞かせも通用しません。反対に、知的障害が重くても、人とのやりとりで楽しめる、気持ちが切り替わることができれば、③の改善も期待でき、こだわり行動の代替えの提示も可能となります。すなわち、ASDの人のこだわり行動に対処する際の重要なポイントが、このやりとりの状況にあります。

⑥ **困り度**　周囲の人が感じている「困り具合」を評定します。これは相対的（関係的）な捉え方で、私たち専門家であれば「困らない」のに、経験の少ない親であれば「非常に困る」と評定することもあるわけです。逆に、親によっては、日中ほとんど子どもの様子もこだわり行動の状況も知らないので、「困らない」という実態に即さない評価をつける場合もあります。この項目は、あえてその「関係性」を見るために設けました。

解説●こだわり行動分析のためのレーダーチャート

個別のこだわり行動については、以下の6項目にわたって評定します。

① **強さ** 特定のこだわり行動の強さを＜激しく強い・強い・やや強い・弱い＞の順に評定します。

② **頻度** 特定のこだわり行動が現れる頻度を＜常に・事ある毎に・時々・まれに＞の順に評定します。

③ **継続期間** 特定のこだわり行動を「これまで続いてきた期間の長さ」で評定します。何年にもわたって続けられているこだわり行動は、「マンネリ度」が高まって、「飽きている」状態に近づいている可能性があります。次の④を参考にしてください。また、「最近」始まったこだわり行動ならば、介入や変更を求めることも比較的容易です。初期的状況にあるうちに、対処すべきです。

④ **マンネリ度** ASDの人たちの中には、自分のこだわり行動にもう「飽き飽きしている」、それにもかかわらず、「無理して行っている」という状態の人がいます。したがって、その状態にある人は、表面的にはこだわり行動を長く続けていて満足げに見えますが、内面ではストレスを溜め、いつも苛ついているケースが少なくはありません。本音を言えば「誰か、私のこだわり行動を止めてくれないか！」と叫びたい心境にある、ということです。この度合いが強い、ということは、「介入」もしやすい、ということです。③の継続期間が長いことと、このマンネリ度が高いこと、が比例すれば分かりやすいのですが、ここがASDの難しいところで、一概にそうはなりません。③が長いのにもかかわらず、目を輝かせてこだわり行動を遂行している、というケースなどは、とても介入が難しい状況にあります。また、多くは「平然と行っている」という域にあって、判断は大変に難しいものですが、状況や環境の変化に伴って、微妙に度合いが上下しますから、平素から、このマンネリ度に注目して、こだわり行動の強いASDの人に接している必要があります。

⑤ **持続時間** 特定のこだわり行動が生起した際に続く時間を評定します。「一定の時間内で終わる」レベルや「すぐ終わる」レベルであるならば、介入などして対処する緊急性は低いと言えます。しかも、自分で「終える頃合いを知っている」ならば、"自律的"とも言えて、ある意味、評価（誉める）する対象であるかも知れません。さらに、「すぐ終わる」ならば、「しなくても良い」という位置づけに変わる可能性もあります。こだわり行動は、ただなくせばよい、というものでもありませんので、ASDの人にとってこだわり行動の代替えとなる楽しみや趣味となる活動を提示してみるチャンスです。

⑥ **変更が利かない** ASDの人が有している「柔軟性」と「介入の可能性」を推し量るべく設定された項目です。＜全く変更が利かない・元に戻すことを前提にすれば変更が利くこともある・交換条件が良ければ変更が利くこともある・説明すれば変更が利く＞の順に評定します。特に、元に戻すことを前提にすれば変更が利くこともある、や交換条件が良ければ変更が利くこともあるの場合、その条件提示の工夫が必要です。全く変更が利かないという場合でも、度合いが弱まるように諦めずに、条件提示を受け容れられるように関わっていく必要があります。

文　献

明石洋子『ありのままの子育て ～自閉症の息子と共に ① ～』ぶどう社 2002
明石洋子『自立への子育て ～自閉症の息子と共に ② ～』ぶどう社 2003
明石洋子「こだわりを活かす～"こだわりは取り除くこと" が主流の時代に "こだわりを利用しよう" と思ったわけ～」『アスペハート』VOL.31 アスペ・エルデの会 2012
飯田順三「発達障害におけるこだわりと強迫症状」太田昌孝編集『発達障害』日本評論社 2006
石井高明「幼児期・学童期の行動特徴」中根晃編集『自閉症』日本評論社 1999
石井哲夫・石橋悦子「成人期のアスペルガー症候群の人々が求めるもの－当事者グループの聞き取り調査から」『精神医学』VoL.50, No.8 2008
石井哲夫・白石雅一『自閉症とこだわり行動』東京書籍 1993
市川宏伸、内山登紀夫編著『発達障害 早めの気づきとその対応』中外医学社 2012
井原成男編著『移行対象の臨床的展開 ～ぬいぐるみの発達心理学～』岩崎学術出版社 2006
上田幸子『こんにちは、上田豊治です』樹心社 1999
上田幸子「切り絵作り」全国情緒障害教育研究会編『個性的に生きる ～自閉症児成長の道すじ～』日本文化科学社 1999
上田豊治、上田幸子『きりえの仕事がうれしい。』樹心社 2009
小倉正義、本城秀次「習癖とこだわり、チック」『こころのりんしょうアラカルト』VOL.27, NO.1 星和書店 2008
OCD研究会編『強迫性障害の研究(7)』星和書店 2006
小野武年他「情動行動」『月刊 臨床精神科学』VoL.20, No.1 2005
小野武年他「情動発現と社会的認知機能の神経機構」『神経研究の進歩』VoL.50, No.266 2006
上島国利『強迫性障害を乗りこえる！最新治療と正しい知識』日東書院 2011
グランディン、T.（中尾ゆかり訳）『自閉症感覚』NHK出版 2010
小林隆児『自閉症の関係障害臨床 ～母と子のあいだを治療する～』ミネルヴァ書房 2000
坂野雄二監修『実践家のための認知行動療法テクニックガイド』北大路書房 2005
ジャクソン、L.（ニキ・リンコ訳）『青年期のアスペルガー症候群 ～仲間たちへ、まわりの人へ～』スペクトラム出版社 2005
小児科と小児歯科の保健検討委員会「指しゃぶりについての考え方」『日本小児科学会雑誌』VoL.110, No.4 2006
白石雅一「自閉症者の心理」田中農夫男・池田勝昭・後藤守他編『障害者の心理と支援 ～教育・福祉・生活～』福村出版 2001
白石雅一「自閉症の療育と治療構造に関する臨床研究」『宮城学院女子大学研究紀要論文集』VoL.100 2004
白石雅一「発達障害児の家族支援 ～『子どもの療育相談室』における療育実践から～」日本社会福祉実践理論学会監修『事例研究・教育法』川島書店 2004
白石雅一「自閉症の子どもにみる "感動" の表現」『児童心理』12月号 金子書房 2005
白石雅一「自閉症・アスペルガー症候群」児童心理編集委員会編『「気がかりな子」の理解と援助』金子書房 2005
白石雅一「発達障害と児童虐待 ～予防と早期介入に関する実践報告と考察～」『宮城学院女子大学発達科学研究』No.5 2005

白石雅一「幼児期から成人期までを視野に入れた支援」『児童心理』10月号（臨時増刊）金子書房 2006
白石雅一「障害をもつ子の自尊感情を考える」『児童心理』7月号 金子書房 2007
白石雅一・末田耕司「自閉症・発達障害者支援センター：現状と展望 〜発達障害者支援法との関連と実践紹介〜」『宮城学院女子大学発達科学研究』No.6 2006
白石雅一『自閉症・アスペルガー症候群とこだわり行動への対処法』東京書籍 2008
白石雅一「発達障害児の"整理整頓"」『児童心理』12月号（臨時増刊）金子書房 2009
白石雅一「発達障害のある子どものための学校環境の調整」『子どもの心と学校臨床』第2号 遠見書房 2010
白石雅一「こだわり行動への対応」辻井正次監修『ともに歩む親たちのための家族支援ガイドブック』NPO法人アスペ・エルデの会 2010
白石雅一『こだわり行動攻略ＢＯＯＫ』NPO法人アスペ・エルデの会 2010
白石雅一『こだわり行動攻略ＢＯＯＫ 子ども用ワークブック やってみよう！ためしてみよう！』NPO法人アスペ・エルデの会 2010
白石雅一『自閉症スペクトラム 親子いっしょの子どもの療育相談室』東京書籍 2010
白石雅一「発達障害をもつ子どもの"整理整頓" 〜その大切なこと〜」『特別支援教育 実践のコツ』金子書房 2011
白石雅一「心の絆が生まれるとき〜自閉症児との関係を創る〜《その28》ASDの人に読み聞かせたい、東日本大震災を生きて、東海地震に備えること」『アスペハート』VOL.28 アスペ・エルデの会 2011
白石雅一「発達障害のある子ども：被災後のポジティブな側面について」『子どもの心と学校臨床』第6号 遠見書房 2012
白石雅一「被災地・宮城県石巻市での取り組み」『発達障害年鑑』VOL.4 日本発達障害ネットワーク（JDDネット）編 明石書店 2012
白石雅一「概論 自閉症スペクトラムの人たちのこだわり行動への対処法」『アスペハート』VOL.31 アスペ・エルデの会 2012
白石雅一「心の絆が生まれるとき〜自閉症児との関係を創る〜《その30》そのまま教材カタログ〈1〉〜見せること〜」『アスペハート』VOL.30 アスペ・エルデの会 2012
白石雅一「心の絆が生まれるとき〜自閉症児との関係を創る〜《その31》そのまま教材カタログ〈2〉〜聞かせること〜」『アスペハート』VOL.31 アスペ・エルデの会 2012
白石雅一「心の絆が生まれるとき〜自閉症児との関係を創る〜《その32》そのまま教材カタログ〈3〉〜操作する（動かす）こと〜」『アスペハート』VOL.32 アスペ・エルデの会 2012
白石雅一「心の絆が生まれるとき〜自閉症児との関係を創る〜《その33》"発達の底上げをする"ということ」『アスペハート』VOL.33 アスペ・エルデの会 2013
杉山登志郎『発達障害の豊かな世界』日本評論社 2000
杉山登志郎『発達障害の子どもたち』講談社現代新書 2007
杉山登志郎「高機能広汎性発達障害の精神病理」『精神科治療学』VoL.23, No.2 2008
杉山登志郎『発達障害のいま』講談社現代新書 2011
杉山登志郎「自閉症スペクトラムとは」『分子精神医学』VoL.11, No.4 2011
スターン、D. N.（亀井よし子訳）『もし、赤ちゃんが日記を書いたら』草思社 1992
スターン、D. N.（馬場禮子・青木紀久代訳）『親－乳幼児心理療法』岩崎学術出版社 2000
タスティン、F.（斉藤久美子監修・平井正三監訳・辻井正次他訳）『自閉症と小児精神病』創元社 2005

田中善大、野田航「自閉症、アスペルガー症候群のある人のこだわり行動との楽しいつきあい方」『アスペハート』VOL.31 アスペ・エルデの会 2012
辻井正次『広汎性発達障害の子どもたち』ブレーン出版 2004
辻井正次『特別支援教育ではじまる楽しい学校生活の創り方』河出書房新社 2007
辻井正次、吉橋由香、田倉さやか、林陽子『きちっと君の練習法①』アスペ・エルデの会 2009
辻井正次、吉橋由香、田倉さやか、林陽子『きちっと君の練習法②』アスペ・エルデの会 2009
中根晃監修・広沢正孝・広沢郁子編著『現代の子どもと強迫性障害』岩崎学術出版社 2005
中村和彦「生物学的精神医学から見た"発達障害であること"」『子どもの心と学校臨床』第2号 遠見書房 2010
成田善弘『強迫性障害 〜病体と治療〜』医学書院 2002
根來秀樹「強迫性障害を科学する」宮岡等編『数字で知るこころの問題 〜こころの科学』NO.139 日本評論社 2008
PARS委員会編著『広汎性発達障害日本自閉症協会評定尺度（PARS）』スペクトラム出版社 2008
ハウリン、P.（久保紘章・谷口政隆・鈴木正子監訳）『自閉症 〜成人期にむけての準備〜』ぶどう社 2000
林陽子「『こだわり』への対処法・指導法 "完ぺき主義"への対処法〜"きちっと君"の理解と支援〜」『アスペハート』VOL.31 アスペ・エルデの会 2012
橋本俊顕編集『脳の形態と機能で理解する自閉症スペクトラム』診断と治療社 2008
パポロス、D. & パポロス、J.（十一元三・岡田俊監訳）『子どもの双極性障害』東京書籍 2008
ヒューブナー、D.（上田勢子訳）『だいじょうぶ 自分でできる こだわり頭（強迫性障害）のほぐし方ワークブック』明石書店 2009
フォア、E. B. 他（金吉晴、小西聖子監訳）『PTSDの持続エクスポージャー療法』星和書店 2009
福士審企画『原始感覚と情動 〜生体防御系としての情動機構とその破綻 〜週刊医学のあゆみ』VoL.232, No. 1 2010
フリス、U. 編著（冨田真紀訳）『自閉症とアスペルガー症候群』東京書籍 1996
フリス、U.（冨田真紀・清水康夫・鈴木玲子訳）『新訂 自閉症の謎を解き明かす』東京書籍 2009
フリス、U.（華園力訳、神尾陽子監訳）『ウタ・フリスの自閉症入門』中央法規出版 2012
ボイド、B.（落合みどり訳）『アスペルガー症候群の子育て200のヒント』東京書籍 2006
正木健雄、井上高光、野尻ヒデ『脳をきたえる「じゃれつき遊び」』小学館 2004
宮岡等編『強迫 〜こころの科学』NO.104 日本評論社 2002
ミラー、A.（厨川圭子訳）『ジェインのもうふ』偕成社 1971
村田豊久『子どものこころの病理とその治療』九州大学出版会 1999
山上雅子『自閉症児の初期発達 〜発達臨床的理解と援助〜』ミネルヴァ書房 1999
山崎晃資『発達障害と子どもたち 〜アスペルガー症候群、自閉症、そしてボーダーラインチャイルド〜』講談社＋α新書 2005
ロビソン、J. E.（藤井良江訳）『変わり者でいこう〜あるアスペルガー者の冒険〜』東京書籍 2012

上田豊治さんは、現在、山口県萩市にある「とよの庵（いおり）」（左下）にて切り絵作家として創作活動に専念されています。過ぎ去る風景や消えゆく文化のなかにある心に響く大切なものを、独特の観点と緻密な技術力でもって〈切り取り〉、作品として残されています。そのための集中力と〈こだわりの業（わざ）〉は見事です。

左上の切り絵は、豊治さん作「秋のザビエル」で、山口ザビエル記念聖堂を描いた一九九一年の作品です。残念ながら、その後このザビエル記念聖堂は、失火により全焼してしまいました。当時の趣は豊治さんの作品で味わうことができます。

切り絵（上下とも）Copyright © Toyoharu Ueda

「とよの庵」
〒758-0063 山口県萩市山田4131-6
FAX: 0838-22-9590

■開館日/毎週木・金・土曜日(土曜日は第1第3土曜日のみ) ■時間/午前10時〜午後5時

白石 雅一 しらいし まさかず

埼玉県生まれ。宮城学院女子大学 教育学部教育学科（特別支援教育担当）教授。臨床心理士。
東北福祉大学社会福祉学部福祉心理学科卒業。日本社会事業大学大学院修士課程を修了。自閉症療育の代表施設である社会福祉法人嬉泉の諸施設（子どもの生活研究所めばえ学園や袖ヶ浦ひかりの学園など）において、自閉症児・者を対象にした療育実践と研究活動に従事。東海大学健康科学部、仙台白百合女子大学人間学部を経て、2004年より現職。1997年から『子どもの療育相談室』を主宰。以来、年間200回に上る療育相談のセッションを実施している。2005年11月より、宮城県発達障害者支援センター「えくぼ」にて専門相談員を兼務。療育実践の他に、学校巡回相談や福祉施設のコンサルテーション、親を対象にしたペアレント・プログラムも行っている。また、NPO法人「くもりのち晴れ」の理事として発達障害の人たちの地域生活支援に関与し、支援員の研修も担っている。

《主な著書》『自閉症とこだわり行動』（共著）東京書籍 1993年。『障害者の心理と支援』（共著）福村出版 2001年。『「気がかりな子」の理解と援助』（共著）金子書房 2005年。『自閉症スペクトラム 親子いっしょの子どもの療育相談室』東京書籍 2010年。『こだわり行動攻略BOOK 子ども用ワークブック』アスペ・エルデの会 2010年。『特別支援教育 実践のコツ』（共著）金子書房 2011年、他

イラスト：アド・スタジオ ウェーブ

編集協力 山本幸男 ／ 編集 大山茂樹

日本音楽著作権協会（出）許諾 第1306662-109号

※ 本書は、2008年に『自閉症・アスペルガー症候群とこだわり行動への対処法』として刊行した書籍の全面改訂増補版です。

自閉症スペクトラムとこだわり行動への対処法

2013年6月21日 初版 第1刷発行　2021年11月11日 第9刷発行

著　者	白石雅一
発行者	千石雅仁
発行所	東京書籍株式会社
	東京都北区堀船 2-17-1 〒 114-8524
	営業 03-5390-7531 ／編集 03-5390-7512
印刷・製本所	株式会社 シナノ パブリッシング プレス

禁無断転載　乱丁・落丁の場合はお取り替えいたします。

東京書籍　書籍情報　https://www.tokyo-shoseki.co.jp
　　　　　e-mail：shuppan-j-h@tokyo-shoseki.co.jp

ISBN 978-4-487-80798-7 C0037
Copyright © 2013 by Masakazu Shiraishi
All rights reserved.　　　　　　　　　　　　　　Printed in Japan

本書の姉妹編・好評基本図書

自閉症スペクトラム 親子いっしょの
子どもの療育相談室

白石雅一著　A5判 並製 288頁

本書は、親御さん、保育士さん、学校の先生、そうした方々の相談に乗る相談員の方、および療育相談を行っている方、これから児童発達支援センター等を開設しようと計画している方を対象にしたためました。

自閉症スペクトラムの人たちとの交流では、「目をかけ、声かけ、手をかける」ことをいとわないことが何よりも大事で、それが一番効果的です。急がば回れと覚悟して実行してみて下さい」と自信をもってお伝えしています。

内容は、『アスペハート』に掲載された中から「親子関係の調整」と「家族支援」「個別の療育」を詳しく紹介したところを選び出して修正・加筆し、新たに写真やイラストも加え、編み直したものです。著者30年余の療育の実践のエッセンスです。

◎「拡大するこだわり行動」への対処例や
　「1番こだわり」へのグループセッションなど収録

ISBN 978-4-487-80484-9
定価：本体1900円(税別)
大好評

目 次
第1部 自閉症スペクトラムと子どもの療育相談室
　1.自閉症とは　2.親子いっしょの療育相談室
第2部 親子関係の調整と家族支援
　1.親子関係の調整と家族支援 〜その事例〜
　2.ライフ・イベント：引っ越しや離婚の危機への介入と療育
　3.こだわり行動への対処法と家族支援　4.父親問題に関する取り組み
　5.父親のグループセッション〜父親参加と父親参観〜
　6.おじいちゃんとおばあちゃんのケア、そして療育
第3部 個別の療育 〜玩具・教材・環境の活用方法〜
　1.療育はプレイルームに入る前から始まっている!
　2."日常生活に根ざした課題"を通した療育
　3."無気力になってしまう自閉症児"への介入方法と療育
　4.教材の工夫による"無気力型自閉症"への介入方法と療育
　5.関係を育み、教えながら発達を促すこと　6.無理なく、楽しく、療育を